"十二五"职业教育国家规划教材
经全国职业教育教材审定委员会审定
全国高等职业教育药品类专业
国家卫生健康委员会"十三五"规划教材

供药物制剂技术、化学制药技术、中药制药技术、
生物制药技术、药品生产技术专业用

药品生产质量管理

第3版

主　编　李　洪

副主编　顾耀亮　刘向东　周永丹

编　者　（以姓氏笔画为序）

邓亚宁　（山西药科职业学院）　　　　　陈　娟　（江苏省连云港中医药高等职业技术学校）

刘艺萍　（重庆医药高等专科学校）　　　周永丹　（黑龙江农垦职业学院）

刘向东　（河北安国药业集团有限公司）　赵　鑫　（南阳医学高等专科学校）

李　洪　（河北化工医药职业技术学院）　顾耀亮　（中山火炬职业技术学院）

张　芳　（湖北中医药高等专科学校）　　高玉梅　（河北工程大学）

张　静　（河北化工医药职业技术学院）

人民卫生出版社

图书在版编目（CIP）数据

药品生产质量管理/李洪主编.—3版.—北京：人民卫生出版社，2018

ISBN 978-7-117-25837-1

Ⅰ.①药… Ⅱ.①李… Ⅲ.①制药工业-工业企业管理-质量管理-高等职业教育-教材 Ⅳ.①F407.763

中国版本图书馆 CIP 数据核字（2018）第 073123 号

| 人卫智网 | www.ipmph.com | 医学教育、学术、考试、健康，购书智慧智能综合服务平台 |
| 人卫官网 | www.pmph.com | 人卫官方资讯发布平台 |

药品生产质量管理
第 3 版

主　　编：李　洪
出版发行：人民卫生出版社（中继线 010-59780011）
地　　址：北京市朝阳区潘家园南里 19 号
邮　　编：100021
E - mail：pmph @ pmph.com
购书热线：010-59787592　010-59787584　010-65264830
印　　刷：三河市潮河印业有限公司
经　　销：新华书店
开　　本：850×1168　1/16　印张：19
字　　数：447 千字
版　　次：2009 年 1 月第 1 版　2018 年 7 月第 3 版
　　　　　2024 年 11 月第 3 版第 10 次印刷（总第 21 次印刷）
标准书号：ISBN 978-7-117-25837-1
定　　价：48.00 元

全国高等职业教育药品类专业国家卫生健康委员会"十三五"规划教材出版说明

《国务院关于加快发展现代职业教育的决定》《高等职业教育创新发展行动计划(2015-2018年)》《教育部关于深化职业教育教学改革全面提高人才培养质量的若干意见》等一系列重要指导性文件相继出台,明确了职业教育的战略地位、发展方向。为全面贯彻国家教育方针,将现代职教发展理念融入教材建设全过程,人民卫生出版社组建了全国食品药品职业教育教材建设指导委员会。在该指导委员会的直接指导下,经过广泛调研论证,人卫社启动了全国高等职业教育药品类专业第三轮规划教材的修订出版工作。

本套规划教材首版于2009年,于2013年修订出版了第二轮规划教材,其中部分教材入选了"十二五"职业教育国家规划教材。本轮规划教材主要依据教育部颁布的《普通高等学校高等职业教育(专科)专业目录(2015年)》及2017年增补专业,调整充实了教材品种,涵盖了药品类相关专业的主要课程。全套教材为国家卫生健康委员会"十三五"规划教材,是"十三五"时期人卫社重点教材建设项目。本轮教材继续秉承"五个对接"的职教理念,结合国内药学类专业高等职业教育教学发展趋势,科学合理推进规划教材体系改革,同步进行了数字资源建设,着力打造本领域首套融合教材。

本套教材重点突出如下特点:

1. **适应发展需求,体现高职特色**　本套教材定位于高等职业教育药品类专业,教材的顶层设计既考虑行业创新驱动发展对技术技能型人才的需要,又充分考虑职业人才的全面发展和技术技能型人才的成长规律;既集合了我国职业教育快速发展的实践经验,又充分体现了现代高等职业教育的发展理念,突出高等职业教育特色。

2. **完善课程标准,兼顾接续培养**　本套教材根据各专业对应从业岗位的任职标准优化课程标准,避免重要知识点的遗漏和不必要的交叉重复,以保证教学内容的设计与职业标准精准对接,学校的人才培养与企业的岗位需求精准对接。同时,本套教材顺应接续培养的需要,适当考虑建立各课程的衔接体系,以保证高等职业教育对口招收中职学生的需要和高职学生对口升学至应用型本科专业学习的衔接。

3. **推进产学结合,实现一体化教学**　本套教材的内容编排以技能培养为目标,以技术应用为主线,使学生在逐步了解岗位工作实践,掌握工作技能的过程中获取相应的知识。为此,在编写队伍组建上,特别邀请了一大批具有丰富实践经验的行业专家参加编写工作,与从全国高职院校中遴选出的优秀师资共同合作,确保教材内容贴近一线工作岗位实际,促使一体化教学成为现实。

4. **注重素养教育,打造工匠精神**　在全国"劳动光荣、技能宝贵"的氛围逐渐形成,"工匠精神"在各行各业广为倡导的形势下,医药卫生行业的从业人员更要有崇高的道德和职业素养。教材更加强调要充分体现对学生职业素养的培养,在适当的环节,特别是案例中要体现出药品从业人员的行为准则和道德规范,以及精益求精的工作态度。

5. 培养创新意识,提高创业能力 为有效地开展大学生创新创业教育,促进学生全面发展和全面成才,本套教材特别注意将创新创业教育融入专业课程中,帮助学生培养创新思维,提高创新能力、实践能力和解决复杂问题的能力,引导学生独立思考、客观判断,以积极的、锲而不舍的精神寻求解决问题的方案。

6. 对接岗位实际,确保课证融通 按照课程标准与职业标准融通,课程评价方式与职业技能鉴定方式融通,学历教育管理与职业资格管理融通的现代职业教育发展趋势,本套教材中的专业课程,充分考虑学生考取相关职业资格证书的需要,其内容和实训项目的选取尽量涵盖相关的考试内容,使其成为一本既是学历教育的教科书,又是职业岗位证书的培训教材,实现"双证书"培养。

7. 营造真实场景,活化教学模式 本套教材在继承保持人卫版职业教育教材栏目式编写模式的基础上,进行了进一步系统优化。例如,增加了"导学情景",借助真实工作情景开启知识内容的学习;"复习导图"以思维导图的模式,为学生梳理本章的知识脉络,帮助学生构建知识框架。进而提高教材的可读性,体现教材的职业教育属性,做到学以致用。

8. 全面"纸数"融合,促进多媒体共享 为了适应新的教学模式的需要,本套教材同步建设以纸质教材内容为核心的多样化的数字教学资源,从广度、深度上拓展纸质教材内容。通过在纸质教材中增加二维码的方式"无缝隙"地链接视频、动画、图片、PPT、音频、文档等富媒体资源,丰富纸质教材的表现形式,补充拓展性的知识内容,为多元化的人才培养提供更多的信息知识支撑。

本套教材的编写过程中,全体编者以高度负责、严谨认真的态度为教材的编写工作付出了诸多心血,各参编院校对编写工作的顺利开展给予了大力支持,从而使本套教材得以高质量如期出版,在此对有关单位和各位专家表示诚挚的感谢! 教材出版后,各位教师、学生在使用过程中,如发现问题请反馈给我们(renweiyaoxue@ 163. com),以便及时更正和修订完善。

人民卫生出版社

2018 年 3 月

全国高等职业教育药品类专业国家卫生健康委员会
"十三五"规划教材
教材目录

序号	教材名称	主编	适用专业
1	人体解剖生理学(第3版)	贺 伟　吴金英	药学类、药品制造类、食品药品管理类、食品工业类
2	基础化学(第3版)	傅春华　黄月君	药学类、药品制造类、食品药品管理类、食品工业类
3	无机化学(第3版)	牛秀明　林 珍	药学类、药品制造类、食品药品管理类、食品工业类
4	分析化学(第3版)	李维斌　陈哲洪	药学类、药品制造类、食品药品管理类、医学技术类、生物技术类
5	仪器分析	任玉红　闫冬良	药学类、药品制造类、食品药品管理类、食品工业类
6	有机化学(第3版)*	刘 斌　卫月琴	药学类、药品制造类、食品药品管理类、食品工业类
7	生物化学(第3版)	李清秀	药学类、药品制造类、食品药品管理类、食品工业类
8	微生物与免疫学*	凌庆枝　魏仲香	药学类、药品制造类、食品药品管理类、食品工业类
9	药事管理与法规(第3版)	万仁甫	药学类、药品经营与管理、中药学、药品生产技术、药品质量与安全、食品药品监督管理
10	公共关系基础(第3版)	秦东华　惠 春	药学类、药品制造类、食品药品管理类、食品工业类
11	医药数理统计(第3版)	侯丽英	药学、药物制剂技术、化学制药技术、中药制药技术、生物制药技术、药品经营与管理、药品服务与管理
12	药学英语	林速容　赵 旦	药学、药物制剂技术、化学制药技术、中药制药技术、生物制药技术、药品经营与管理、药品服务与管理
13	医药应用文写作(第3版)	张月亮	药学、药物制剂技术、化学制药技术、中药制药技术、生物制药技术、药品经营与管理、药品服务与管理

序号	教材名称	主编	适用专业
14	医药信息检索(第3版)	陈 燕 李现红	药学、药物制剂技术、化学制药技术、中药制药技术、生物制药技术、药品经营与管理、药品服务与管理
15	药理学(第3版)	罗跃娥 樊一桥	药学、药物制剂技术、化学制药技术、中药制药技术、生物制药技术、药品经营与管理、药品服务与管理
16	药物化学(第3版)	葛淑兰 张彦文	药学、药品经营与管理、药品服务与管理、药物制剂技术、化学制药技术
17	药剂学(第3版)*	李忠文	药学、药品经营与管理、药品服务与管理、药品质量与安全
18	药物分析(第3版)	孙 莹 刘 燕	药学、药品质量与安全、药品经营与管理、药品生产技术
19	天然药物学(第3版)	沈 力 张 辛	药学、药物制剂技术、化学制药技术、生物制药技术、药品经营与管理
20	天然药物化学(第3版)	吴剑峰	药学、药物制剂技术、化学制药技术、生物制药技术、中药制药技术
21	医院药学概要(第3版)	张明淑 于 倩	药学、药品经营与管理、药品服务与管理
22	中医药学概论(第3版)	周少林 吴立明	药学、药物制剂技术、化学制药技术、中药制药技术、生物制药技术、药品经营与管理、药品服务与管理
23	药品营销心理学(第3版)	丛 媛	药学、药品经营与管理
24	基础会计(第3版)	周凤莲	药品经营与管理、药品服务与管理
25	临床医学概要(第3版)*	曾 华	药学、药品经营与管理
26	药品市场营销学(第3版)*	张 丽	药学、药品经营与管理、中药学、药物制剂技术、化学制药技术、生物制药技术、中药制剂技术、药品服务与管理
27	临床药物治疗学(第3版)*	曹 红 吴 艳	药学、药品经营与管理
28	医药企业管理	戴 宇 徐茂红	药品经营与管理、药学、药品服务与管理
29	药品储存与养护(第3版)	徐世义 宫淑秋	药品经营与管理、药学、中药学、药品生产技术
30	药品经营管理法律实务(第3版)*	李朝霞	药品经营与管理、药品服务与管理
31	医学基础(第3版)	孙志军 李宏伟	药学、药物制剂技术、生物制药技术、化学制药技术、中药制药技术
32	药学服务实务(第2版)	秦红兵 陈俊荣	药学、中药学、药品经营与管理、药品服务与管理

序号	教材名称	主编	适用专业
33	药品生产质量管理(第3版)*	李洪	药物制剂技术、化学制药技术、中药制药技术、生物制药技术、药品生产技术
34	安全生产知识(第3版)	张之东	药物制剂技术、化学制药技术、中药制药技术、生物制药技术、药学
35	实用药物学基础(第3版)	丁丰 张庆	药学、药物制剂技术、生物制药技术、化学制药技术
36	药物制剂技术(第3版)*	张健泓	药学、药物制剂技术、化学制药技术、生物制药技术
	药物制剂综合实训教程	胡英 张健泓	药学、药物制剂技术、化学制药技术、生物制药技术
37	药物检测技术(第3版)	甄会贤	药品质量与安全、药物制剂技术、化学制药技术、药学
38	药物制剂设备(第3版)	王泽	药品生产技术、药物制剂技术、制药设备应用技术、中药生产与加工
39	药物制剂辅料与包装材料(第3版)*	张亚红	药物制剂技术、化学制药技术、中药制药技术、生物制药技术、药学
40	化工制图(第3版)	孙安荣	化学制药技术、生物制药技术、中药制药技术、药物制剂技术、药品生产技术、食品加工技术、化工生物技术、制药设备应用技术、医疗设备应用技术
41	药物分离与纯化技术(第3版)	马娟	化学制药技术、药学、生物制药技术
42	药品生物检定技术(第2版)	杨元娟	药学、生物制药技术、药物制剂技术、药品质量与安全、药品生物技术
43	生物药物检测技术(第2版)	兰作平	生物制药技术、药品质量与安全
44	生物制药设备(第3版)*	罗合春 贺峰	生物制药技术
45	中医基本理论(第3版)*	叶玉枝	中药制药技术、中药学、中药生产与加工、中医养生保健、中医康复技术
46	实用中药(第3版)	马维平 徐智斌	中药制药技术、中药学、中药生产与加工
47	方剂与中成药(第3版)	李建民 马波	中药制药技术、中药学、药品生产技术、药品经营与管理、药品服务与管理
48	中药鉴定技术(第3版)*	李炳生 易东阳	中药制药技术、药品经营与管理、中药学、中草药栽培技术、中药生产与加工、药品质量与安全、药学
49	药用植物识别技术	宋新丽 彭学著	中药制药技术、中药学、中草药栽培技术、中药生产与加工

序号	教材名称	主编		适用专业
50	中药药理学(第3版)	袁先雄		药学、中药学、药品生产技术、药品经营与管理、药品服务与管理
51	中药化学实用技术(第3版)*	杨 红	郭素华	中药制药技术、中药学、中草药栽培技术、中药生产与加工
52	中药炮制技术(第3版)	张中社	龙全江	中药制药技术、中药学、中药生产与加工
53	中药制药设备(第3版)	魏增余		中药制药技术、中药学、药品生产技术、制药设备应用技术
54	中药制剂技术(第3版)	汪小根	刘德军	中药制药技术、中药学、中药生产与加工、药品质量与安全
55	中药制剂检测技术(第3版)	田友清	张钦德	中药制药技术、中药学、药学、药品生产技术、药品质量与安全
56	药品生产技术	李丽娟		药品生产技术、化学制药技术、生物制药技术、药品质量与安全
57	中药生产与加工	庄义修	付绍智	药学、药品生产技术、药品质量与安全、中药学、中药生产与加工

说明：* 为"十二五"职业教育国家规划教材。全套教材均配有数字资源。

全国食品药品职业教育教材建设指导委员会
成员名单

主任委员： 姚文兵　中国药科大学

副主任委员：

刘　斌	天津职业大学	马　波	安徽中医药高等专科学校
冯连贵	重庆医药高等专科学校	袁　龙	江苏省徐州医药高等职业学校
张彦文	天津医学高等专科学校	缪立德	长江职业学院
陶书中	江苏食品药品职业技术学院	张伟群	安庆医药高等专科学校
许莉勇	浙江医药高等专科学校	罗晓清	苏州卫生职业技术学院
昝雪峰	楚雄医药高等专科学校	葛淑兰	山东医学高等专科学校
陈国忠	江苏医药职业学院	孙勇民	天津现代职业技术学院

委　　员（以姓氏笔画为序）：

于文国	河北化工医药职业技术学院	杨元娟	重庆医药高等专科学校
王　宁	江苏医药职业学院	杨先振	楚雄医药高等专科学校
王玮瑛	黑龙江护理高等专科学校	邹浩军	无锡卫生高等职业技术学校
王明军	厦门医学高等专科学校	张　庆	济南护理职业学院
王峥业	江苏省徐州医药高等职业学校	张　建	天津生物工程职业技术学院
王瑞兰	广东食品药品职业学院	张　铎	河北化工医药职业技术学院
牛红云	黑龙江农垦职业学院	张志琴	楚雄医药高等专科学校
毛小明	安庆医药高等专科学校	张佳佳	浙江医药高等专科学校
边　江	中国医学装备协会康复医学装备技术专业委员会	张健泓	广东食品药品职业学院
		张海涛	辽宁农业职业技术学院
师邱毅	浙江医药高等专科学校	陈芳梅	广西卫生职业技术学院
吕　平	天津职业大学	陈海洋	湖南环境生物职业技术学院
朱照静	重庆医药高等专科学校	罗兴洪	先声药业集团
刘　燕	肇庆医学高等专科学校	罗跃娥	天津医学高等专科学校
刘玉兵	黑龙江农业经济职业学院	郏枝花	安徽医学高等专科学校
刘德军	江苏省连云港中医药高等职业技术学校	金浩宇	广东食品药品职业学院
		周双林	浙江医药高等专科学校
孙　莹	长春医学高等专科学校	郝晶晶	北京卫生职业学院
严　振	广东省药品监督管理局	胡雪琴	重庆医药高等专科学校
李　霞	天津职业大学	段如春	楚雄医药高等专科学校
李群力	金华职业技术学院	袁加程	江苏食品药品职业技术学院

莫国民 上海健康医学院 　　　晨　阳 江苏医药职业学院

顾立众 江苏食品药品职业技术学院 　　　葛　虹 广东食品药品职业学院

倪　峰 福建卫生职业技术学院 　　　蒋长顺 安徽医学高等专科学校

徐一新 上海健康医学院 　　　景维斌 江苏省徐州医药高等职业学校

黄丽萍 安徽中医药高等专科学校 　　　潘志恒 天津现代职业技术学院

黄美娥 湖南食品药品职业学院

前　言

为贯彻《国务院关于加快发展现代职业教育的决定》及教育部〔2006〕16号文件精神,适应新形势下全国高等职业教育药品类专业教育改革和发展的需要,坚持以培养高素质劳动者和技术技能型人才为核心,推动专业设置与产业需求对接、课程内容与职业标准对接、教学过程与生产过程对接、毕业证书与职业资格证书对接以及职业教育与终身学习对接的职业教育服务需求,我们对《药品生产质量管理》(第2版)进行了修订再版,以更好地满足新时期全国高等职业教育需求。

本教材以GMP(2010版)在药品生产企业岗位中的应用为指导思想,坚持理论知识"必需、够用、实用"的原则,按照药物制剂技术、化学制药技术、中药制药技术、生物制药技术、药品生产技术专业的培养目标和职业岗位的需求选取内容,突出知识的应用,强化职业技能的训练。

GMP是药品生产的基本准则,因此药品生产质量管理是全国高等职业教育药物制剂技术、化学制药技术、中药制药技术、生物制药技术专业学生必修的一门重要的专业核心职业能力课程。本教材紧密结合GMP的要求,从药品生产企业的实际出发,将GMP法规中的主要条款应用、贯穿、渗透于药品生产企业生产的全过程中,将其核心内容进行提炼和编排,是GMP在药品生产中的具体要求和实际生产操作中的具体应用。本教材尽可能的涵盖药品类专业学生在药品生产企业中所需的主要技能和工作任务,力求反映GMP在药品生产企业具体应用的实际情况,达到与药品生产企业实际生产岗位的零距离对接,为学生就业并迅速胜任药品生产企业各岗位工作奠定坚实的基础。

按照人民卫生出版社关于融合教材建设的编写要求,根据药品类学生的专业特点和药品生产企业岗位群的要求,结合几年来GMP(2010版)的实施情况,在第2版的基础上进行了如下调整:将教材分为基础篇和岗位技能篇两大部分,上篇重点论述GMP的基础知识和基本技能,下篇重点论述生产管理岗位、质量控制岗位、质量管理岗位和物料与产品管理岗位必备的知识和技能;将第2版绪论中的"药品质量管理"一节及第六章"质量管理",重新编写为以基础知识为重点的"药品质量管理与质量管理体系"和以基本技能为重点的"质量控制岗位必备的知识与技能"和"质量管理岗位必备的知识与技能"三章,使岗位技能要求更加突出;将分散在各章中的"生产环境卫生""生产人员卫生""物料卫生"的内容抽出,统一归为"卫生管理"一章,使重点更加突出,学生更容易理解;随着GMP在药品生产企业中的应用和实施,本版教材充实了大量的GMP在生产管理、质量管理等方面应用的案例;本版教材为融合教材,配备有PPT、同步练习、文件案例等数字化资源,使教材更加生动化。

本教材共十一章,第一章由高玉梅编写、第二章由赵鑫编写、第三章由邓亚宁编写、第四章由陈娟编写、第五章由刘艺萍编写、第六章由张静编写、第七章由周永丹编写、第八章由李洪和刘向东编写、第九章由张芳编写、第十章由顾耀亮编写、第十一章由李洪编写,教材每章都配备有PPT供教师和学生学习使用,并配备有实训项目和目标检测题供学生训练和检测,各院校可结合自己的实训条件进行实训项目的取舍。

本书可作为全国高等职业教育药物制剂技术、化学制药技术、中药制药技术、生物制药技术、药品生产技术专业及相关专业教学用教材,也可作为药品生产企业相关岗位的岗前培训和生产培训教材或参考书。

由于编者水平所限,书中的错误与不妥之处在所难免,敬请广大读者批评指正。

编者

2018 年 3 月

目　录

第六章　文件管理　115

第九章　质量控制岗位必备的知识与技能 197

基　础　篇

第一章

药品生产企业概述

导学情景 ∨

情景描述：

　　金秋十月，药学院制药专业的学生，来到了某制药企业参观实习，企业接待人员正在给学生们介绍企业的基本情况：企业的历史沿革、组织人员结构、企业布局、生产车间、质量管理、产品情况……

学前导语：

　　药品是特殊商品，我国对药品生产实行许可生产管理制度，药品生产企业必须具备足够数量的药学技术人员、厂房设施设备、质量检验和管理机构，以及规范的生产质量管理制度等必要条件。本章我们将带领同学们对药品生产企业概况进行学习。

　　药品是一种特殊的商品，既具有商品的一般属性，又具有药品的特殊性。药品是与人们生命相关联的物质，药品的质量直接影响着人们的身心健康甚至生命，所以严格控制药品质量，是每个药学人员的职责。药品生产是影响药品质量的重要环节，因此加强药品生产质量管理是保证药品质量的关键。

第一节　药品生产企业介绍

　　药品生产企业是指生产药品的专营企业或者兼营企业，是应用现代科学技术与设备，自主从事药品的生产、经营活动，实行独立核算，自负盈亏，具有独立法人的经济实体。新中国成立以来，药品生产工业从无到有，迅速发展，形成了门类齐全的药品生产工业体系，是我国国民经济的重要组成部分，与人民群众的生命健康和生活质量等切身利益密切相关，一直是社会公众所关注的重点产业。近十年来，我国医药工业总体以持续10%以上的增长速度迅速发展，2006年医药工业总产值为5340.00亿元，而2016年主营业务收入为29 636亿元，年复合增长率为23.31%。医药工业总产值占GDP的比重由2006年的2.45%上升至2016年的3.98%。从医药工业的各子行业发展情况来看，化学药品制剂行业、中成药行业以及化学原料药行业是产值规模较大的子行业，其产值占2016年医药工业总产值的比重分别为25.40%、22.60%和17.00%。药品生产企业成为国民经济中发展最快的行业之一，是社会公认的朝阳行业。

一、药品生产的概念、分类与准入控制

（一）药品生产的概念、分类

药品生产是指将原料加工制备成能供医疗用的药物制剂的过程。药品生产根据其最终产品的性质可分为原料药生产和制剂生产两大类。

1. **原料药生产** 原料药是指药物制剂生产使用的原材料，是制剂中的有效物质。原料药生产指由化学合成、生物工程技术或从天然物质中提取、精制有效物质的过程。根据原料药的性质和制备方法不同，可分为下列几种类型：

（1）中药饮片生产：中药材指药用植物、动物、矿物的药用部分采收后经产地初加工形成的原料药材。中药饮片通常指中药材经过净制、切制或炮制后的加工品。如片、丝、块、段等称为饮片。中药饮片生产即将中药材净制、切制或炮制成供中医临床或中成药生产配方用原料药的过程。净制方法根据中药材质地与性质，可分为挑、拣、颠簸、搓揉、筛选、刮、摘剥、风选、水选等。切制是将净制后的中药材进行软化，切成一定规格的片、丝、块、段等的过程，常用的切制方法有切、镑、刨、剑、劈等。炮制即谓炮炙，方法主要包括烘、焙、炒（清炒、麸炒、盐粒炒、米炒、土炒）、烫、煅（铁锅焖煅、铁锅煅、坩埚煅、直接火煅、灰火焖煅、炉火焖煅）、淬、炙（蜜炙、醋炙、酒炙、姜汁炙、盐水炙、油炙、羊油炙）、煨（面浆或纸浆包煨、烘煨、重麸炒煨、米汤煨）等。

（2）化学原料药生产：化学原料药是指由化学合成、植物提取或者生物技术所制备的各种用来作为药用的粉末、结晶、浸膏等，但病人无法直接服用的物质。化学原料药根据它的来源分为化学合成原料药和天然化学原料药两大类。

化学合成原料药又可分为无机合成原料药和有机合成原料药。无机合成原料药为无机化合物（极个别为单质），主要采用无机化工合成方法，其生产工艺与同品种化工产品基本相同，但生产工艺控制、质量要求更加严格，必须符合药用标准。如用于治疗胃及十二指肠溃疡的氢氧化铝、三硅酸镁等。有机合成原料药主要是由基本有机化工原料，经一系列有机化学反应制得的有机化合物（如乙酰水杨酸、氯霉素、咖啡因等）。

天然化学原料药按其来源，可分为生物化学原料药与植物化学原料药两大类。生物化学原料药是由生物技术、生物材料制得的生物物质。生物技术包括基因工程、细胞工程、蛋白质工程、发酵工程等。生物材料有微生物、细胞及体液等，属于生物化学范畴，如抗生素类原料、免疫原料的生产。植物化学药是由天然资源中获取的物质，品种繁多，制备方法各异，主要是以植物为原料采用先进的提取、分离与提纯技术获得的有效成分或有效部位。近年来已出现的多种半合成抗生素，则是生物合成和化学合成相结合的产品。在原料药中，有机合成药的品种、产量及产值所占比例最大，是化学制药工业的主要产品。原料药质量的好坏决定制剂质量的好坏，因此其质量标准要求很严，世界各国对原料药都制定了严格的国家药典标准和质量控制方法。

2. **制剂生产** 制剂是指根据国家药品标准，按照一定的剂型、规格要求所制成的，可以最终提供给用药对象使用的具体药品。剂型指为满足疾病诊断、治疗或预防的需要而制备的不同给药形式，常用的有片剂、丸剂、散剂、胶囊剂、颗粒剂、注射剂等。规格指该剂型单位剂量的制剂中规定

的主药含量。制剂生产是根据药品标准,按照处方组成,通过一定技术手段,将原料药加工制成制剂的过程。制剂生产根据其所生产的产品可分为化学药制剂生产、中药制剂生产、生物制剂生产等。

(二)药品生产企业的准入控制

药品生产与人们的生命和身心健康息息相关,为了确保药品生产的质量,世界各国对药品的生产通常都实行行政许可制度,即由法定的行政监督管理机关依照法律规定的条件和程序,对开办药品生产企业的申请进行审查,经审查确认符合法律规定的,方予批准,发放许可证书,授予其从事药品生产的资格。

1. 开办药品生产企业申报审批程序 ①开办药品生产企业申办人首先向省级药品监督管理部门申请筹建,经批准后,开始筹建;②筹建完成后,申请取得《药品生产许可证》;③持《药品生产许可证》到当地工商管理部门办理登记注册,取得营业执照;④自取得药品生产证明文件或者经批准正式生产之日起 30 日内,按照规定向药品监督管理部门申请 GMP 认证。受理申请的药品监督管理部门应当自收到企业申请之日起 6 个月内,组织对申请企业是否符合 GMP 进行认证。认证合格的,发给认证证书。药品生产企业即可正式投入生产。

2. 开办药品生产企业条件的法律规定 《药品管理法》第八条明确规定,开办药品生产企业,必须具备以下条件:①具有依法经过资格认定的药学技术人员、工程技术人员及相应的技术工人;②具有与其药品生产相适应的厂房、设备和卫生环境;③具有能对所生产药品进行质量管理和质量检验的机构、人员以及必要的仪器设备;④具有保证药品质量的规章制度。

二、药品生产企业的组织机构与岗位设置

机构是企业为实现共同目标而设置的互相协作的团体,而质量目标是企业建立组织机构需要考虑的最重要的目标之一。机构是企业进行质量管理的基本单位。人员是组织机构建立和运行的基础。机构和人员是建立和实施质量体系的重要资源。

生产企业应有组织机构图,所有的负责人员都应有用书面规定的明确任务,并应有足以履行其职责的权力,他们的任务可委托给达到相应同等资格水平的代理人。执行 GMP 的有关人员的责任,不应有空缺或不必要的重叠,职责分工不缺项、不漏项;人人有专职,事事有人管;不交叉、重叠的职责要有明确解释,各司其职,实现企业经营管理的有效运转。

1. 企业组织机构的概念与类型 组织是指为了实现既定目标,按一定规则和程序而设置的多层次多岗位及具有相应人员隶属关系的权责角色集合。组织机构是把人力、物力和智力等按一定的形式和结构,为实现共同的目标、任务或利益,有秩序有成效地组合起来而开展活动的社会单位。企业组织机构是企业组织内部各个有机构成要素相互作用的联系方式或形式,以求有效、合理地把组织成员组织起来,为实现共同目标而协同奋斗。企业所有战略意义上的变革,都必须通过合理的组织结构来实现。企业组织机构的类型有下列几种形式:

(1)直线制:直线制组织机构是最早也是最简单的组织形式。它的特点是企业各级行政单位从上到下实行垂直领导,下属部门只接受一个上级的指令,各级主管负责人对所属单位的一切问题负

责。企业不另设职能机构(可设职能人员协助主管人工作),一切管理职能基本上都由行政主管自己执行。因此,直线制只适用于规模较小,生产技术比较简单的企业。

(2)职能制:职能制组织机构是指各级行政单位除主管负责人外,还相应地设立一些职能机构。如在企业负责人下面设立职能机构和人员,协助企业负责人从事职能管理工作。这种机构要求行政主管把相应的管理职责和权力交给相关的职能机构,各职能机构就有权在自己业务范围内向下级行政单位发号施令。因此,下级行政负责人除了接受上级行政主管人指挥外,还必须接受上级各职能机构的领导。它妨碍了必要的集中领导和统一指挥,形成了多头领导,不利于建立和健全各级行政负责人和职能科室的责任制,所以职能制尽管能适应现代化企业生产技术比较复杂、管理工作比较精细的特点,但现代企业一般都不采用职能制。

(3)直线-职能制:直线-职能制,也叫生产区域制,或直线参谋制。它是在直线制和职能制的基础上,取长补短,吸取这两种形式的优点而建立起来的。目前,绝大多数企业都采用这种组织结构形式。这种组织结构形式是把企业管理机构和人员分为两类,一类是直线领导机构和人员,按命令统一原则对各级组织行使指挥权;另一类是职能机构和人员,按专业化原则,从事组织的各项职能管理工作。直线领导机构和人员在自己的职责范围内有一定的决定权和对所属下级的指挥权,并对自己部门的工作负全部责任。而职能机构和人员,则是直线指挥人员的参谋,不能对直接部门发号施令,只能进行业务指导。既保证了企业管理体系的集中统一,又可以在各级行政负责人的领导下,充分发挥各专业管理机构的作用。

(4)事业部制:事业部制是一种高度(层)集权下的分权管理体制。它适用于规模庞大,品种繁多,技术复杂的大型企业,是国外较大的联合公司所采用的一种组织形式,近几年我国一些大型企业集团或公司也引进了这种组织结构形式。即公司按地区或按产品类别分成若干个事业部,从产品的设计,原料采购,成本核算,产品制造,一直到产品销售,均由事业部及所属工厂负责,实行单独核算,独立经营,公司总部只保留人事决策,预算控制和监督大权,并通过利润等指标对事业部进行控制。也有的事业部只负责指挥和组织生产,不负责采购和销售,实行生产和供销分立,但这种事业部正在被产品事业部所取代。还有的事业部则按区域来划分。

(5)矩阵制:矩阵制组织形式是在直线职能制垂直形态组织系统的基础上,再增加一种横向的领导系统,可称之为"非长期固定性组织"。它的特点表现在围绕某项专门任务成立跨职能部门的专门机构上,例如组成一个专门的产品(项目)小组去从事新产品开发工作,在研究、设计、试验、制造各个不同阶段,由有关部门派人参加,以协调有关部门的活动,保证任务的完成。这种组织结构形式是固定的,人员却是变动的,需要谁,谁就来,任务完成后就可以离开。项目小组和负责人也是临时组织和委任的。任务完成后就解散,有关人员回原单位工作。因此,这种组织结构非常适用于横向协作和攻关项目。

ER-1-1

组织机构管理规程

2. 药品生产企业组织机构的设置　药品生产企业组织机构的设置应考虑到企业经营机制、药品生产特点、企业规模等因素,使其有利于药品生产、质量及经营管理。药品生产企业应建立与质量管理体系相适应的组织机构,明确各机构的隶属关系、职责范围,以GMP规定的药品生产全过程的质量活动为主要依据,制订有关设岗定编规定,使机构设置能做到各部门配合适当,运转自如,高效有序,充分体现出组织机构系统的严密性和协调性。药品生产企业组织机构一般的设置模式,见图1-1。

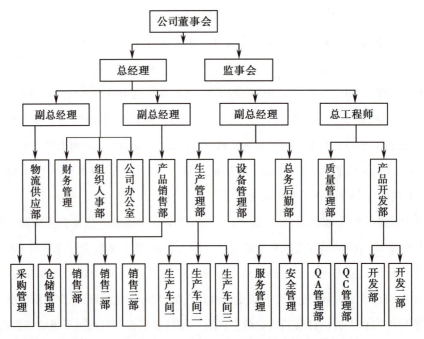

图 1-1 药品生产企业组织机构图

三、药品生产企业的岗位职责

(一)关键部门的职责

1. 生产管理部门职责

(1)生产部在生产负责人的领导下,确保药品按照批准的工艺规程生产、储存,以保证药品质量。

(2)确保能够按生产计划完成生产任务。

(3)确保严格执行与生产操作相关的各种操作规程。

(4)确保批生产记录和批包装记录经过指定人员审核并送质量部。

(5)确保厂房和设备的维护保养,以保持其良好的运行状态。

(6)确保完成必要的验证工作。

(7)确保生产相关人员经过岗前培训和继续培训。

(8)确保厂区卫生状态。

(9)协助完成公司技术革新、技术改造、工程立项、改造及其设计、策划等工作。

(10)建立严格可行的生产系统内部质量管理体系,协助相关部门做好生产中的技术和质量保证工作,发现问题及时组织解决和处理。

(11)建立成本管理体系,完善成本管理结构,在保证质量的前提下不断降低成本。

(12)协助完成对公司各类新老产品工艺的研究开发、小试、中试、试生产及产品的申报工作。

(13)做好公司安全生产的管理工作,定期组织安全检查,落实安全措施,督促整改问题。

案例分析

案例　某企业从红豆杉中提取紫杉醇用于制备抗癌药物。提取工艺中要求提取次数为 2 遍。某经验丰富的提取工在某次提取操作后发现红豆杉原料的颜色几乎未减褪,因此又提取 2 遍,检验后质量仍合格,产品收率因此提高 30%,该提取工获得了奖励。

如果作为生产管理人员,你认为应该奖励该提取工吗? 你也会如此处理该工艺变动吗?

分析　该员工的做法是错误的。操作工必须严格按照国家药品监督管理部门批准的工艺进行生产操作,不得擅自更改生产工艺。工艺革新是企业持续改进的需要,需企业研究部门按照试验方案进行试验、验证,并报国家药品监督管理部门批准后,方可按新修订的生产工艺进行生产操作。

2. 质量管理部门职责

(1)质量部在公司负责人的领导下,确定本公司的质量方针,对全公司各环节的质量进行监控,确保产品的研制、开发与生产符合国家法规、政策、GMP 管理规定和公司战略要求。

(2)关注国家药品监督管理部门网站的信息,了解相关政策法规,确保公司活动根据国家政策及时调整。

(3)负责公司 GMP 认证工作;负责公司 GMP 文件修订的组织实施及审核,确保所有 GMP 文件经过批准。

(4)确保原辅料、包装材料、中间产品、待包装产品和成品按注册批准的要求和质量标准执行,并在规定条件下储存。

(5)确保在产品放行前完成对批记录的审核。

(6)确保完成所有必要的检验。

(7)确保所有与质量有关的变更经过审核和批准。

(8)确保所有重大偏差和检验结果超标已经过调查并得到及时处理。

(9)确保委托检验、委托生产经过批准。

(10)确保厂房和设备的维护,以保持其良好的运行状态。

(11)确保完成各种必要的确认或验证工作,审核确认或验证方案和报告。

(12)确保自检的实施及完成,以保证公司质量管理体系处于持续受控状态。

(13)确保所有供应商经过批准。

(14)确保所有与产品质量有关的投诉已经过调查,并得到及时、正确的处理。

(15)确保完成产品的持续稳定性考察计划,提供稳定性考察的数据。

(16)确保完成产品质量回顾分析。

(17)确保公司各项风险评估工作的完成。

(18)确保不良反应监测及产品召回工作的执行。

(19)确保质量、技术档案的安全及正确。

（20）参与对老品种的工艺改进,新品种的工艺试制。

（21）负责接待上级药监人员。

（22）确保企业所有人员经过上岗培训和继续培训。

（23）负责公司已上市产品补充申请注册和再注册工作。

（24）确保所有的标签的印刷经过审核及批准,符合国家相关法规的要求。

3. 质量保证（QA）部门职责

（1）监控工艺状态,认定工艺参数的改变对产品的影响,并论证设定的合理性。

（2）根据公司整体质量状况组织质量控制方案,监控产品全程质量。

（3）定期评估工艺或控制方案。

（4）制订产品质量检验标准。

（5）处理客户反馈,依据反馈改善质量控制。

（6）总结产品质量问题并推动相关部门及时解决。

（7）分析工序能力,进行质量改进。

（8）工艺流程、控制计划、工艺变更通知单的接受。

（9）为纠正质量问题,有权停止现场的生产。

（10）对不合格品做处理判定。

（11）协助生产部分析、处理和解决客户质量问题,满足内外部的质量需求,不断提高产品质量满意度。

（12）制订新产品质量管理计划并监控实施,使新产品质量水平达到预定目标。

（13）配合生产部进行新产品试制及质量控制。

（14）分析最终产品及过程失效原因并提出改进方案。

（15）如有开发新供应商,协助相关部门对其进行品质方面的稽查。

（16）完成上级委派的其他任务。

（二）生产车间岗位设置与职责

1. 生产车间的岗位设置　生产管理系统的组织机构图见图 1-2。

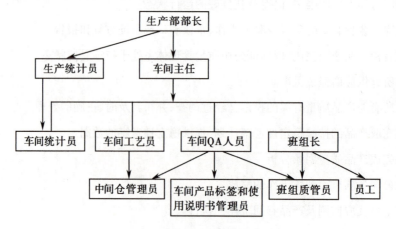

图 1-2　生产管理系统的组织机构图

2. 生产车间岗位职责

（1）按照各类有关生产书面文件规定及生产计划要求，遵照《药品管理法》和GMP组织生产，在生产过程中防止一切可能发生的差错、混淆和交叉污染。

（2）制订本车间可用于控制生产的文件，包括生产工艺原始记录及用于生产记录的各类表格，经生产部部长复核、质管部审核后，由负责人批准实施。

（3）按照制定的各种标准操作程序（SOP）进行操作，使设备及生产正常运转，保证产品的质量。

（4）生产过程中实施全面管理，即工艺管理、记录管理、物料平衡管理、生产秩序管理、批号管理、清洁与清场管理、包装和贴签管理、状态和标识管理、验证与再验证管理、安全生产管理和其他必要的管理等。

（5）生产过程中应进行有效的自查，并有相应的书面记录。

（6）生产中出现有不能按GMP要求进行且本车间无法克服的异常现象应停止生产，报告生产部部长，并通知质管部或其他部门共同处理，不作任何不符合书面规定的行动。

（7）一个批号生产完毕，整理本车间有关记录文件，复核后作为批记录的主要组成部分，送质量管理部门备案。

（8）实施良好的劳动组合，提高工时的有效利用率及设备设施的合理使用，降低成本。

（9）参与新产品投产前的验证及生产产品的再验证工作。

（10）每月应向生产部部长汇报本车间工作的重要情况和出现的各种质量问题。

点滴积累 ▽ ·······

1. 药品生产根据其最终产品的性质可分为原料药生产和制剂生产两大类。 原料药生产分为中药饮片生产和化学原料药生产，制剂生产分为化学药制剂生产、中药制剂生产、生物制剂生产等。

2. 生产企业应有组织机构图，所有的负责人员都应有明确的职责，人员的责任不应有空缺或不必要的重叠，职责分工不缺项、不漏项，做到人人有专职，事事有人管，不交叉、重叠。

3. 企业组织机构有下列几种形式：直线制、职能制、直线-职能制、事业部制和矩阵制等。

第二节　药品生产企业人员资质与职责

质量保证体系的建立和维护，以及药品、原料药的正确生产和管理都要依靠人，因而药品生产企业应配备足够数量并具有适当资质（含学历、培训和实践经验）的人员从事管理和各项操作。应明确规定每个部门和每个岗位的职责，所有人员应明确并理解自己的职责，熟悉与其职责相关的要求，并接受必要的培训，包括上岗前培训和继续培训。不同岗位的人员均应有详细的书面工作职责，并有相应的职权，其职能可委托给具有相当资质的指定代理人。每个人所承担的职责不应过多，以免导致质量风险。岗位的职责不得有空缺，重叠的职责应有明确的解释。

一、企业的关键人员

药品生产企业关键人员是企业质量保证体系的核心,关键人员应为企业的全职人员,至少应包括企业负责人、生产管理负责人、质量管理负责人和质量授权人。关键人员中的质量管理负责人和生产管理负责人不得互相兼任,质量管理负责人和质量授权人可以兼任。应当制定操作规程确保质量授权人独立履行职责,不受企业负责人和其他人员的干扰。

参与药品生产的每一个人都要对质量负责,GMP(2010 版)把质量管理体系的范围延伸到工厂之外,把人员的范围进行了扩展,GMP(2010 版)中人员的范围包括:企业高层管理人员、供应商、质量授权人以及企业从事行政、采购、生产、检验、仓储、销售、卫生、清洁、人力等各级别管理人员和一线操作员工。

> **知识链接**
>
> **生物制品、中药制剂生产企业生产和质量管理负责人任职要求**
>
> 生物制品生产企业生产和质量管理负责人应当具有相应的专业知识(如微生物学、生物学、免疫学、生物化学、生物制剂学等),并具有丰富的实践经验,以确保在其生产、质量管理中履行其职责。
>
> 中药制剂生产企业主管药品生产和质量管理的负责人须具有中药专业知识。除药学专业者外,其他相关专业者还须经中药专业知识的培训和学习,如:药用植物学、中药鉴定学、中药化学、中药制剂学、中药炮制学等。

(一) 企业负责人

药品质量责任由企业的法定代表人负责,质量体系的运行需要有最高管理者来指挥,GMP(2010 版)规定企业负责人是药品质量的主要责任人,全面负责企业日常管理,为确保实现质量目标、执行 GMP 提供必要的资源配置,需要合理计划、组织和协调,确保质量授权人和质量管理部门独立履行其职责。

作为药品生产企业高层管理者不仅要求其具有高素质、高学历,而且要具有药品生产和质量管理的丰富经验。高层管理者要重视人才的引进和培养,这是因为人员不仅是药品 GMP 实施的首要条件,也是企业在知识经济中竞争的第一资源。

(二) 生产管理负责人

1. 资质 生产管理负责人应至少具有药学或相关专业本科学历(或中级专业技术职称或执业药师资格),具有至少 3 年从事药品生产的实践经验和至少 1 年的药品生产管理工作经验,接受过与所生产产品相关的专业知识培训。

2. 生产管理负责人应履行的主要职责

(1)确保药品按工艺规程和操作规程生产、贮存,以保证药品质量。

(2)确保严格执行工艺规程和生产操作相关的各种操作规程。

(3)确保批生产记录和批包装记录经过指定人员审核并送交质量管理部门。

(4)确保厂房和设备的维护保养,以保持其良好的运行状态。

(5)确保完成各种必要的验证工作。

(6)确保生产相关人员经过必要的上岗前培训和继续培训,并根据实际需要调整培训内容。

(三)质量管理负责人

ER-1-2

质量管理负责人岗位职责

质量管理负责人是企业质量保证系统的最高管理者,由企业法定代表人授权,负责质量管理活动的实施和监督。

1. 资质　质量管理负责人应至少具有药学或相关专业本科学历(或中级专业技术职称或执业药师资格),具有至少5年的药品生产质量管理实践经验和至少1年的药品质量管理工作经验,接受过与所生产产品相关的专业知识培训。

2. 质量管理负责人应履行的主要职责

(1)确保原辅料、包装材料、中间产品、待包装产品和成品符合注册批准的要求和质量标准。

(2)确保完成和监督批记录的放行审核。

(3)确保完成所有必要的检验。

(4)批准质量标准、取样方法、检验方法和其他质量管理规程。

(5)审核和批准所有与质量有关的变更。

(6)确保所有重大偏差和检验结果超标已经过调查并得到及时处理。

(7)批准并监督委托检验。

(8)监督厂房和设备的维护情况,以保持其良好的运行状态。

(9)确保完成各种必要的验证工作,审核和批准验证方案和报告。

(10)确保完成自检。

(11)批准和评估物料的供应商。

(12)确保所有与产品质量有关的投诉已经过调查,并得到及时正确的处理。

(13)确保完成产品的持续稳定性考察计划,提供稳定性考察的数据。

(14)确保完成产品质量回顾分析。

(15)确保质量控制和质量保证人员都已经过必要的上岗前培训和继续培训,并根据实际需要调整培训内容。

知识链接

生产管理负责人和质量管理负责人应共同履行的质量职责

包括:①审核和批准操作规程和文件;②审核和批准产品的工艺规程;③监督厂区卫生状况;④确保关键设备经过确认、仪表校准在有效期内;⑤确保完成生产工艺验证;⑥确保企业所有相关人员都已经过必要的上岗前培训和继续培训,并根据实际需要调整培训内容;⑦批准并监督委托生产;⑧确定和监控物料和产品的贮存条件;⑨保存记录;⑩监督本规范执行状况;⑪为监控某些影响产品质量的因素而进行检查、调查和取样。

（四）质量授权人

质量授权人是依据国家有关规定,接受企业授予的药品质量管理权力,负责对药品质量管理活动进行监督和管理,对药品生产的规则符合性和质量安全保证性进行内部审核,并承担药品放行责任的高级专业管理人员。

1. 资质

（1）质量授权人应至少具有药学或相关专业大学本科的学历（或中级专业技术职称或执业药师资格）,至少具有 5 年药品生产和质量管理的实践经验,从事过药品生产过程控制和质量检验工作。

（2）质量授权人应具有必要的专业理论知识,并经过与产品放行有关的培训方能独立履行其职责。

2. 质量授权人的主要职责

（1）必须保证每批已放行产品的生产、检验均符合相关法规、药品注册批准或规定的要求和质量标准。

（2）在任何情况下,质量授权人必须在产品放行前对第（1）款的要求做出书面承诺,并纳入批记录。

（3）应制定操作规程确保质量授权人的独立性,企业负责人和其他人员不得干扰质量授权人独立履行职责。

二、药品生产操作人员与质量检验人员

1. 应具有中专或高中以上文化程度,具备专业基础知识和实际操作技能。

2. 从事放射性药品质量检验的人员应具有放射性药品检验技术知识,并取得岗位操作证书;从事放射性药品生产操作的人员应具有专业技术及辐射防护知识,并取得岗位操作证书。

3. 从事中药材、中药饮片验收人员需具有相关的专业知识和识别药材真伪、质量优劣的技能。

4. 从事生产操作的技术工种人员、质量检验人员、计量检修、实验动物管理和饲养人员应持证上岗。

5. 从事高生物活性、高毒性、强污染性、高致敏性及有特殊要求的药品生产操作和质量检验人员应具有相关的专业基础知识。

6. 洁净区内生产操作及管理人员（包括维修、辅助人员）应具有卫生学和微生物学的基础知识。

案例分析

案例 某制药生产企业口服液车间,口服液灌封机在生产过程中会产生玻璃碎片,每隔一段时间都要清理一下。 一操作工清理时,未停机,在清理过程中,不小心手指被机器转入,造成一个手指被压断一节的后果。

分析 应对生产车间操作工进行安全生产、设备操作、维护 SOP 方面的培训,设备需清理或维修时,应停机。

点滴积累　∨

1. 药品生产企业必须配备足够数量并具有适当资质（含学历、培训和实践经验）的人员。

2. 药品生产企业关键人员包括企业负责人、生产管理负责人、质量管理负责人和质量授权人。关键人员中的质量管理负责人和生产管理负责人不得互相兼任。

第三节　药品生产企业人员的培训

人员的素质决定了企业的 GMP 管理水平，应该把提高员工的质量意识和职业技能以及素质教育和人才培养作为企业发展的战略目标来实施，在生产出高质量产品的同时，为员工提供职业生涯设计和良好的生活愿景，实现人与企业的双赢共赢。所有从事药品生产和质量管理的人员必须具有药品质量意识和 GMP 意识。质量是产品的生命，更是一个企业生存与发展的原动力。只有经过培训达到生产质量管理要求素质的人员才能生产出合格的药品。

一、培训的原则

企业应指定部门或专人负责培训管理的工作，应有经生产管理负责人或质量管理负责人审查或批准的培训方案或计划，培训记录应予保存。与药品生产、质量有关的所有人员都应经过培训，培训的内容应与每个岗位的要求相适应。除进行 GMP 理论和实践的基础培训外，还应有相关法规、相应岗位的职责、技能培训和继续培训，继续培训的实际效果应定期评估。高风险操作区（如：高活性、高毒性、传染性、高致敏性物料的生产区）的工作人员应接受专门的培训。

对企业人员培训的评定标准应当具体化，对人员培训要求提高到新的高度。培训内容应当注重实际效果，重点是药品 GMP 相关知识、岗位操作理论知识和实践操作技能，此外还应当包括安全知识等内容。应当制订健全的培训制度，制订年度培训计划，培训应当有讲义、考核试卷等。对参加培训人员进行记录，并建立培训档案。检查员须检查岗位专业技术培训的内容是否包括与本岗位生产操作有关的产品工艺操作技术、设备操作技术以及相关的技术知识等；检查生产操作人员的个人培训档案，是否有经专业技术培训考核合格上岗的记录等。对于从事原料药生产、中药饮片与制剂相关、生物制品制造以及高风险操作等特殊要求的人员，应当通过专业技术培训，并经考核合格后方能上岗。

二、培训的要求

1. 药品生产企业进行的培训至少要包括 GMP 培训、专业培训、EHS［环保（environment）、健康（health）、安全（safety）］的培训。专业培训包括基础培训和特定的技能培训。

2. 所有员工要接受 GMP 管理和知识培训，GMP 的再培训每年至少进行 1 次。

3. 员工的特定操作类培训应当由接受过教育和培训、具有经验的督导主管来实施。操作人员在批记录或检验记录中的签字权，需要对其进行资质的确认或培训、审核合格后，由相关部门的负责人批准。

4. 未经培训的员工不得上岗。

5. 要制订 GMP 培训计划,及时按计划实施填写并保留培训记录。

> **知识链接**
>
> 培训记录内容
>
> 　培训者姓名、培训内容、参加培训人员范围、培训形式、培训评价方式和结果、培训讲师和培训时间。

三、培训的流程

　　培训流程可以定义在企业的培训管理程序中。药品生产企业可以根据自己的实际情况制订适合的培训流程。一般来说,培训流程可分为 6 个基本步骤,即:培训需求调查与分析→培训计划的制订→培训计划的组织实施→培训效果评估与考核→培训记录归档与管理→年度培训总结

　　1. 培训需求调查与分析　培训需求调查范围至少要包括 GMP 类强制性法规的培训需求;企业 EHS、生产质量等体系的文件培训需求;新订或修订后文件的培训需求;公司内外部审计检查(即纠正与预防系统)要求、专业技能类培训需求(包括内训与外训)、管理技能类培训需求、提高员工个人素质培训等内容。

　　2. 培训计划的制订　培训计划是企业实施培训的基础。按培训计划实施培训的目的就是保证员工(培训对象)持续地(培训周期)获得需要的培训(培训内容)。因此,一般来说,培训计划需要包含 3 个重要的因素:培训对象(培训目标组),培训课程(培训内容),培训周期。

　　生产企业年度培训计划至少要包括三大内容:GMP 类、EHS 类和专业技能类。部门年度培训计划应包括 EHS、GMP、生产质量等新文件或修订文件,新产品生产工艺,新设备操作,新进人员培训以及转岗再培训等。培训年度计划可半年调整一次,调整后的培训计划需要重新审核、批准。

　　各部门需要根据岗位的不同,制订岗位培训清单,以便于新进员工和转岗员工的培训。岗位培训清单每年要更新一次。岗位培训清单的起草人可由部门经理或车间经理指定,由部门经理审批。

　　3. 培训计划的组织实施　为了保证培训的效果,药品生产企业可以根据培训的内容,采取不同的培训方式来实施培训。培训的方式一般包括如下方式:

　　(1)课堂学习:培训者讲解,被培训者学习的培训形式。适用于一般性的 GMP 培训。

　　(2)岗位实际操作学习:培训者讲解、演示,被培训者模仿、完成操作的培训形式。适用于需要深度学习的专业操作和技能。

　　(3)团队学习:以小组讨论的形式来完成培训。适用于对新法规、新动态进行团队谈论形式的学习和交流。

　　(4)自学:员工自行完成相应的培训内容。适用于简单的培训内容和有自学能力的员工。

　　(5)计算机化的 GMP 培训。

　　(6)专业机构的专项培训:外部专业公司或培训公司组织的培训。对于法规规定的特种作业,

如电工、焊接、压力容器的操作等,必须经有资质的培训机构的培训并获得相应的资质证书。

4. 培训效果评估与考核　　GMP 规定"继续培训的实际效果应定期评估"。所以,药品生产企业需要对员工的培训进行评估,以保证员工的培训达到了相应的效果。培训的评估可以针对每次的具体培训,也可以针对全员的 GMP 素质。

培训效果评估分为针对培训课程和讲师的评估和针对学员接受培训效果的评估两种。每次培训结束后,若没有进行书面考试,可采用《培训效果评价表》进行培训效果评价,评价方式可灵活多样,包括现场提问、现场操作或模拟操作等考评方式。

培训后的考试试卷标头需要包括如下内容:试卷标题、部门、考试人签名与日期、分数、评卷人签名与日期。试题题型可以灵活多样。

知识链接

新员工及转岗员工培训

新员工上岗前必须依次接受公司级、部门级、岗位级三级新员工培训,并考核合格方可上岗。 当公司招收了新员工时就产生此培训需求。 转岗员工或经过较长时间不在岗后重新上岗人员应重新接受培训,不同部门间换岗的员工也必须接受部门级及岗位级培训,同一部门内部换岗的必须接受岗位级培训。

对特殊工种的人员和特殊技能操作的人员,培训管理部门(如人力资源部)可委托有资格培训的机构进行培训,考核取得资格证书后,持证上岗。

5. 培训记录归档与管理培训文件　　培训的整个流程都需要有文件记录。培训的文件一般包括:培训教材、培训计划、培训方案、培训记录、测试卷、培训总结等。

每次培训需保留培训签名表、培训效果评价表、培训所用教材(SOP 培训不需要提交 SOP 文件),由培训管理部门(如人力资源部)归档。培训管理部门负责做好这些培训原始记录的整理和归档工作,包括根据签名表将培训内容和结果汇总在每位员工的培训记录中。

培训管理部门必须为每位员工建立一份培训档案,档案中保留该员工自进入公司之日起参加各类培训的证明材料,包括试卷、资格证书等接受培训的证明材料。培训档案中还可以保留员工的学历证明材料、履历等证明该员工教育背景、从业经验和接受培训经历的相关材料。人力资源部负责对员工接受培训的情况进行汇总。

知识链接

培　训　档　案

人个培训档案(汇总表和档案袋);企业级年度培训档案(有签名表,评估表,教材);部门级年度培训档案(有签名表,评估表,教材);年度培训需求调查计划和总结。 为方便查阅追踪,档案按时间排序(个人档案袋除外)。 国外一些药企对于培训记录原始一般要求保存七年。

6. 年度培训总结 培训管理部门每年要有年度培训情况总结。其中 GMP 类由质量负责人审核,EHS 类由 EHS 负责人审核。培训总结内容应包括计划实施情况、人均培训时间、人均培训费用、培训效果分析、存在问题以及下年度改进建议等,以便供公司管理层在制订下一年度培训计划时或培训改进时参考。

点滴积累 ᐯ

1. 药品生产企业与药品生产、质量有关的所有人员都应经过培训,培训的内容应与每个岗位的要求相适应。
2. 药品生产企业进行的培训至少要包括 GMP 培训、专业培训、EHS 的培训。 专业培训包括基础培训和特定的技能培训。
3. 培训管理部门必须为每位员工建立一份培训档案。

复习导图

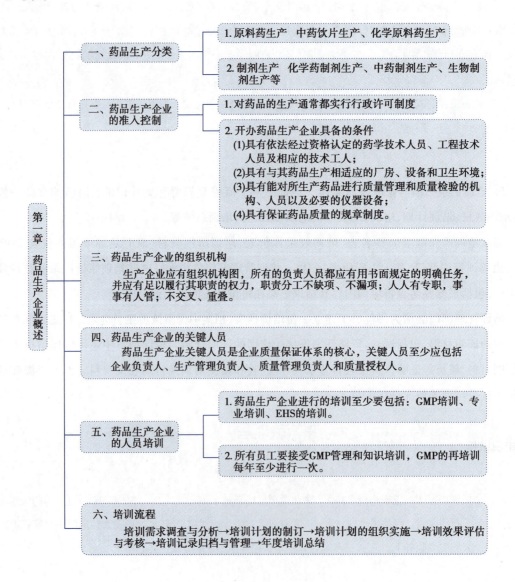

实训项目一 绘制药品生产企业组织机构图练习

一、实训目的

1. 熟悉组织机构的类型与特点。

2. 了解药品生产企业组织机构设置。

3. 学会药品企业组织机构图的绘制方法。

二、实训内容

参观药品生产企业,了解企业组织机构设置与职责,绘制组织机构图。以实训小组为单位按照下列步骤进行训练:

1. 利用网络或其他工具方法,根据实训内容,收集组织机构类型与企业组织机构相关的资料,为实验项目提供依据。

2. 走访不同的药品生产企业,详细了解企业的组织设置。

3. 根据企业组织设置,绘制组织机构图。

4. 分组讨论组织机构设置的适宜性。

三、实训注意

掌握检索资料的基本技能和熟悉组织机构的类型,是完成本实训项目的关键,教师应着重指导。学生实际操作时要注意理清各组织的相互关系与职责。

四、实训检测

1. 组织机构设置的适应性对企业发展的影响有哪些?

2. 哪种组织机构模式比较适应中型药品生产企业的经营?

五、实训报告

提供企业的机构设置,准确绘制组织机构图。

六、实训评价

从以下几方面对实训进行评价:

1. 实训前资料搜集情况。

2. 独立绘制能力。

3. 组织机构图的正确性、合理性。

4. 组织机构图的美观性。

5. 实训报告。

实训项目二 编制人员培训计划

一、实训目的

1. 熟练掌握人员培训计划内容和要点。

2. 熟悉人员培训的流程。

3. 学会编制人员培训计划。

二、实训内容

1. 设定接受培训的人员为新建药品制剂生产企业生产管理人员和质量管理人员。

2. 学生利用网络或其他工具方法,收集药品制剂生产企业人员培训信息资料。

3. 将学生分成两组,分别编制新建药品制剂生产企业生产管理人员和质量管理人员的培训计划。

4. 训练对新建药品制剂生产企业生产管理人员和质量管理人员的培训计划进行审核批准。

三、实训注意

(一) 实训步骤

1. 课前学生按照教师要求,收集药品制剂生产企业人员培训信息资料,应包括 GMP 类、EHS 类和专业技能类以及生产质量等文件。

2. 学生分成两组,根据人员岗位分别编制新建药品制剂生产企业生产管理人员和质量管理人员的培训计划。人员培训计划编制完成后,两组分别扮演生产、质量管理负责人交叉对对方组编制的培训计划进行审核批准。

3. 两组交换角色,重新编制人员培训计划并进行审核批准。

4. 教师评判和总结。

(二) 实训提示

人员培训计划编制实训开展前收集新建药品制剂生产企业相关信息、熟悉 GMP 及相关法规的要求及培训流程和培训计划要点,是顺利进行的重要条件,教师务必在进行角色分配时重点强调,并对编制培训计划要点如"培训对象(培训目标组)、培训课程(培训内容)、培训周期"和技巧进行提醒和总结。

四、实训检测

1. 编制人员培训计划的要点是什么?

2. 人员培训的流程是什么?

3. 人员培训档案的主要内容是什么?

五、实训报告

1. 提供新建药品制剂企业生产人员、质量人员培训计划。

2. 提供新建药品制剂企业生产人员、质量人员培训计划的审核意见和建议。

六、实训评价

从以下几方面对实训进行评价：

1. 实训前资料搜集情况。

2. 独立编制培训计划的能力。

3. 编制培训计划的合理性和正确性。

4. 编制培训计划的创新性。

5. 实训报告。

目标检测

一、选择题

（一）单项选择题

1. 企业原料药生产不包括（　　　）

    A. 中药饮片　　　　　　　B. 生物原料　　　　　　　C. 植物原料

    D. 辅料原料　　　　　　　E. 有机合成

2. 目前绝大多数企业所采用的组织机构形式为（　　　）

    A. 直线制　　　　　　　　B. 直线-职能制　　　　　C. 职能制

    D. 事业部制　　　　　　　E. 矩阵制

3.《药品生产许可证》的批准发放机构是（　　　）

    A. 社区药品监督管理部门　　　　　　　B. 市级药品监督管理部门

    C. 省级药品监督管理部门　　　　　　　D. 国家药品监督管理部门

    E. 省级卫生行政管理部门

4. 生产管理负责人应当至少具有药学或相关专业本科学历（或中级专业技术职称或执业药师资格），具有至少（　　　）年从事药品生产和质量管理的实践经验，至少有（　　　）年的药品生产管理经验，接受过与所生产产品相关的专业知识培训

    A. 3、1　　　　　　　　　B. 2、1　　　　　　　　　C. 3、2

    D. 1、2　　　　　　　　　E. 2、3

5. 质量控制实验室的检验人员至少应当具有（　　　）以上学历，并经过与所从事的检验操作相关的实践培训且通过考核

    A. 初中　　　　　　　　　B. 中专或高中　　　　　　C. 专科

    D. 本科　　　　　　　　　E. 硕士研究生

6. 药品生产企业的质量管理部门应当受( )的直接领导

    A. 企业负责人   B. 生产部门负责人   C. 行政负责人

    D. 质量部门负责人   E. 质量受权人

7. 生产贮存及质量控制区应当采取适当措施,防止( )进入

    A. 未经批准的人员   B. 技术人员   C. 管理人员

    D. 公司领导   E. 生产人员

8. 直接接触药品的人员应( )体检一次

    A. 1 年   B. 2 年   C. 3 年

    D. 5 年   E. 10 年

9. 药品生产企业关键人员是指( )

    A. QA   B. 质量管理负责人

    C. 车间主任   D. QC

    E. 质管部长

10. 企业主管药品质量管理的负责人应具有( )

    A. 医药专业本科以上学历   B. 医药或相关专业大专以上学历

    C. 任何专业本科以上学历   D. 研究生以上学历

    E. 医药或相关专业本科以上学历

(二) 多项选择题

1. 必须每年体检 1 次的人员包括( )

    A. 生产操作人员   B. 质量管理人员   C. 食堂工作人员

    D. 门卫工作人员   E. 公司领导

2. ( )是生产负责人与质量负责人的共同职责

    A. 批准和监督委托检验   B. 确定和监控物料和产品的贮存条件

    C. 保存记录   D. 监控 GMP 执行状况

    E. 确保完成生产工艺验证

3. 关于培训的内容,哪些说法是正确的( )

    A. 参观人员和未经培训的人员不得进入生产区和 QC 区。如无法避免时,应事先进行培训,尤其是关于个人卫生和更衣

    B. 与药品生产、质量有关的所有人员都应经过培训,培训的内容应与每个岗位的要求相适应。除 GMP 理论和实践的基础培训外,新员工还应接受岗位培训。还要进行继续培训,并定期对实际的效果进行评价。培训应保留记录

    C. 高污染风险区(如:高活性、高毒性、传染性、高致敏性物料的生产区)工作的人员应接受专门的培训

    D. 所有能提高对质量保证的理解和执行的措施,都必须在培训过程中充分讨论

    E. 所有人员都应当接受卫生要求的培训

4. 培训流程包括(　　)

    A. 培训计划的制订　　　　B. 培训计划的组织实施　　C. 培训效果评估与考核

    D. 培训记录归档与管理　　E. 培训需求调查与分析

5. 人员培训档案包括(　　)

    A. 培训教材　　　　　　　B. 上岗证　　　　　　　　C. 人员考核表

    D. 人员签到表　　　　　　E. 考试卷

二、简答题

1. 开办药品生产企业法律规定的条件是什么?

2. 写出培训流程及文件培训的主要内容。

3. 质量授权人的主要职责是什么?

三、实例分析

某药品生产企业生产一种含大青叶粉末的片剂,在半成品检验时,出现细菌总数超标。经调查大青叶原药材菌检合格,生产设备与环境菌检合格。

请运用所学过的本章知识对案件进行分析。

（高玉梅）

第二章

药品质量管理与质量管理体系

ER-02章PPT

导学情景　Ⅴ

情景描述：

2006年4月在广州中山三院给病人使用齐齐哈尔第二制药有限公司（以下简称"齐二药"）生产的"亮菌甲素注射液"后突然出现急性肾功能衰竭症状。经检测和反复验证，确证"齐二药"的亮菌甲素注射液中含有高达30%的二甘醇，而正常药品不应含有该成分。正是二甘醇在体内被氧化成草酸而导致病人肾功能急性衰竭。

调查后发现生产亮菌甲素注射液所需要的溶剂为丙二醇，在辅料采购环节，供应商将工业原料二甘醇冒充药用辅料丙二醇出售给"齐二药"。相关质量检验人员违反操作规程，修改数据签发合格证，制造出含二甘醇的"亮菌甲素注射液"并投入市场，最终酿成13人死亡、部分人肾毒性的惨剧。

学前导语：

"齐二药"事件是我国一起影响极大的假药事件，该事件发生的主要原因是用了假冒辅料。那么，我们会问，是什么原因导致了该事件的发生呢？大家可能会说是检测指标的缺陷、不法商人逐利作祟、药企质检人员违规等，实际上，这些都可以归结为质量管理问题。本章我们将带领大家对质量管理进行阐述，为大家以后的学习、工作打下基础。

第一节　质量管理体系概述

一、质量的定义及术语

1. **质量**　质量（quality）是指产品、过程或服务满足规定或潜在要求的特征和特征总和，即"一组固有特性满足要求的程度"。如药品的"固有特性"是指药品的有效性、安全性、均一性、稳定性。

2. **质量管理**　质量管理（quality management）是指确定质量方针、目标和职责，并通过质量体系中的质量策划、质量控制、质量保证和质量改进来使其实现的所有管理职能的全部活动。即对确定和达到质量要求所必需的职能和活动的管理。

3. **质量管理体系**　质量管理体系（quality management system，QMS）为实现建立的质量方针和目标而形成的一组相互关联或相互作用的要素集合体，即组织机构、职责、程序、活动、能力和资源等构成的有机整体。质量管理体系包括硬件和软件两部分，硬件如组织机构、资源等，软件如职责、程序等,其对内的功能是质量管理,对外的功能是质量保证。

4. 质量保证　质量保证(quality assurance,QA)是指使人们确信产品质量所必需的全部有计划有组织的活动。也可以说是为了提供满足规定质量要求的信任。一般来说,质量保证的方法有质量保证计划、产品质量审核、质量管理体系认证、质量控制活动的验证以及权威机构提供的产品检验合格证明文件等。

5. 质量控制　质量控制(quality control,QC)是质量管理的一部分,是为满足产品或服务质量要求所采取的作业技术和活动。它是质量管理组织的自身要求,也是质量管理的基本作业活动。药品生产过程的质量控制,通常采用对原辅料、中间产品、产品质量的检验来实现,实行"三不准"质量控制原则,即不合格的原辅料,不准投入生产;不合格的中间产品,不准进入下道生产工序;不合格的产品,不得出厂,这样使药品质量得以有效控制。

6. 质量风险管理　质量风险管理(quality risk management,QRM)是指在产品的整个生命周期过程中,对影响产品质量的风险因素进行识别、衡量、控制以及评价的过程。该过程是系统化的,应当保证能够根据知识和工艺的经验对质量风险进行识别、衡量和控制,控制应与最终保证质量风险在可接受范围内的目标一致,同时质量风险管理过程的投入水准、形式和文件应当与风险的等级相当。

知识链接

产品生命周期

产品生命周期(product life cycle,PLC)指某产品从进入市场到被淘汰退出市场的全部过程。需要注意的是产品生命周期同产品使用寿命是不同的,产品生命周期可以通过产品市场销售量反映出来。产品生命周期一般可分为引入期、成长期、成熟期和衰退期。

二、质量管理的发展历程

在人类社会的发展进程中,随着工商业的发展繁荣及人们生活水平的提高,人们对产品质量的要求在不断提升,这就需要产品的生产者为满足这种需要而采取必要的措施,这时就产生了质量管理。真正科学意义上的质量管理是从 20 世纪开始的,其发展大体经历了 4 个阶段,即质量检验阶段、统计质量控制阶段、全面质量管理阶段和质量管理标准化阶段。

(一) 质量检验阶段

质量检验阶段一般指 20 世纪初~20 世纪 40 年代。该阶段的代表人物是被人们称为科学管理之父的美国人弗雷德里克·温斯洛·泰勒(F. W. Taylor),其代表作为《科学管理原理》,他提出了在生产中应将计划与执行、生产与检验分开管理的主张,把产品质量检验职能独立出来,而形成了初期的质量管理,也称为"检验员的质量管理"。这种质量管理的特点是:按照技术标准的规定,对成品进行全数检查,把合格品同不合格品区分开来,防止不合格品出厂。这种质量管理,实际上是"事后检验",无法在生产中起到预防、控制不合格品产生,一经发现不合格品,即很难补救。

（二）统计质量控制阶段

统计质量控制阶段一般指20世纪40年代~20世纪60年代。该阶段的代表人物是被人们称为统计质量控制之父的美国人沃特·阿曼德·休哈特（W. A. Shewhart）及同属贝尔研究所的道奇（H. F. Dodge）和罗米格（H. G. Romig），他们把数理统计理论引入质量管理领域，运用统计学方法来代替单纯检验方法控制产品质量。统计质量管理的特点是：除进行成品检验把关外，还注意采用数理统计方法控制生产过程，事先发现和预防不合格品的产生。统计质量管理在取得巨大成功的同时，也日益暴露其局限性，如该方法忽视组织管理，统计技术难度大，难以调动广大工人参与质量管理的积极性等。

（三）全面质量管理阶段

全面质量管理阶段一般指20世纪60年代以后，目前仍在不断发展完善中。最早提出全面质量管理概念的是美国的费根鲍姆（A. V. Feigenbaum），1961年，他发表了《全面质量管理》一书。全面质量管理是指企业中所有部门、所有人员都以产品质量为核心，把专业技术、管理技术、数理统计技术集合在一起，建立起一套科学严密高效的质量保证体系，控制生产过程中影响质量的所有因素，以优质的工作，经济的办法，提供满足用户需要产品的全部活动。全面质量管理的基本内容是：①对全面质量的管理。全面质量指所有质量，即不仅是产品质量，还包括工作质量、服务质量。在全面质量中产品质量是核心。②对全过程的管理。对产品的质量管理不仅只限于制造过程，而是扩展到市场研究、产品开发、生产准备、采购、制造、检验、销售、售后服务等全过程。③由全体人员参与的管理。企业把"质量第一，人人有责"作为基本指导思想，将质量责任落实到全体职工，人人为保证和提高质量而努力。通过全面质量管理将过去的事后检验转变为事前预防和改进，将过去的分散管理转变为系统的全面综合治理，将过去的管结果转变为管因素，通过一系列措施能极大提高和保证产品的质量。

我国自20世纪70年代以来，推行全面质量管理已有几十年。从多年深入、持续地推行全面质量管理的效果来看，它有利于提高企业素质，增强企业的市场竞争力。

案例分析

案例　2007年7月6日，国家药品不良反应监测中心陆续收到广西、上海等地部分医院的药品不良反应报告：一些白血病患儿使用上海医药（集团）有限公司华联制药厂生产的部分批号的注射用甲氨蝶呤后出现下肢疼痛、乏力、进而行走困难等症状。8月，北京、安徽、河北、河南等地医院也上报了使用上海华联药品发生不良事件的报告。至此，发生不良事件的药品已涉及该厂甲氨蝶呤、盐酸阿糖胞苷两种注射剂。

9月14日，药监、卫生部门的联合专家组基本查明，华联制药厂在生产过程中，现场操作人员将硫酸长春新碱尾液混于注射用甲氨蝶呤及盐酸阿糖胞苷药品中，导致了多个批次的药品被硫酸长春新碱污染，造成重大的药品生产质量责任事故。该事件造成全国多地区总计130多位患者，受到严重的神经系统和行走功能损害。

分析　药品生产事关人命，该企业有药品生产许可证及GMP认证证书，但在生产过程中，不能按照规范进行生产操作，出现这种完全可以避免的严重事故，可以看出企业整体质量管理素质不高和员工的质量意识淡薄。

（四）质量管理标准化阶段

质量管理标准化起源于 20 世纪 80 年代国际标准化组织（International Organization for Standardization, ISO）发布的 ISO9000 族标准。当质量管理发展到一定阶段，某些成熟的管理经验便会显示出所具有的代表性。要推广这些具有代表性和先进性的管理理念，只有取得标准化的共识，才能消除差异，排除分歧。ISO9000 族国际标准应运而生，开始了质量管理标准化探索的进程。

ISO9000 族标准是国际标准化组织于 1987 年制定，后经不断修改完善而成的系列标准。该标准并不是产品的技术标准，而是针对组织的管理结构、人员、技术能力、各项规章制度、技术文件和内部监督机制等一系列体现组织保证产品及服务质量的管理措施的标准。

具体地讲 ISO9000 族标准就是在以下 4 个方面规范质量管理：①机构：标准明确规定了为保证产品质量而必须建立的管理机构及职责权限。②程序：组织的产品生产必须制定规章制度、技术标准、质量手册、质量体系、操作检查程序，并使之文件化。③过程：质量控制是对生产的全部过程加以控制，是面的控制，不是点的控制。从根据市场调研确定产品、设计产品、采购原材料，到生产、检验、包装和储运等，其全过程按程序要求控制质量。并要求过程具有标志性、监督性、可追溯性。④总结：不断地总结、评价质量管理体系，不断地改进质量管理体系，使质量管理呈螺旋式上升。

ISO9000 族标准不仅在全部发达国家推行，发展中国家也正在逐步加入到此行列中来，ISO 已成为一个名副其实的技术上的世界联盟，造成这种状况的原因，除了能给组织带来巨大的实际利益之外，更为深刻的原因在于 ISO9000 族标准是人类文明发展过程中的必然之物。因此，在一个组织或一个国家实行 ISO9000 族标准并非是一个外部命令，而是现代组织的本质要求。

▶▶ **课堂活动**

大家了解了质量管理的发展阶段，谈谈你所知道的企业质量管理处于什么阶段？ 我国的药品相关企业处于何阶段？

三、质量管理体系与质量手册

质量管理体系是为实现建立的质量方针和目标而形成的一组相互关联或相互作用的要素集合体。建立质量管理体系是为了在质量方面指挥和控制组织实现对产品的既定要求。质量手册是质量管理中形成的文件材料，是质量管理体系的具体体现。

（一）质量管理体系基本原则

一个组织要建立和运行质量管理体系，需要遵循一定的原则来进行管理以使组织获得成功。

1. 重视顾客　组织的存在，依赖于顾客，组织应当理解顾客当前和未来的需求，努力做出满足顾客要求并争取超越顾客期望的产品。

2. 领导作用　组织的领导者应确立与组织的方略相一致的目标，创造并保持良好的内部环境，使员工能充分参与实现组织的目标。

3. 全员参与　各级人员都是组织之本，只有他们的充分参与，才能使他们为组织的效益发挥其才干。

4. **过程方法** 将活动和相关的资源作为过程进行管理,可以更高效地得到期望的结果。

5. **系统方法** 将相互关联的过程作为系统加以识别、理解和管理,有助于组织提高实现目标的有效性和效率。

6. **持续改进** 持续改进总体业绩应是组织的一个永恒目标。

7. **事实决策** 有效决策要建立在数据和信息分析的基础上。

8. **供方互利** 组织与供方是相互依存的,互利的关系可增强双方创造价值的能力。

ER-2-1

质量管理体系管理规程

(二)质量管理体系特性

1. **符合性** 要开展有效的质量管理,必须设计、建立、实施和保持质量管理体系。组织的最高管理者对质量管理体系的决策负责,对建立合理的组织结构和提供的资源负责。管理者代表和质量职能部门对形成文件的程序的制定和实施、过程的建立和运行负直接责任。

2. **唯一性** 质量管理体系的设计和建立,应结合组织自身的质量目标、产品类别、过程特点和实践经验。因此,不同组织的质量管理体系有不同的特点。

3. **系统性** 质量管理体系是相互关联和作用的组合体,包括:①组织结构:合理的组织机构和明确的职责、权限及其协调的关系;②程序:规定到位的形成文件的程序和作业指导书,是过程运行和进行活动的依据;③过程:质量管理体系的有效实施,是通过其所需求过程的有效运行来实现的;④资源:必需、充分且适宜的资源,包括人员、资金、设施、设备、料件、能源、技术和方法。

4. **有效性** 质量管理体系的运行应是全面有效的,既能满足组织内部质量管理的要求,又能满足组织与顾客的合同要求,还能满足第二方认定、第三方认证和注册的要求。

5. **预防性** 质量管理体系应能采用适当的预防措施,有一定的防止重要质量问题发生的能力。

6. **动态性** 最高管理者定期批准进行内部质量管理体系审核,定期进行管理评审,以改进质量管理体系;还要支持质量职能部门(含车间)采用纠正措施和预防措施改进过程,从而完善体系。

7. **受控性** 质量管理体系所需求过程及其活动应持续受控,以使该体系实现最佳化。组织应综合考虑利益、成本和风险,通过质量管理体系持续有效运行使其最佳化。

(三)质量手册

1. **概述** 质量手册是对组织质量体系作概括表述、阐述及指导质量体系实践的主要文件,是组织质量管理和质量保证活动应长期遵循的纲领性文件。

质量手册有3方面作用:①在组织内部,它是由组织最高领导人批准发布的、有权威的、实施各项质量管理活动的基本法规和行动准则;②对外部实行质量保证时,它是证明组织质量体系存在,并具有质量保证能力的文字表征和书面证据,是取得用户和第三方信任的手段;③质量手册不仅为协调质量体系有效运行提供了有效手段,也为质量体系的评价和审核提供了依据。

ER-2-2

质量方针、目标管理规程

质量手册与其他组织标准和规章制度的关系主要表现在以下几个方面:①性质不同:质量手册是建立在组织其他标准和规章制度完善之上的;②管理层次不同:质量手册为组织最高领导人批准颁布,其他标准、制度偏重于实际操作,发布的层次较低;③文件的编制原则和指导思想不同:质量体系是严格按照"质量环"原理和系统原理来进行设计、建立和运转的,其他制度、规章因层次限制,其系统性稍差;④编制过程不同;⑤编制依据不同。

2. 质量手册编制注意事项　质量手册在编制时,需要注意以下几个方面:

(1)从自身需要出发来编制质量手册:质量手册应当如实反映组织的特点,对影响质量的各种因素都要做出系统的控制安排,且明确控制的重点。真正有用的质量手册,对内可以起到强化质量管理的作用;对外可以让顾客对企业的管理产生信任感。编制质量手册绝不是为了应付上级和外部的检查,而是为了提高企业质量管理水平,加强竞争能力,并在最适宜成本基础上生产出满足用户需要的产品。

(2)从总结质量管理经验的角度出发编制质量手册:编制质量手册的目的在于提高组织质量管理水平,因此在编制质量手册过程中,应对以往质量管理工作加以总结,与以往先进的、成功的质量管理经验有机地结合起来。

(3)从利用现有管理标准和工作标准角度出发编制质量手册:质量手册的编制是以程序文件为基础的,但手册不可能包罗一切,手册常常是将所有方面都涉及,具体细节另加文件规定。例如,各级领导和从事各项质量活动人员的责任和权限,各项活动之间的接口和协调措施,对各类人员工作能力等方面的要求,以及各项工作的程序和方法等,都应制定相应的标准,通过实施这些标准,才能确保质量手册的落实,并使质量体系有效运行。组织在这些方面应该制定的标准是大量的,其中包括管理标准和工作标准。管理标准和工作标准直接影响到质量体系能否有效运行。

知识链接

管理标准和工作标准

管理标准:管理机构为行使其管理职能而制定的具有特定管理功能的标准。它规定和衡量管理对象或程序的有序性,对管理活动的内容、程序、方式、方法和应该达到的要求进行统一规定。

工作标准:为实现整个工作过程的协调,提高工作质量和工作效率,对各个岗位的工作制定的标准。工作标准一般包括基础工作标准、工作质量标准、工作程序标准和工作方法标准。

---

(4)从让职工积极参与的角度出发编制质量手册:编制质量手册最重要的事是要能够实施,而手册的实施是组织内部职工的事情。所以在质量手册的编制过程中,应倾听组织内部全体职工的意见,充分发挥其积极性和创造性。

(5)从使用符合本国文化传统语言的角度出发编制质量手册:在编制质量手册时,要注意避免使用一些生硬的翻译语言,以免使企业职工看不懂,实施时造成误解,使质量手册起不到应有的作用。编制手册,应在深刻理解标准的基础上,使用符合本国文化传统的语言,这样做可以有利于质量手册的贯彻实施。

点滴积累 ∨

1. 基本概念含义：质量即满足固有特性要求的程度；质量管理即对确定和达到质量要求所必需的职能和活动的管理。

2. 质量管理发展 4 个阶段及特征：对产品进行全数检查的质量检验阶段；运用统计学方法来代替单纯检验方法控制产品质量的统计质量控制阶段；以"全面、全过程、全员"为特征的全面质量管理阶段；以标准化的推广、应用为特征的质量管理标准化阶段。

3. 质量体系与质量手册的关系：质量体系是编制质量手册的基础，质量手册是质量体系运行的保障，是组织质量管理和质量保证活动应长期遵循的纲领性文件。

第二节　全面质量管理方法

一、质量管理常用工具

在质量管理过程中，无论是问题分析，还是措施落实，正确使用工具和方法就会起到事半功倍的效果。在开展全面质量管理活动中，经过世界各国长期实践产生并总结出许多成熟的工具和方法。这些方法用于收集和分析质量数据、研究和确定质量问题、控制和改进质量水平，不仅科学，而且实用。以下介绍几种较常用的质量管理工具。

（一）检查表法

检查表又称调查表、统计分析表，是在全面质量管理中利用统计图表来收集、统计数据，进行数据整理并对影响产品质量的原因作粗略的分析。

检查表法是最基本的质量原因分析方法，也是最常用的方法。需要注意的是，应用该法必须针对具体的产品，设计出专用的表格进行调查和分析。由于使用者的目的以及统计数据的特点不同，检查表的设计在形式和结构上会有较大差异，但设计的基本要求是一致的，总体上应符合科学、实用、简练、美观的要求。

（二）排列图法

排列图法又叫主次因素分析图法或帕累托图法，是找出影响产品质量主要因素的一种有效方法。

排列图由两个纵坐标、一个横坐标、若干个直方图形和一条曲线组成，其中左边的纵坐标表示频数，右边的纵坐标表示频率，横坐标表示影响质量的各种因素，若干个直方图形分别表示质量影响因素的项目，直方图形的高度则表示影响因素的大小程度，按大小顺序由左向右排列，曲线表示各影响因素大小的累计百分数，这条曲线称为帕累托曲线。

在绘制的排列图中通常把包括在累计频率 0~80% 范围内的因素称为 A 类因素，即为影响产品质量的主要因素；其次把包括在累计频率 80%~90% 范围内的因素称为 B 类因素，即为影响产品质量的次要因素；其余累计频率在 90%~100% 范围内的因素称为 C 类因素，即为影响产品质量的一般因素。通常 A 类因素应为 1~2 个，最多不超过 3 个。为了有利于集中精力提高产品质量，应着重解决影响产品质量的 A 类因素。

（三）因果图法

因果图法即因果分析图法。因果图又叫特性要因图、石川图、树枝图、鱼骨图或鱼翅图,它是由日本东京大学教授石川馨提出的一种通过带箭头的线,将质量问题与原因之间的关系表示出来,是分析影响产品质量的诸因素之间关系的一种工具,通过这种工具能有效找到质量问题产生的原因。

画因果图时需注意 2 个方面:①查找影响产品质量的原因,先确定大原因,每个大原因再具体化成若干个中原因,中原因再具体化为小原因;②讨论时要充分发挥技术民主,集思广益。

因果图(图 2-1)的具体绘制方法是:①确定待分析的质量问题,将其写在图右侧的方框内,画出主干,箭头指向右端。②确定该问题中影响质量的原因。一般对于工序质量问题,常按其影响因素:人员(man)、设备(machine)、原材料(material)、方法(method)、环境(environment)等进行分类,简称为4M1E。对应每一类原因画出大枝、箭头方向从左到右斜指主干,并在箭头尾端写上原因分类项目。③将各分类项目分别展开,每个大枝上分出若干中枝表示各项目中造成质量问题的一个原因。中枝平行于主干箭头指向大枝。④将中枝进一步展开成小枝。小枝是造成中枝的原因,依次展开,直至细到能采取措施为止。⑤找出主要原因,画上方框作为质量改进的重点。

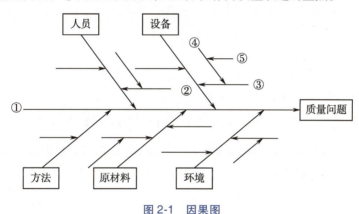

图 2-1　因果图

案例分析

　　案例　2008 年 10 月 6 日,国家食品药品监督管理总局接到云南省食品药品监督管理局报告,云南省红河州 6 名患者使用了标示为黑龙江省完达山制药厂(2008 年 1 月更名为黑龙江完达山药业公司)生产的两批刺五加注射液出现严重不良反应,其中有 3 例患者死亡。

　　对事件原因展开调查后发现,完达山药业公司生产的刺五加注射液部分药品在云南贮存销售期间被雨水浸泡,完达山药业公司云南销售人员张某从完达山药业公司调来包装标签,更换后再销售。

　　中国药品生物制品检定所、云南省食品药品检验所在被雨水浸泡药品的部分样品中检出多种细菌。

　　分析　因完达山刺五加注射液在销售期间贮存不当,导致在使用过程中出现了严重的不良反应,影响贮存环节质量的因素主要有环境因素、人为因素。同学们可运用因果图法,分析导致药品贮存不当的因素。

（四）分层法

分层法又叫数据分层法、分类法、分组法、层别法，它是按照一定的标志，把收集的质量数据中性质形同、条件相同的归为一层，再来进行比较分析的一种方法。通过分层可使数据反映的事实更明显、更突出，便于找出问题，对症下药。

分层的基本原则是使同一层内的数据波动尽可能小，而层与层之间的差别尽可能大。通常将质量数据按以下标志分层：①按不同时间分：如按不同的班次、不同的日期进行分层；②按操作人员分：如按新、老工人、男工、女工，不同工龄分层；③按使用设备分：如按设备类型、新旧程度、不同生产线等进行分层；④按操作方法分：如按不同的工艺要求、操作参数、生产速度进行分层；⑤按原材料分：如按不同的供料单位、不同的进料时间、不同的规格成分等进行分层；⑥按不同的检测手段分：如按不同的检测设备、检测方法、检测人、取样方法等进行分层；⑦其他：如按不同的工厂、使用单位、使用条件、气候条件等进行分层。总之，目的是把不同的问题分清楚，便于分析问题找出原因。所以，分层方法多种多样，并无任何硬性规定。

分层法在使用时需注意：①分层标志的选择，若选择不当会导致分层结果不能充分反映客观事实，导致分析结果偏差；②在运用分层法时，不宜简单地按单一因素分层，必须考虑各个因素的综合影响效果。

（五）直方图法

直方图法也叫频数分布直方图法，它是将收集到的质量数据进行分组整理，绘制成频数分布直方图，用以描述质量分布状态的一种分析方法。

直方图（图2-2）是用一系列宽度相等、高度不等的长方形表示数据的图。长方形的宽度表示数据范围的间隔，长方形的高度表示在给定间隔内的数据数。直方图的作用是：①显示质量波动的状态；②较直观地传递有关过程质量状况的信息；③通过研究质量波动状况之后，能掌握过程的状况，从而确定在什么地方集中力量进行质量改进工作。

对于绘制的直方图，需要对其进行分析。一是观察直方图的形状，判断质量分布状态；二是将直方图与质量标准比较，判断实际生产过程能力。

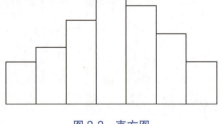

图2-2　直方图

（六）控制图法

控制图法即质量控制图法，也叫管理图法，它是通过描述生产过程中产品质量波动状态，来判明生产过程是否处于稳定状态的一种常用的质量控制统计方法。它能直接监视生产过程中的质量动态，具有稳定生产、保证质量、积极预防的作用。

控制图按质量数据性质分为计量值控制图和计数值控制图两类。计量值控制图用于描述产品质量特性为长度、重量、时间、强度等连续变量的情形，常用的计量值控制图有均值-极差控制图、均值-标准差控制图、单值-移动极差控制图和中位数-极差控制图。计数值控制图用于描述产品质量特性为不合格品数、不合格率、缺陷数等离散变量的情形，常用的计数值控制图有不合格品率控制图、不合格品数控制图、单位缺陷数控制图和缺陷数控制图。控制图的基本格式见图2-3。

在控制图中,其中中位线(central line, CL)用细实线表示,上控制界限(upper control limit,UCL)和下控制界限(lower control limit, LCL)用虚线表示,质量特性数据以点子的形式表述,并将点子以线段连接成链。

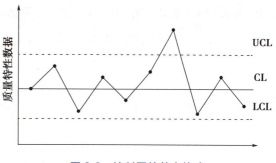

图2-3 控制图的基本格式

对控制图的观察和分析应用的是小概率原理。通过对点子分布情况的判定,来研判生产过程的受控状态及异常变化。

(七)散布图法

散布图法是指通过分析研究2种因素的数据之间的关系,来控制影响产品质量的相关因素的一种有效方法。

散布图又叫相关图,它是将2个可能相关的变数数据用点画在坐标图上,来判断它们之间是否有相关性。这种图示方式具有快捷、易于交流和易于理解的特点。

根据成对数据的相关性关系,散布图分为强正相关散布图、强负相关散布图、弱正相关散布图、弱负相关散布图、不相关散布图和非线性相关散布图。

二、PDCA 循环与朱兰螺旋

(一)PDCA 循环

1. PDCA 循环的概念 PDCA 循环也叫质量环、戴明环,它是全面质量管理所应遵循的科学程序,认为在全面质量管理活动的全部过程中,就是"计划(plan)—执行(do)—检查(check)—处理(action)"的过程,这个过程周而复始不停顿地运转,就是 PDCA 循环。PDCA 循环包括 4 个阶段 8 个步骤,具体内容为:

(1)计划阶段:即确定方针和目标,确定活动计划。工作步骤有:①分析现状,找出存在的质量问题;②分析产生质量问题的各种原因或影响因素;③找出影响质量的主要因素;④针对影响质量的主要因素,提出计划,制订措施。

(2)执行阶段:执行计划,落实措施。工作步骤就是及时地去做,实现计划中的内容并记录执行结果。

(3)检查阶段:检查计划的实施情况。工作步骤就是检查执行计划的结果,注重效果,找出问题。

(4)处理阶段:总结经验,巩固成绩,实行工作标准化;提出尚未解决的问题,转入下一个循环。工作步骤:①对成功的经验加以肯定并适当推广、标准化,失败的教训加以总结,以免重现;②未解决的问题放到下一个 PDCA 循环。

▶▶ 课堂活动

大家了解了 PDCA 的思想,试着引导学生能运用该思想,制订本门课程的学习方法。

PDCA 循环实际上是有效开展任何一项工作的合乎逻辑的工作程序。在质量管理中,PDCA 循环得到了广泛的应用,并取得了很好的效果,因此有人称 PDCA 循环是质量管理的基本方法。之所以将其称为 PDCA 循环,是因为这 4 个过程不是运行一次就完结,而是要周而复始地进行。一个循环完了,解决了一部分的问题,可能还有其他问题尚未解决,或者又出现了新的问题,再进行下一次循环(图 2-4)。

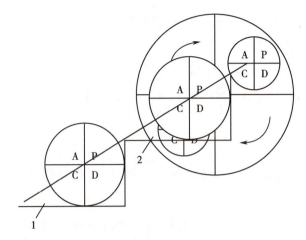

图 2-4　PDCA 循环上升示意图
1—原有水平　2—新的水平

2. PDCA 循环的特点　PDCA 循环的关键阶段是 A 阶段,即处理阶段,因为管理目的就是为了解决问题,而处理阶段就是总结经验、吸取教训和处理问题的阶段,该阶段的重点又在于修订标准,包括技术标准和管理制度。没有标准化和制度化,就不可能使 PDCA 循环转动向前。通过 PDCA 循环,可以使我们的思想方法和工作步骤更加条理化、系统化和科学化。其特点可以归纳为如下 3 个:①是大环套小环、小环保大环:如果把整个企业的工作作为一个大的 PDCA 循环,那么各个部门、小组还有各自小的 PDCA 循环,就像一个行星轮系一样,大环带动小环,一级带一级,有机地构成一个运转的体系;②阶梯式上升:PDCA 循环不是在同一水平上循环,每循环一次,就解决一部分问题,取得一部分成果,工作就前进一步,水平就提高一步。到了下一次循环,又有了新的目标和内容,更上一层楼;③科学管理方法的综合应用:PDCA 循环应用时依托的是质量管理常用工具为主的统计处理方法,作为开展工作和发现、解决问题的工具,是常规管理方法的综合应用。

PDCA 随着广泛的应用,在运行过程中也发现了一些问题,它只是让人如何完善现有工作,这导致产生惯性思维,习惯了 PDCA 的人很容易按流程工作,因为没有什么压力让他来实现创造性,所以,PDCA 在实际的项目运用中有一些局限。

(二) 朱兰螺旋

1. 朱兰螺旋的概念　朱兰螺旋即朱兰质量螺旋,是美国质量管理专家朱兰(J. M. Juran)提出的一个质量螺旋模型。该模型由一条螺旋式上升的曲线组成,该曲线把产品形成全过程中各质量职能按照逻辑顺序串联起来,用以表征产品质量形成的整个过程及其规律(图 2-5)。朱兰质量螺旋反映了产品质量形成的客观规律,是质量管理的理论基础,对于现代质量管理的发展具有一定意义。

2. 朱兰螺旋的主要内容　其内容主要体现在:①产品的质量形成过程包括市场研究,产品开发、设计,制订产品规格、工艺,采购,仪器仪表及设备装置,生产,工序控制,产品检验、测试,销售及服务等 13 个环节。各个环节之间相互依存,相互联系,相互促进。②产品质量形成的过程是一个不

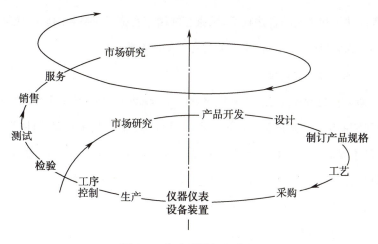

图 2-5　朱兰质量螺旋曲线

断上升,不断提高的过程。③要完成产品质量形成的全过程,就必须将上述各个环节的品质管理活动落实到各个部门以及有关的人员,要对产品质量进行全过程的管理。④品质管理是一个社会系统工程,不仅涉及企业内各部门及员工,还涉及企业外的供应商、零售商、批发商以及用户等单位及个人。⑤品质管理是以人为主体的管理。朱兰螺旋曲线所揭示的各个环节的品质活动,都要依靠人去完成。人的因素在产品质量形成过程中起着十分重要的作用,品质管理应该提倡以人为主体的管理。此外,要使"循环"顺着螺旋曲线上升,必须依靠人力的推动,其中领导是关键,要依靠企业领导者做好计划、组织、控制、协调等工作,形成强大的合力去推动质量循环不断前进,不断上升,不断提高。

3. 朱兰螺旋的应用升华　瑞典质量管理学家桑德霍姆从企业内部管理角度出发阐述产品质量的形成规律,在朱兰螺旋的基础上提出质量循环图模式,将主力质量螺旋归纳为企业内部八大职能(市场研究、产品研制、工艺准备、采购、制造、检查、销售、行政)和企业外部的两大环节(供应单位、消费群体),强调企业内部的质量管理体系与外部环境的联系,特别是和原材料供应单位及用户的联系。

点滴积累 ∨

1. 常用 7 种质量管理工具　检查表法、排列图法、因果图法、分层法、直方图法、控制图法、散布图法。
2. PDCA 循环　PDCA 循环是开展一项工作的工作程序,通过该循环的不断运行来解决问题。
3. 朱兰螺旋　朱兰螺旋能表征产品质量形成的整个过程及其规律,通过该模型更容易分析影响产品质量的诸因素。

第三节　药品质量管理体系

一、GLP、GCP、GMP、GSP、GAP

药品质量直接影响着人们的健康与生命,为了加强药品监督管理,保证药品质量,保障人体用药安全,维护人民身体健康和用药的合法权益,国家相继制定实施了一系列的药品质量管理规范,明确了药物非临床研究、临床研究、生产、销售等关键环节的质量要求。

(一)药物非临床研究质量管理规范

《药物非临床研究质量管理规范》(Good Laboratory Practice,GLP)是关于药品申报审批前所进行的非临床安全性研究的规定。适用于为申请药品注册而进行的非临床研究,药物非临床安全性评价研究机构必须遵循本规范。它的主要目的是为提高药物非临床研究的质量,确保实验资料的真实性、完整性和可靠性,保障人民用药安全。它的主要内容是为评价药物安全性,规范在实验室条件下,用实验系统进行的各种毒性试验及与评价药物安全性有关的其他试验。

(二)药物临床试验质量管理规范

《药物临床实验质量管理规范》(Good Clinical Practice,GCP)是进行临床试验全过程的标准规定。适用于进行各期临床试验、人体生物利用度或生物等效性试验。它的主要目的是为保证药物临床试验过程规范,结果科学可靠,保护受试者的权益并保障其安全。它的主要内容是为评价实验药物的疗效与安全性,规范任何在人体(病人或健康志愿者)进行的药物系统性研究。

知识链接

临床试验分期、生物利用度及生物等效性实验

1. 临床试验分期 分为Ⅰ期临床试验、Ⅱ期临床试验、Ⅲ期临床试验和Ⅳ期临床试验,其中Ⅰ期临床试验为初步的临床药理学及人体安全性评价阶段,Ⅱ期临床试验为治疗作用初步评价阶段,Ⅲ期临床试验为治疗作用确证阶段,Ⅳ期临床试验为新药上市后进行的应用研究阶段。

2. 生物利用度 指药物被机体吸收进入体循环的相对量和速率。

3. 生物等效性实验 指用生物利用度研究的方法,以药代动力学参数为指标,比较同一种药物的相同或者不同剂型的制剂,在相同的试验条件下,其活性成分吸收程度和速度有无统计学差异的人体试验。

(三)药品生产质量管理规范

《药品生产质量管理规范》(Good Manufacturing Practice,GMP)是药品生产企业进行药品生产管理和质量控制的基本要求,旨在最大限度地降低药品生产过程中污染、交叉污染以及混淆、差错等风险,确保持续稳定地生产出符合预定用途和注册要求的药品。规范分别对质量管理、机构与人员、厂房与设施、设备、物料与产品、确认与验证、文件管理、生产管理、质量控制与质量保证、委托生产与委托检验、产品发运与召回、自检等做出了详细的规定。

(四)药品经营质量管理规范

《药品经营质量管理规范》(Good Supply Practice,GSP)是药品经营企业进行药品经营管理和质量控制的基本准则。药品经营企业应当严格执行本规范,同时药品生产企业销售药品、药品流通过程中其他涉及储存与运输药品的,也应当符合本规范相关要求。其根本目的是为了加强药品经营质

量管理,规范药品经营行为,保障人体用药安全、有效。企业应当在药品采购、储存、销售、运输等环节采取有效的质量控制措施,确保药品质量,并按照国家有关要求建立药品追溯系统,实现药品可追溯。规范分别对药品批发的质量管理、药品零售的质量管理做出详细的规定。

(五)中药材生产质量管理规范

《中药材生产质量管理规范(试行)》(Good Agricultural Practice,GAP)是中药材生产和质量管理的基本准则,适用于中药材生产企业生产中药材(含植物药及动物药)的全过程。该规范的根本目的是为了规范中药材生产,保证中药材质量,促进中药标准化、现代化。规范分别对产地生态环境、种质和繁殖材料、栽培与养殖管理、采收与初加工、包装、运输与贮藏、质量管理、人员和设备、文件管理等做出详细的规定。

二、GMP 与 ISO9000 的关系

GMP 即药品生产质量管理规范,其通过对生产企业软件和硬件的具体要求来体现质量的预防管理理念,强调在生产过程中对每个环节进行控制,避免差错的发生,从而保证产品质量。

ISO9000 也就是 ISO9000 认证标准,是国际标准化组织质量管理和质量保证技术委员会(ISO/TC176)制定的所有国际标准的统称,该标准不是指一个标准,而是一组标准,它可帮助组织实施并有效运行质量管理体系,是质量管理体系通用的要求或指南。它不受具体的行业或经济部门的限制,可广泛适用于各类型和规模的组织,在国内和国际贸易中促进相互理解和信任,在推动世界各国工业企业的质量管理和供需双方的质量保证,促进国际贸易交往中起到了很好的作用。

(一)GMP 和 ISO9000 的共同点

1. **发展历程相似,在国际上都普遍实施,注重标准的动态完善** 最初的药品 GMP 于 1963 年由美国国会颁布,世界卫生组织在 1967 年发布了首版 GMP,目前已经有 100 多个国家颁布了自己的 GMP。ISO9000 最早在 1987 年公布,后在 1994 年、2000 年进行了两次全面的修订。它们都经历了多年的探索与实践,不断完善。

2. **都基于全员参与、注重预防和持续改进的质量管理理念** GMP 和 ISO9000 都强调以产品和客户为中心,确保客户的安全和利益,注重培训、预防控制和持续改进,实现企业的质量目标。

3. **都强调质量合格不仅是产品质量符合规定,过程也应符合规定** 在 GMP 中严格规定,产品的最终合格放行必须是全过程和最终产品均符合规定。同样,产品质量来源于设计和生产过程操作及其最终结果合格的思想也贯穿于 ISO9000 的始终。

4. **对文件的要求相同** 一个组织的体系文件应该是为该组织给出一个符合作业实际的规范。无论是药品 GMP 还是 ISO9000 其文件体系都重视把产品(或服务)等有关活动所必需的规定纳入文件的编制范围,以确保过程有效运作和控制的需要,且这些文件不论是 GMP 还是 ISO9000 均需经过审批并正式颁布成为该组织的法规。

5. **说、写、做一致,均重视记录的证实作用** GMP 的检查和 ISO9000 的认证均是以检查原始记录和考察现场来认定有关活动是否执行了规定要求,如果对已完成的作业没有提供必要的记录做证实则认定不作为。

6. 两者均是一个体系的认证而非某个具体的产品的认证 GMP 与 ISO9000 都是为了评价一个体系,虽然存在专业和通用的差异,但均适合对一个组织的质量管理体系作评价,证实其具备生产某种产品的基本能力,它们都是对管理体系提出要求,认为这是实现产品技术要求的可靠支撑。

(二) GMP 和 ISO9000 的不同点

1. 标准的性质不同 药品的 GMP 是一个管理规范,具备强制执行的特点,是药品生产的基本要求。而 ISO9000 为推荐标准,实施与否取决于企业的自身要求。

2. 内容侧重点不同 药品 GMP 对厂房、设施等硬件做出了较为详细和具体的要求,同时强调生产过程的控制,对组织的质量方针目标、设计开发不做要求,偏重于产品的制造过程。ISO9000 无具体指标要求,只给出一个质量管理体系的框架。相比较而言 ISO9000 更侧重于软件的管理,管理体系更为细致。

3. 体系文件结构和作用不同 药品 GMP 文件作为药品生产企业的内部文件,蕴含相关药品的配套法规与知识产权,对文件的体系结构无层次要求,编制时不考虑对外。而 ISO9000 对体系文件有层次结构要求,要求企业制订质量手册,作为质量工作的大纲,同时质量手册可作为质量保证书提交外部顾客。

4. 认证管理程序不同 药品 GMP 认证由国家或地方药监认证中心统一承办,GMP 认证证书由国家药监部门统一颁发,证书 5 年有效,每 2 年进行追踪检查。ISO9000 认证是第三方认证,凡获得认证资质的认证机构都可以进行认证,并颁发认证证书,同时负责对认证单位的年度审计。

5. 适用范围不同 药品 GMP 是药品生产行业专业性标准,在药品生产行业广泛采用。ISO9000 提供的质量管理体系普遍适用于各行各业的不同组织。

6. 认证证书通行范围不同 目前,许多国家按各自的国情制定了本国的 GMP,GMP 认证证书只在本国有效。而 ISO9000 是国际标准,只要是认可的认证机构颁发的 ISO9000 证书能得到了国际上其他国家的认可。

(三) 药品生产企业 GMP 和 ISO9000 的相容性

GMP 和 ISO9000 的根本目的是一致的,因此同时实施 GMP 与 ISO9000 标准对企业发展是有利的。

首先,可以促使企业着眼于长远与全局,通过制订质量方针、目标,全面考虑企业所有的质量活动,并重视质量持续改进,从而提高产品市场竞争力。

其次,提升企业质量体系的管理水平,明确职责、合理分配适用资源,利于指挥调度、提升管理质量和工作质量水平。

再次,改善文件系统的条理性,明确文件结构和相容性的关系,有助于体系文件的建立、简化、管理和控制,运用内部质量审计健全和强化 GMP 的"自查",持续质量改进,同时也是对 GMP 的贯彻和有效提升,切实保证了企业的规范化运作,为企业良性发展打下扎实的基础。

在实施两者认证过程中要注重标准的理解和融合,同时也要贯穿到整个质量工作中。GMP 是药品生产过程中对各个环节、各方面实施严格监控提出的具体和必要的质量监控措施,是药厂实施 ISO9000 的基础。GMP 是药企质量体系的重要组成部分。所以说药厂的 ISO9000 是以 GMP 为基础的质量管理体系。在实施过程中,通过文件体系的设立,应使两者标准相互补充,成为一个体系。通过 ISO9000 质量体系的有效运作,确保了 GMP 的高效执行,提升企业整体质量水平。

点滴积累

1. **五个管理规范实质** GLP 即《药物非临床研究质量管理规范》,主要是为评价药物的安全性;GCP 即《药物临床实验质量管理规范》,主要是为评价药物的疗效与安全性;GMP 即《药品生产质量管理规范》,主要是规范药品生产企业的生产行为;GSP 即《药品经营质量管理规范》,主要是规范药品经营企业的经营行为;GAP 即《中药材生产质量管理规范》,主要是规范中药材的种植行为。

2. **GMP 与 ISO9000 的异同** 共同点:发展历程、质量管理理念、对合格的认定标准、对文件要求、重视记录、都是体系认证;不同点:标准性质、内容侧重、文件结构和作用、认证程序、适用范围、证书通行范围。

复习导图

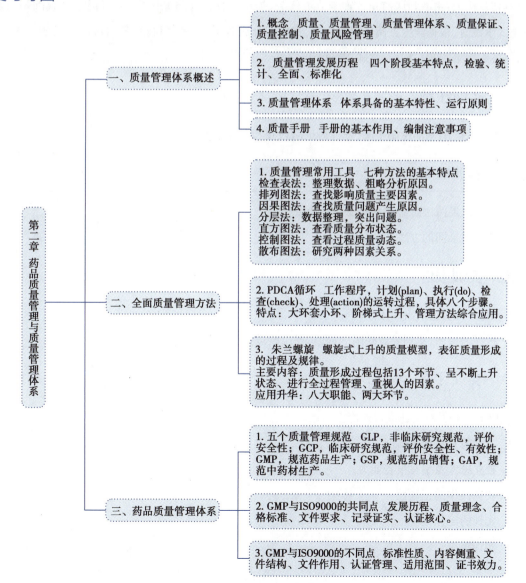

实训项目三　运用因果图等质量管理工具分析产品质量缺陷

一、实训目的

1. 掌握因果图绘制技巧。

2. 学会使用因果图法来查找产品质量缺陷原因。

二、实训内容

教师先创设产品质量缺陷,如包装出现问题,让学生通过查阅资料,展开分组讨论,引导学生运用因果图法来查找原因,提出修正措施。

具体步骤为:由教师课前先布置本节可任务,提出具体的质量缺陷内容,督促学生查阅相关资料;正式上课时,根据学生查阅资料的情况,将他们分成若干组,展开讨论;各组形成自己的因果图;最后将各组因果图统一展示,教师进行评论。

三、实训注意

熟悉因果图的基本绘制步骤;把握讨论阶段技巧和要求。

四、实训检测

1. 使用因果图法时需注意的情况是什么?

2. 绘制因果图的方法是什么?

五、实训报告

1. 根据讨论,绘制出因果图。

2. 根据因果图,找到导致缺陷的原因,提出改进措施,编写报告。

六、实训评价

从以下几方面对实训进行评价:

1. 实训前资料搜集情况。

2. 独立思考及编写报告能力。

3. 实训操作的正确性。

4. 实训的纪律性。

5. 实训报告。

实训项目四 运用 PDCA 循环提高产品质量

一、实训目的

通过实训,使学生能运用 PDCA 循环来解决实际问题。

二、实训内容

通过查阅资料和参观药品生产企业,了解企业经营中存在的问题,并开展深入调查,采用 PDCA 循环的原理,分析产生问题的原因、制订改进措施。

具体步骤为:由老师负责联系数家不同的药品生产企业,学生分组前往;详细了解企业经营过程中存在的问题,以其生产的某一产品存在的问题为例,先由学生通过查阅资料、集中讨论,分析产生问题的原因,制订解决措施;之后再深入生产、管理岗位,邀请一线工作人员参与进来,对所制订解决问题的措施的可行性作出评价。

三、实训注意

熟悉 PDCA 循环过程的 4 个阶段 8 个步骤;学会质量管理工具的运用。

四、实训检测

实施 PDCA 循环过程较常使用的质量管理工具有哪些?

五、实训报告

1. 运用质量分析工具找出企业存在的主要问题,提供分析报告。
2. 通过 PDCA 循环找出解决办法,提供报告。

六、实训评价

从以下几方面对实训进行评价:
1. 实训前资料搜集情况。
2. 独立操作、动手及编写报告能力。
3. 实训操作的正确性。
4. 实训的纪律性。
5. 实训报告。

实训项目五　按照给定要求编制培训计划

一、实训目的

1. 熟练掌握人员培训计划内容和要点。

2. 熟悉人员培训的流程。

3. 学会编制人员培训计划。

二、实训内容

1. 设定接受培训的人员为新建药品制剂生产企业生产管理人员和质量管理人员。

2. 学生利用网络或其他工具方法,收集药品制剂生产企业人员培训信息资料。

3. 将学生分成两组,分别编制新建药品制剂生产企业生产管理人员和质量管理人员的培训计划。

4. 训练学生对新建药品制剂生产企业生产管理人员和质量管理人员的培训计划进行审核批准。

三、实训注意

(一) 实训步骤

1. 课前学生按照教师要求,收集药品制剂生产企业人员培训信息资料,应包括生产质量管理规范、生产安全管理规定、专业技能要求等文件。

2. 将学生分成两组,根据人员岗位分别编制新建药品制剂生产企业生产管理人员和质量管理人员的培训计划。人员培训计划编制完成后,两组分别扮演生产、质量管理负责人交叉对对方组编制的培训计划进行审核批准。

3. 两组交换角色,重新编制人员培训计划并进行审核批准。

4. 教师评判和总结。

(二) 实训提示

人员培训计划编制实训开展前收集新建药品制剂生产企业相关信息、熟悉 GMP 及相关法规的要求及培训流程和培训计划要点,这些材料是顺利进行的重要条件,教师务必在进行角色分配时重点强调,并对编制培训计划要点如"培训对象(培训目标组),培训课程(培训内容),培训周期"和技巧进行提醒和总结。

四、实训检测

1. 编制人员培训计划的要点是什么?

2. 人员培训的流程是什么?

3. 人员培训档案的主要内容是什么？

五、实训报告

1. 提供新建药品制剂企业生产人员、质量人员培训计划。

2. 提供新建药品制剂企业生产人员、质量人员培训计划的审核意见和建议。

六、实训评价

从以下几方面对实训进行评价：

1. 实训前资料搜集情况。

2. 团队协作及动手能力。

3. 实训操作的正确性。

4. 实训的纪律性。

5. 实训报告。

目标检测

一、选择题

（一）单项选择题

1. QA 是（　　）的简称

　　A. 质量管理　　　　　　　　B. 质量控制　　　　　　　C. 质量保证

　　D. 质量改进　　　　　　　　E. 质量策划

2. 被人们称为科学管理之父的是（　　）

　　A. 泰勒　　　　　　　　　　B. 休哈特　　　　　　　　C. 道奇

　　D. 罗米格　　　　　　　　　E. 费根鲍姆

3. 为了找出影响产品质量的主要因素，最好采用的质量管理工具是（　　）

　　A. 检查表法　　　　　　　　B. 排列图法　　　　　　　C. 因果图法

　　D. 直方图法　　　　　　　　E. 控制图法

4. 能有效找到质量问题产生原因的质量管理工具是（　　）

　　A. 检查表法　　　　　　　　B. 排列图法　　　　　　　C. 因果图法

　　D. 直方图法　　　　　　　　E. 控制图法

5. 能够对成对质量数据进行分析的质量管理工具是（　　）

　　A. 检查表法　　　　　　　　B. 排列图法　　　　　　　C. 分层法

　　D. 直方图法　　　　　　　　E. 散布图法

6. PDCA 循环中，最重要的过程是（　　）

　　A. P 过程　　　　　　　　　B. D 过程　　　　　　　　C. C 过程

　　D. A 过程　　　　　　　　　E. 进入下个循环的过程

7. 在朱兰螺旋中产品的质量形成过程涉及的环节有(　　　)

A. 2 个　　　　　　　　　B. 8 个　　　　　　　　　C. 10 个

D. 13 个　　　　　　　　E. 16 个

8. 在朱兰螺旋产品的质量形成过程中非常重视的因素是(　　　)

A. 消费群体的因素　　　B. 原材料供应的因素　　　C. 人的因素

D. 售后服务的因素　　　E. 生产的因素

9. 药品生产质量管理规范的简称是(　　　)

A. GLP　　　　　　　　B. GCP　　　　　　　　C. GMP

D. GSP　　　　　　　　E. GAP

10. 下边关于 ISO9000 叙述正确的是(　　　)

A. ISO9000 标准是一个强制性标准

B. ISO9000 标准是一个框架体系

C. ISO9000 标准是有国家机构进行强制认证

D. ISO9000 标准是世界上所有国家、组织必须执行的标准

E. ISO9000 标准形成的文件只适用于组织内部

(二) 多项选择题

1. 对质量管理发展历程中的质量检验阶段描述正确的是(　　　)

A. 该阶段一般指 20 世纪初~20 世纪 40 年代

B. 该阶段的质量管理也称为检验员的质量管理

C. 该阶段强调的是按照技术标准对成品进行全数检验

D. 该阶段的质量管理能防止不合格品出厂,应该属于事前检验

E. 该阶段的质量管理能预防、控制不合格品的生产

2. 全面质量管理的基本内容是(　　　)

A. 严格的质量检验　　　B. 全面质量的管理　　　C. 全过程的管理

D. 严格的统计控制　　　E. 全员参与的管理

3. 一个组织要建立质量管理体系需遵循的原则有(　　　)

A. 要以组织利益为第一要务

B. 要体现顾客是上帝的基本思想

C. 领导决策以个人想法确定

D. 组织中所有人员都参与进该体系

E. 组织业绩达到一定水平后,保持稳定推进即可

4. 质量管理体系的特性有(　　　)

A. 唯一性　　　　　　　B. 系统性　　　　　　　C. 符合性

D. 有效性　　　　　　　E. 动态性

5. 关于质量手册作用叙述正确的是(　　　)

A. 在组织内部是各项质量管理活动的基本法规和行动准则

B. 对外实行质量保证时,它是证明组织质量体系存在的证据

C. 能为协调质量体系有效运行提供有效手段

D. 能为质量体系的评价和审核提供依据

E. 组织内只要是部门负责人就能批准质量手册

6. 在编制质量手册时需注意的是( )

A. 可以直接采用同行企业编制的现成文本

B. 为了显示企业国际化水平,应直接采用外文来编制

C. 要让职工积极参与到编写过程中

D. 要在现有管理标准和工作标准基础上编写

E. 要从自身实际需要出发来编写

7. 在以下质量管理工具中,能监测过程状态的是( )

A. 检查表法 B. 排列图法 C. 因果图法

D. 直方图法 E. 控制图法

8. 关于 PDCA 循环,叙述正确的是( )

A. PDCA 循环是小环促动大环,大环带动小环

B. PDCA 循环不是在同一水平上循环,每循环一次,就解决一部分问题

C. PDCA 循环呈波动式上升

D. PDCA 循环是科学管理方法的综合应用

E. PDCA 循环在实际中应用的广泛性、通用性极高

9. GMP 和 ISO9000 具有的共同点有( )

A. 发展历程相似,重视标准的不断优化完善

B. 强调全员参与、注重预防和持续改进的质量管理理念

C. 强调产品本身的质量合格就满足要求

D. 强调记录及时、真实、完整,重视其证实作用

E. 对体系的认证针对具体的产品

二、简答题

1. 质量保证和质量控制的核心要点是什么?

2. ISO9000 族标准在哪些方面对质量管理进行规范?

3. 简述质量手册与其他组织内标准、规章制度的关系。

4. 简述 PDCA 的 4 个阶段 8 个步骤。

5. 简述朱兰螺旋的主要内容。

三、实例分析

1. 2001 年 8 月 24 日,湖南省株洲市食药监局接到群众举报:该市多人服用"梅花 K"黄柏胶囊

中毒住院。经调查,发现患者服用的问题"梅花 K",均标示"广西半宙制药集团第三制药厂"生产。经株洲市药检所抽样检验,检出四环素成分。

后经过药监、公安等部门的调查发现,2000 年 9 月,陕西省咸阳市杰事杰医药科技有限公司负责人程某某和"广西半宙"副厂长方某某洽谈生产、销售药品黄柏胶囊,为加大药效,双方商定在黄柏胶囊中掺加已经变质过期的盐酸四环素,同时在这批胶囊说明书上扩大药品功效和适应证,向湖南等省市销售,致使发生群体性的中毒事件。

对该涉事药品,根据你掌握的知识对其进行定性;从质量管理角度谈谈你对该事件发生原因的认识。

2. 2006 年 7 月 24 日,青海省西宁市部分患者使用上海华源股份有限公司安徽华源生物药业有限公司(以下简称"安徽华源")生产的克林霉素磷酸酯葡萄糖注射液(即"欣弗"注射液)后,出现胸闷、心悸、心慌、寒战、肾区疼痛、腹痛、腹泻、恶心、呕吐、过敏性休克、肝肾功能损害等临床症状。随后,黑龙江、广西、浙江、山东等省区也分别报告发现类似病例。

后国家局调查发现,"安徽华源"2006 年 6 月至 7 月生产的"欣弗"注射液未按批准的工艺参数灭菌,影响了灭菌效果,其无菌检查和热原检查不符合规定。该事件全国 16 个省区共报告"欣弗"病例 93 例,死亡 11 人。

通过该事件谈谈你对全面质量管理的体会。

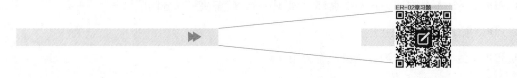

ER-02章习题

(赵 鑫)

第三章

GMP 概述

ER-03章PPT

导学情景 ∨

情景描述：

　　1956—1962 年原联邦德国格仑南苏制药厂生产了一种名为"反应停"的镇静药用于治疗和减轻妊娠反应。 英国、德国、日本、加拿大等 28 国受害，导致畸形胎儿 1 5000 余例。 美国是少数几个幸免于难的国家之一。

学前导语：

　　《药品生产质量管理规范》（GMP）是世界各国普遍采用的对药品生产全过程进行监督管理的法定技术规范，是保证药品质量和用药安全有效的可靠措施，是当今国际社会通行的药品生产和质量管理必须遵循的基本准则，是全面质量管理的重要组成部分。 本章我们将带领同学们对 GMP 有个初步认识。

　　《药品生产质量管理规范》（GMP）是世界各国普遍采用的对药品生产全过程进行监督管理的法定技术规范，是保证药品质量和用药安全有效的可靠措施，是当今国际社会通行的药品生产和质量管理必须遵循的基本准则，是全面质量管理的重要组成部分。GMP 适用于药物制剂生产的全过程和原料药生产中影响成品质量的关键工序。GMP 以生产高质量的药品为目的，从原料投入到完成生产、包装、标示、储存、销售等环节全过程实施标准而又规范的管理，在保证生产条件和环境的同时，重视生产和质量管理，并有组织地准确地对药品生产各环节进行检验和记录。世界卫生组织（World Health Organization，WHO）对制定和实行 GMP 制度的意义做过如下阐述："在药品生产中，为了保证使用者得到优质药品，实行全面质量管理极为重要。在生产为抢救生命或为恢复或为保持健康所需的药品时，不按准则而随意行事的操作方式是不允许的。要想对药品生产制定必要的准则，使药品质量能符合规定的要求，这无疑是不容易的。下面是我们推荐的为生产符合规定质量要求药品的规范。恪守这些规范的准则，加上从生产周期开始到终了的各种质量检验，将显著地有助于生产成批均匀一致的优质产品。"

第一节　GMP 简介

一、GMP 的产生与发展

（一）GMP 的产生

在美国首版的 GMP 批准以前，美国食品药品监督管理局（FDA）对药品生产和管理的监督尚处在"治标"的阶段,他们把注意力集中在药品的抽样检验上。当时,样品检验的结果是判别药品质量的唯一法定依据。样品按《美国药典》(USP)和美国国家处方集的要求检验合格,即判合格;反之,则判为不合格。但美国FDA的官员在他们的监督管理实践中发现被抽检样品的结果并不都能真实地反映市场上药品实际的质量状况,被抽检样品的结果合格,其同批药品的质量在事实上可能不符合标准。美国FDA为此对一系列严重的药品投诉事件进行了详细的调查。调查结果表明,多数事故是由于药品生产中的交叉污染所致。为此美国坦普尔大学6名教授提出了最早的GMP,仅作为FDA的内部文件。1961年,发生了震惊世界的"反应停"事件。这是一次源于原联邦德国,波及世界的20世纪最大药物灾难:一种曾用于妊娠反应的药物——thalidomide(又称反应停、沙立度胺、酞胺哌啶酮)导致了成千上万例畸形胎儿的药物灾难事件。这次灾难波及世界各地,受害者超过15 000人,日本迟至1963年才停止使用反应停,也导致了1000例畸形婴儿的产生。

这场灾难虽没有波及美国,但在美国社会激起了公众对药品监督和药品法规的普遍重视,促使美国国会于1962年对《食品、药品和化妆品法案》(1906年版)进行了一次重大修改。对药品生产企业提出了3项要求:①要求药品生产企业对出厂的药品提供2种证明材料:不仅要证明药品是有效的,还要证明药品是安全的;②要求药品生产企业要向FDA报告药品的不良反应;③要求药品生产企业实施药品生产质量管理规范。美国FDA于1963年颁布了世界上第一部《药品生产质量规范》(GMP),药品生产企业如果没有实施GMP,其产品不得出厂销售。如果药品生产企业没有按照GMP的要求组织生产,不管样品抽检是否合格,美国FDA都有权将这样生产出来的药品视作伪劣药品。GMP的公布从这个意义上来说,是药品生产质量管理中"质量保证"概念的新的起点。

案例分析

案例 1961年,发生了震惊世界的"反应停"事件。 美国为何幸免于难?

分析 美国FDA官员在审查此药时,发现该药缺乏美国药品监督管理法律法规所要求的足够的临床试验资料,如长期毒性试验报告,所以不批准其进口。

(二) GMP 的发展趋势

GMP的理论在此后多年的实践中经受了考验,获得了发展,它在药品生产和质量保证中的积极作用,逐渐被各国政府所接受。1969年WHO向全世界推荐了GMP,标志着GMP的理论和实践开始已经从一国走向世界。在此后的30多年内,世界很多国家、地区为了维护消费者的利益和提高本国药品在国际市场的竞争力,根据药品生产和质量管理的特殊要求以及本国的国情,分别制定了自己的GMP,一个推行GMP的热潮在全世界兴起。GMP的发展趋势可用以下几点加以概括,即GMP的国际化、标准化、动态化和质量环境管理一体化。目前GMP已成为国际上通用的药品生产质量管理的基本标准。各国的GMP均具有国际性的共同特点,即强调药品生产和质量的法制管理、强调生产人员的素质、强调全面质量管理、强调顾客至上。ISO国际标准的推行实施,促进了GMP的发展,尤其是2000版的ISO9000族标准的影响,使GMP的理论和实践发生了质的飞跃,其质量原则和体系原则在 GMP 中得以贯彻,步入标准化轨道。GMP 的动态化体现在质量管理体系的持续改进,包括厂房设施中的动态管理、生产过程中的动态验证及空气洁净度的动态监护等。ISO1400 系列标准的发布,人类的环境意识进一步加强,其精髓渗入 GMP 中,促使质量环境一体化。

案例分析

案例　很长一段时间以来,我国医药产品出口多以原料药与简单医疗器械产品为主,化学制剂与中药始终无法进入发达国家市场,结合现实状况思考我国为什么要实施 GMP（2010 版）?

分析　我国化学制剂和中药制剂药品生产企业通过实施 GMP 认证,在一定程度上促进了药品生产企业的结构调整和产业升级,抑制了低水平重复。尤其是现行版 GMP 基本框架与内容采用欧盟 GMP 文本,与美国 cGMP 相近,因此,GMP（2010 版）的实施,对我国制药企业的产品尤其是化学制剂与中药制剂质量为国际所认可,进入发达国家市场,将起着非常重要的作用。

（三）中国的 GMP

1982 年由中国医药工业有限公司正式颁布了本行业的 GMP,1988 年由原卫生部出台了第一个具有法律效应的 GMP,1992 年原卫生部对 GMP(1988 年版)进行了修订。1998 年当时的国家药品监督管理局再次修订 GMP,并于 1999 年 6 月 18 日以第 9 号局令颁布,1999 年 8 月 1 日起正式实施。我国推行 GMP 认证,实行的是按剂型分阶段实施制度。具体实施表为:①自 1999 年 5 月 1 日起,申请仿制药品的生产企业,必须取得相应剂型或车间的"药品 GMP 证书",国家药品监督管理部门方予以受理仿制申请;②粉针剂(含冻干粉针剂)、大容量注射剂和基因工程产品生产应在 2000 年底前符合 GMP 要求,通过 GMP 认证,小容量注射剂生产应在 2002 年底前符合 GMP 要求,通过 GMP 认证;③国家药品监督管理部门明确规定:自 2004 年 7 月 1 日起,凡未取得药品制剂或原料药 GMP 证书的生产企业,一律停止生产。截至 2004 年 6 月 30 日,国内实现了所有原料药和制剂均在符合药品 GMP 的条件下生产的目标。全国 5071 家药品生产企业中已经有 3731 家通过了 GMP 认证,占74%,未通过 GMP 认证的 1340 家企业已全部停产。通过监督实施 GMP 认证,在一定程度上促进了药品生产企业的结构调整和产业升级,抑制了低水平重复,但是这并不能说明我国制药水平与国际制药接轨成功了。现行 GMP 为 2010 年修订,2011 年 1 月 17 日由原卫生部发布,2011 年 3 月 1 日施行。新版药品 GMP 共 14 章、313 条,相对于 1998 年修订的药品 GMP,篇幅大量增加,吸取国际先进经验,结合我国国情,按照"软件硬件并重"的原则,贯彻质量风险管理和药品生产全过程管理的理念,更加注重科学性,强调指导性和可操作性,达到了与世界卫生组织药品 GMP 的一致性要求。

二、GMP 的基本原则

GMP 的中心指导思想是任何药品质量形成是设计和生产出来的,而不是检验出来的。因此必须强调预防为主,在生产过程中建立质量保证体系,实行全面质量保证,进行全员积极参与全方位的有计划有组织的活动,确保药品质量。GMP 的基本原则是:在药品生产的全过程中,以科学的方法和有效的措施对各项影响产品质量的因素加以全方位的控制,把可能对药品造成污染、混杂、差错的因素降到最低限度,确保生产出来的药品安全有效、稳定均一。实施 GMP 的基本控制要求有 6 个方面:

1. 训练有素的人员(包括生产操作人员、质量检验人员、管理人员);

2. 合适的厂房、设施和设备;

3. 合格的物料(包括:原料、辅料、包装材料等);

4. 经过验证的生产方法;

5. 可靠的检验、监控手段;

6. 完善的售后服务。

实施 GMP 管理的总体原则:简单地说是全面管理和法制化管理的原则,具体地讲是一切影响产品质量的因素均应得到控制(有章可循);一切与生产相关活动均应有文件程序为指令(照章办事);一切生产活动均应记录下来(有案可查)。这样的话可以使药品生产企业的生产活动、质量管理活动处于持续受控的状态。

三、中国 GMP(2010 版)的特点

1. 强化了管理方面的要求

(1)提高了对人员的要求:将质量受权人与企业负责人、生产管理负责人、质量管理负责人一并列为药品生产企业的关键人员,并从学历、技术职称、工作经验等方面提高了对关键人员的资质要求。比如,对生产管理负责人和质量管理负责人的学历要求由大专以上提高到本科以上,规定需要具备的相关管理经验并明确了关键人员的职责。

(2)明确要求企业建立药品质量管理体系:质量管理体系是为实现质量管理目标、有效开展质量管理活动而建立的,是由组织机构、职责、程序、活动和资源等构成的完整系统。药品 GMP(2010版)在"总则"中增加了对企业建立质量管理体系的要求,以保证药品 GMP(2010 版)的有效执行。

(3)细化了对操作规程、生产记录等文件管理的要求:为规范文件体系的管理,增加指导性和可操作性,药品 GMP(2010 版)分门别类对主要文件(如质量标准、生产工艺规程、批生产和批包装记录等)的编写、复制以及发放提出了具体要求。

2. 提高了部分硬件要求

(1)调整了无菌制剂生产环境的洁净度要求:1998 年修订的药品 GMP,在无菌药品生产环境洁净度标准方面与 WHO 标准(1992 年修订)存在一定的差距,药品生产环境的无菌要求无法得到有效保障。为确保无菌药品的质量安全,药品 GMP(2010 版)在无菌药品附录中采用了 WHO 和欧盟最新的 A、B、C、D 分级标准,对无菌药品生产的洁净度级别提出了具体要求;增加了在线监测的要求,特别对生产环境中悬浮微粒的静态、动态监测,对生产环境中的微生物和表面微生物的监测都做出了详细的规定。

(2)增加了对设备设施的要求:对厂房设施的生产区、仓储区、质量控制区和辅助区分别提出设计和布局的要求,对设备的设计和安装、维护和维修、使用、清洁及状态标志、校准等几个方面也都做出具体规定。这样无论是新建企业设计厂房还是现有企业改造车间,都应当考虑厂房布局的合理性

和设备设施的匹配性。

3. 围绕质量风险管理增设了一系列新制度　质量风险管理是美国 FDA 和欧盟都在推动和实施的一种全新理念,药品 GMP(2010 版)引入了质量风险管理的概念,并相应增加了一系列新制度,如:供应商的审计和批准、变更控制、偏差管理、超标(OOS)调查、纠正和预防措施(CAPA)、持续稳定性考察计划、产品质量回顾分析等。这些制度分别从原辅料采购、生产工艺变更、操作中的偏差处理、发现问题的调查和纠正、上市后药品质量的持续监控等方面,对各个环节可能出现的风险进行管理和控制,促使生产企业建立相应的制度,及时发现影响药品质量的不安全因素,主动防范质量事故的发生。

4. 强调了与药品注册和药品召回等其他监管环节的有效衔接　药品的生产质量管理过程是对注册审批要求的贯彻和体现。药品 GMP(2010 版)在多个章节中都强调了生产要求与注册审批要求的一致性。如:企业必须按注册批准的处方和工艺进行生产,按注册批准的质量标准和检验方法进行检验,采用注册批准的原辅料和与药品直接接触的包装材料的质量标准,其来源也必须与注册批准一致,只有符合注册批准各项要求的药品才可放行销售等。

药品 GMP 还注重与《药品召回管理办法》的衔接,规定企业应当召回存在安全隐患的已上市药品,同时细化了召回的管理规定,要求企业建立产品召回系统,指定专人负责执行召回及协调相关工作,制订书面的召回处理操作规程等。

四、WHO、欧盟和美国等 GMP 介绍

自从 1963 年世界上第一部 GMP 诞生以来,已有 100 多个国家制定了各国的 GMP,世界卫生组织也制定了 GMP。20 世纪 70 年代,欧美各国对静脉注射导致败血病案例的跟踪调查,促使 GMP 验证内容的诞生,使药品产品质量迅速提高。

1. 美国的 cGMP　美国的药品生产质量管理规范缩写为 cGMP,"c"为当前的意思。美国的GMP 在美国国内的实施和发展一直居世界领先地位。1963 年首次颁布,1979 年颁布修正版,增加了"验证"概念,1987 年颁布了第 3 版 cGMP。其制定原则是:通用性,即适用于一切产品;灵活性,即只提出要达到的目标;明确性,即其用语不可模棱两可。美国严格执行 GMP 管理,在 20 世纪 80 年代后期加强关注、扩大监督和检查原料药生产的 GMP 要求,重视验证和原料药质量对制剂质量的影响,将 GMP 应用于包括研究开发、生产和销售的多个环节中。

知识链接

美国 FDA 的 cGMP 检查

美国 FDA 的 cGMP 检查也就是我们国内所理解的 FDA 认证。美国 FDA 对药品在美国上市销售执行 cGMP 审查包括产品研发和生产两部分,企业首先应通过美国 FDA 的 cGMP 现场检查。含有新成分的处方药或非处方药,或者是复杂的医疗器械注册,必须按照规定向 FDA 提交此产品的成分检测报告,然后申请药品临床试验许可,在获此许可后进行临床试验并提供药品非临床安全性试验和临床试验报告,最后申请新药或新产品许可,FDA 对产品做出肯定的评估结果,会收到 FDA 局长也就此产品签署的一封批准信,产品就可以在美国上市销售了。

2. 英国的 GMP 因书面为橙色,逐渐被称为《橙色指南》,1971 年发行第 1 版,1977 年发行第 2 版,1983 年发行第 3 版。英国 GMP 具有以下特点:①影响面大,约有 70 个国家;②采取一定完成的方式,为 GMP 书写提供了新模式;③内容全面,已被 1992 年欧共体 GMP 取代。

3. 欧洲自由贸易联盟的 GMP 为了解决欧洲自由贸易联盟国家之间药品贸易中的非关税壁垒,促进会员国之间的药品贸易,于 1970 年签定了"互相承认质量检查的协定"(简称 PIC)。通过相互培训药品质量监督员,相互检查制药厂,增进相互信任,从而消除壁垒,促进贸易。欧洲自由贸易联盟为了统一标准,制订公布了多份 GMP 文件,每年召开学术会议,给 GMP 研究提供了大量资料。

4. 日本的 GMP 日本厚生省于 1980 年颁布了 GMP,规定各制药厂必须执行。日本 GMP 的特点是:①GMP 条款书写与其他国家不同,内容分为硬件、软件两大部分;②各药品生产企业均根据 GMP 要求,制定了本厂的质量管理、生产管理和卫生管理文件,对卫生管理给予高度重视;③厚生省药务局每年都出版 GMP 解说,进行具体指导;④1987 年颁布了《医疗用汉方制剂制造管理和品质管理标准》(自主标准)。

5. 世界卫生组织的 GMP 1969 年第二十二届世界卫生大会通过"关于药品生产质量管理规范"条文,并建议会员国采用,这是 WHO 的第 1 版 GMP。现行 WHO 的 GMP 为 1992 年修订版。新版增加不少内容,它不仅适用于药品生产企业,也适用于医院制剂室。采用 ISO9000 族的定义并提出质量管理的基本要求。

点滴积累 ∨ ....

1. GMP 的产生与发展 GMP 发展有国际化、标准化、动态化和质量环境管理一体化的发展趋势。

2. GMP 基本原则 GMP 的中心指导思想是任何药品质量形成是设计出来的,而不是检验出来的;GMP 管理的总体原则是有章可循,照章办事,有案可查,持续受控。

3. 中国 GMP(2010 版)的特点 现行版 GMP 强化管理方面的要求;提高部分硬件要求;围绕质量风险管理增设了一系列新制度;强调了与药品注册和药品召回等其他监管环节的有效衔接。

4. WHO、欧盟和美国等 GMP 介绍 美国的 cGMP;英国的 GMP;欧盟的 GMP;日本的 GMP 和 WHO 的 GMP。

第二节 GMP 认证

GMP 认证是药品监督管理部门依法对药品生产企业药品生产质量管理进行监督检查的一种手段,也是督促企业加强药品生产管理和质量控制的一种先进的方法。

目前,药品生产企业能否取得 GMP 认证是进入医药行业的前提条件,即使今后我国采取生产许可证与药品 GMP 认证合二为一,也将会通过 GMP 检查药品生产企业的生产行为,确保药品生产管理和质量控制的合规性、真实性、一致性、完整性和可控性。

一、GMP 认证程序

1. 申请、受理与审查　新开办药品生产企业或药品生产企业新增生产范围、新建车间的,应当按照《药品管理法实施条例》的规定申请药品 GMP 认证。已取得《药品 GMP 证书》的药品生产企业应在证书有效期届满前 6 个月,重新申请药品 GMP 认证。药品生产企业改建、扩建车间或生产线的,应重新申请药品 GMP 认证。

申请药品 GMP 认证的生产企业,应按规定填写《药品 GMP 认证申请书》,并报送相关资料。属于国家药品监督管理部门检查认证的,企业经省级药品监督管理部门出具日常监督管理情况的审核意见后,将申请资料报国家药品监督管理部门。其他的认证检查,企业将申请资料报省级药品监督管理部门。

省级以上药品监督管理部门对药品 GMP 申请书及相关资料进行形式审查,申请资料齐全、符合法定形式的予以受理;未按规定提交申请资料的,以及申请资料不齐全或者不符合法定形式的,当场或者在 5 日内一次性书面告知申请人需要补证的内容。

药品认证检查机构对申请资料进行技术审查,需要补充资料的,应当书面通知申请企业。申请企业应按通知要求,在规定时限内完成补充资料,逾期未报的,其认证申请予以终止。

2. 现场检查　药品认证检查机构完成申报资料技术审查后,应当制订现场检查工作方案,并组织实施现场检查。

现场检查实行组长负责制,检查组一般不少于 3 名药品 GMP 检查员组成,从药品 GMP 检查员库中随机选取,并应遵循回避原则。检查员应熟悉和了解相应专业知识,必要时可聘请有关专家参加现场检查。

药品认证检查机构应在现场检查前通知申请企业。现场检查时间一般为 3~5 天,可根据具体情况适当调整。申请企业所在省级药品监督管理部门应选派一名药品监督管理工作人员作为观察员参与现场检查,并负责协调和联络与药品 GMP 现场检查有关的工作。

现场检查开始时,检查组应向申请企业出示药品 GMP 检查员证或其他证明文件,确认检查范围,告知检查纪律、注意事项以及企业权利,确定企业陪同人员。

申请企业在检查过程中应及时提供检查所需的相关材料。

检查组应严格按照现场检查方案实施检查,检查员应如实做好检查记录。检查方案如需变更的,应报经派出检查组的药品认证检查机构批准。现场检查结束后,检查组应对现场检查情况进行分析汇总,并客观、公平、公正地对检查中发现的缺陷进行风险评定。

检查缺陷的风险评定应综合考虑产品类别、缺陷的性质和出现的次数。缺陷分为严重缺陷、主要缺陷和一般缺陷。

3. 审批与发证　药品认证检查机构可结合企业整改情况对现场检查报告进行综合评定。必要时,可对企业整改情况进行现场核查。综合评定应在收到整改报告后 40 个工作日内完成,如进行现场核查,评定时限顺延。综合评定应采用风险评估的原则,综合考虑缺陷的性质、严重程度以及所评估产品的类别对检查结果进行评定。

药品认证检查机构完成综合评定后,应将评定结果予以公示,公示期为 10 个工作日。对公示内容无异议或对异议已有调查结果的,药品认证检查机构应将检查结果报同级药品监督管理部门,由药品监督管理部门进行审批。

经药品监督管理部门审批,符合药品 GMP 要求的,向申请企业发放《药品 GMP 证书》;不符合药品 GMP 要求的,认证检查不予通过,药品监督管理部门以《药品 GMP 认证审批意见》方式通知申请企业。药品监督管理部门应将公告上传国家药品监督管理部门网站。

4. 跟踪检查　药品监督管理部门应对持有《药品 GMP 证书》的药品生产企业组织进行跟踪检查。《药品 GMP 证书》有效期内至少进行 1 次跟踪检查。

药品监督管理部门负责组织药品 GMP 跟踪检查工作;药品跟踪检查机构负责制订检查计划和方案,确定跟踪检查的内容及方式,并对检查结果进行评定。

知识链接

GMP 飞行检查

我国 2005 年开始实行 GMP 飞行检查,2015 年 6 月国家食品药品监督管理总局发布了《药品医疗器械飞行检查办法》,自 2015 年 9 月 1 日起施行。

飞行检查组由 2 名以上检查人员组成,实行组长负责制,检查人员为食品药品行政执法人员、依法取得检查资格的人员或取得本次检查的其他人员。

GMP 检查包括 GMP 认证检查、GMP 跟踪检查、GMP 飞行检查。

GMP 认证检查是药品监督管理部门依据相关法律、法规,对申请药品的 GMP 认证的企业实施 GMP 的符合性进行全面系统的监督检查的过程。

GMP 跟踪检查是药品监督管理部门依据相关法律法规对持有"GMP 证书"的药品生产企业实施 GMP 的符合性进行全面、系统的监督检查。

GMP 飞行检查是药品监管部门针对已申报注册的药品研制、生产及经营环节开展不预先告知的监督检查。

5.《药品 GMP 证书》管理　《药品 GMP 证书》载明的内容应与企业药品生产许可证明文件所载明相关内容相一致。企业名称、生产地址名称变更但未发生实质性变化的,可以药品生产许可证明文件为凭证,企业无须申请《药品 GMP 证书》的变更。

《药品 GMP 证书》有效期 5 年,在有效期内与质量管理体系相关的组织结构、关键人员等如发生变化的,企业应自发生变化之日起 30 日内,按照有关规定向原发证机关进行备案。其变更后的组织机构和关键人员应能够保证质量管理体系有效运行并符合要求。《药品 GMP 证书》由国家药品监督管理部门统一印制。药品 GMP 认证程序见图 3-1。

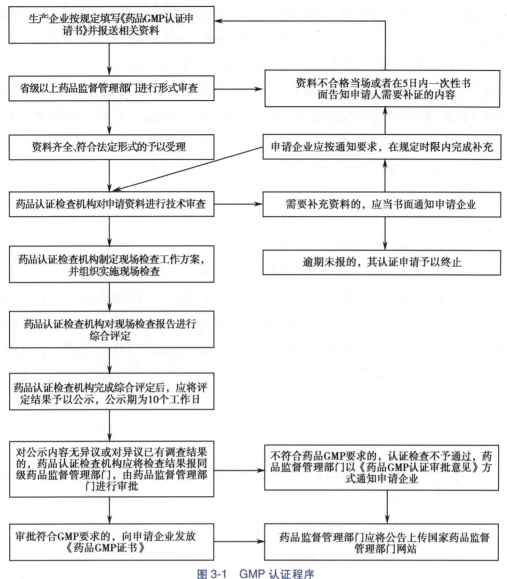

图 3-1　GMP 认证程序

二、GMP 认证检查项目

检查项目分为一般项目和重点项目,如果企业在被检查过程中,出现重点检查项目不合格数量多,也就是有严重缺陷或有多项主要缺陷,表明企业未能对产品生产全过程进行有效控制,或者主要和一般缺陷的整改情况或计划不能证明企业能够采取必要的措施进行改正,整个药品 GMP 认证就会被判定为"不符合"。当然,如果一般项目不合格数量过多,也会被认为有严重缺陷,整个药品认证就会判定为"不符合"。

三、GMP 认证的准备与申报

ER-3-1

药 品 GMP
认证申请表
电子版

申请 GMP 认证的企业,应报送以下有关资料:

1.《药品生产许可证》和《营业执照》(复印件)。

2. 药品生产管理和质量管理自查情况(包括企业概况、GMP 实施情况及培训情况)。企业概况应写明占地面积、建厂(或改造)时间、企业生产剂型及品种数量,三资企业应介绍双方投资比例及外资公司名称,新开办企业应说明筹建时间和立项审批情况、拟生产的新药产品。自查小结应按 GMP 的章节顺序,分段描述。要有结论并正式提出认证申请。

3. 药品生产企业(车间)的负责人、检验人员文化程度登记表;高、中、初级技术人员的比例情况表。应有 3 张表:企业负责人及各部门负责人情况表、质量管理及检验人员登记表和技术人员登记表。表中应设姓名、性别、工作岗位、职称、职务、毕业院校、学历、专业、从药年限等栏目。技术人员登记表主要是企业与产品研究开发、生产、质量有关的技术人员需要填写的。

4. 药品生产企业(车间)的组织机构图(包括各组织部门的功能及相互关系,部门负责人)。应有 3 张图:企业组织机构图、质量管理网络图和申报剂型的生产车间岗位定员图。图中应有人名或人数,组织机构图附各部门主要职能及相互关系。

5. 药品生产企业(车间)生产的所有剂型和品种表。药品生产企业(车间)生产或拟生产的剂型和品种,包括品名、规格、剂型、质量标准和批准文号,并注明哪些剂型和品种需要本次申报认证。

6. 药品生产企业(车间)的环境条件、仓储及总平面布置图。先用文字说明企业周边环境、内部整体布局、建筑物的名称、人流及物料走向和原料、辅料、包材、成品及不合格品的位置。并附厂区平面图及仓库布局图,尽可能用彩图。

7. 药品生产车间概况及工艺布局平面图(包括更衣室、盥洗间、人流和物料通道、气闸等,并标明空气洁净度级别)。先用文字表述,主要包括:每个车间的面积及洁净区面积、生产工人数量、生产线的数量及每条线的工序介绍,产品的品种规格、产量、主要生产设备的性能等,并对生产原料的来源加以说明。车间工艺布局平面图为示意图,应用彩图。应标出各生产车间的净化级别,标出各功能车间的名称和门的开启方向,标出人流和物流通道及走向,标出生产设备位置。

8. 所生产剂型和品种工艺流程图,并注明主要过程控制点。应按剂型划出工艺流程图,并框出各工序所要求的空气洁净度级别,标出关键工序控制点。图后附质量监控项目表,内容有:生产工序、控制项目、控制指标、检查频次、检查人。

9. 药品生产企业(车间)的关键工序、主要设备验证情况和检验仪器、仪表校验情况。先用文字表述验证工作情况,包括:关键工序的验证、厂房设施及公用系统的验证、主要设备的验证、产品工艺验证、检验仪器仪表的校验。关键工序一般是指对产品质量有重大影响的工序。文字后附设备一览表,内容有设备名称、型号、制造厂家、数量、安装地点、验证结果;仪器仪表一览表,内容有:仪器仪表名称、型号、制造厂家、数量、校验周期、校验单位。

10. 药品生产企业(车间)生产管理、质量管理文件目录。包括各项制度、质量标准和检验操作规程、工艺规程、岗位操作规程等,与药品生产和质量管理有关的文件。开办企业、新增剂型的还须报送立项批文和拟生产品种或剂型的 3 批试生产记录。

药品认证管理中心对待企业申请资料,如内容齐全、表述清楚的,受理资料并拟定现场检查方案;如内容基本齐全,但有问题需要核实,向省药品监督管理部门或申请企业核实情况;如内容严重不全,表述不清楚,通知企业补充资料。企业应在 30 个工作日内补报材料,超过期限的认证自然终止;经审核凡不具备认证条件的,退回资料。

申请认证资料既反映企业实施 GMP 的情况,又体现企业的管理水平,是 GMP 认证的第一步。申请资料应注意突出企业特点,尽量用量化的数字表述企业概况及实施 GMP 的情况,文字与图表相结合,字迹清晰、装订整齐。

点滴积累 ╲╱

1. GMP 认证程序 ①申请与认证检查;②现场检查;③审批与发证;④跟踪检查;⑤《药品GMP 证书》管理。

2. GMP 认证检查项目 检查项目分为一般项目和重点项目。

3. GMP 认证的准备与申报 报送的材料包括一证一照复印件;自查情况;生产企业负责人、检验人员文化程度登记表;企业组织机构图;生产的所有剂型和品种表;环境条件、仓储及总面积布置图;车间概况及工艺布局平面图;工艺流程图及主要过程控制点;设备验证情况和检验仪器仪表校验情况;文件目录。

复习导图

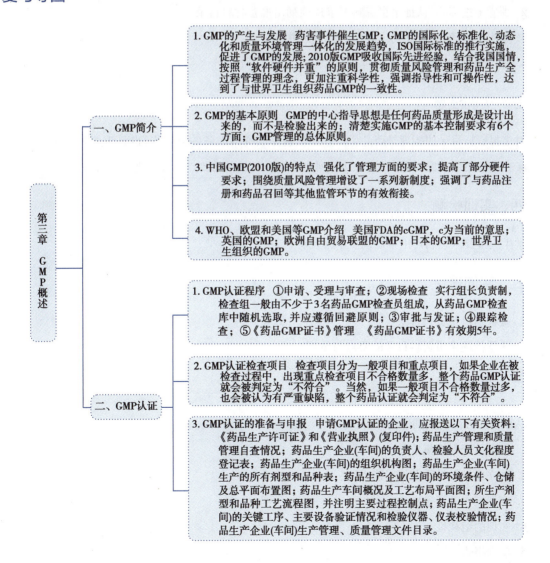

实训项目六 给定药品剂型，列出申报资料目录

一、实训目的

1. 熟悉企业申请 GMP 认证需要报送的资料。

2. 学会列出申报资料目录。

二、实训内容

学生利用网络或其他工具方法，课堂上让选定一个剂型，要求学生根据剂型列出申报资料目录。

由学生分组，一组按要求逐项列目录，一组检查目录是否齐全、符合法定形式。

具体步骤为：

1. 课前学生按照教师要求，搜集供应至少一家药品生产企业的资料及信息。

2. 课堂上按 GMP 认证申报资料要求逐项列出准备材料目录。

3. 学生交换角色，重新列出申报材料目录并检查。

4. 教师评判和总结。

三、实训注意

对申报资料目录的梳理是药品生产企业顺利完成资料准备的第一步，也是重要的一个环节，教师务必在进行角色分配时重点强调，并对列出申报资料目录的要点和技巧进行提醒和总结。

四、实训检测

学生应按要求顺利列出常规剂型申报资料目录。

五、实训报告

1. 提供物申报资料目录。

2. 熟悉梳理申报资料目录的要点与技巧。

六、实训评价

从以下几方面对实训进行评价：

1. 实训前资料搜集情况。

2. 独立操作及动手及编写能力。

3. 实训操作的正确性。

4. 实训的纪律性。

5. 实训报告。

目标检测

一、选择题

（一）单项选择题

1. 首先实施 GMP 的国家为（　　）

    A. 中国　　　　　　　　　B. 日本　　　　　　　　C. 美国

    D. 英国　　　　　　　　　E. 以上都不是

2. 药品生产质量管理规范的英文缩写（　　）

    A. GMP　　　　　　　　　B. GSP　　　　　　　　C. GAP

    D. GDP　　　　　　　　　E. GUP

3. GMP（2010 版）含有（　　）章（　　）条

    A. 14、313　　　　　　　B. 14、311　　　　　　C. 11、313

    D. 11、311　　　　　　　E. 以上都不是

4. 现场检查实行组长负责制，检查组一般由不少于（　　）名药品 GMP 检查员组成

    A. 3　　　　　　　　　　B. 4　　　　　　　　　　C. 5

    D. 2　　　　　　　　　　E. 以上都不是

5.《药品 GMP 证书》的有效期是（　　）年

    A. 3　　　　　　　　　　B. 4　　　　　　　　　　C. 5

    D. 2　　　　　　　　　　E. 以上都不是

6. 世界第一部 GMP 诞生于（　　）

    A. 1961 年　　　　　　　B. 1963 年　　　　　　　C. 1965 年

    D. 1967 年　　　　　　　E. 1979 年

7. 实施 GMP 的要素包括（　　）

    A. 硬件　　　　　　　　　B. 软件　　　　　　　　C. 人员

    D. 以上都是　　　　　　　E. 以上都不是

8. GMP 检查包括（　　）

    A. GMP 认证检查　　　　B. GMP 跟踪检查　　　　C. GMP 飞行检查

    D. 以上都是　　　　　　　E. 以上都不是

9. GMP（2010 版）的特点为（　　）

    A. 标准化管理　　　　　　　　　　B. 融合机构、人员、硬件、软件，构建质量体系

    C. 强调确认和验证　　　　　　　　D. 以上都是

    E. 以上都不是

10. 已取得《药品 GMP 证书》的药品生产企业应在证书有效期届满前（　　）个月，重新申请药品 GMP 认证

A. 6　　　　　　　　B. 5　　　　　　　　C. 4

D. 3　　　　　　　　E. 12

（二）多项选择题

1. GMP 检查缺陷分为（　　）

A. 严重缺陷　　　　　　　B. 主要缺陷　　　　　　C. 一般缺陷

D. 关键缺陷　　　　　　　E. 重要缺陷

2. 申请 GMP 认证的企业，报送的资料有（　　）

A.《药品生产许可证》和《营业执照》（复印件）

B. 药品生产管理和质量管理自查情况

C. 药品生产企业（车间）的组织机构图

D. 所有剂型和品种表

E. 所生产剂型和品种工艺流程图

3. 美国 1963 年发布的《联邦食品药品化妆品法案》修正案，对药品在美国上市销售的总体要求包括（　　）

A. 安全性要求　　　　　　　　　　　B. 有效性要求

C. 企业要向 FDA 报告药品的不良反应　　D. 企业实施药品生产质量管理规范

E. 以上都不是

4. 中国 GMP（2010 版）特点包括（　　）

A. 生产过程实施全面质量管理

B. 强调确认和验证

C. 生产过程强调中间控制

D. 生产过程强调风险控制

E. 强调了与药品注册和药品召回等其他监管环节的有效衔接

5. 药品生产企业的关键人员包括（　　）

A. 质量受权人　　　　　　B. 企业负责人　　　　　C. 生产管理负责人

D. 质量管理负责人　　　　E. 法人

二、简答题

1. 实施 GMP 的基本控制要求包括哪 6 个方面？

2. 实施 GMP 的基本原则是什么？

3. GMP 的中心指导思想是什么？

三、实例分析

1. 1961 年，发生了震惊世界的"反应停"事件。一种曾用于妊娠反应的药物——thalidomide（又称反应停、沙立度胺、酞胺哌啶酮）导致了成千上万例畸形胎儿的药物灾难事件。这次灾难波及世界各地，受害者超过 15 000 人，日本迟至 1963 年才停止使用反应停，也导致了 1 000 例畸形婴儿的产生。美国是少数几个幸免于难的发达国家之一。

在本案例中,在美国上市销售的药品,对药品生产企业提出了哪3项要求?

2. 2017年6月某省对辖区内A企业实施GMP飞行检查,对A企业生产车间工艺员询问了有关生产过程方面的问题,并做了询问记录,经询问人员逐页确认并签字。

在本案例中,飞行检查执法人员的做法是否规范? 哪些人员可以参与GMP飞行检查?

（邓亚宁）

第四章

卫生管理

ER-04章PPT

导学情景 ∨ ··

情景描述：

哈尔滨市民某女士患有高血压，一直在吃降压药拉西地平，可是在一次吃药的时候，却发现药里面有一个小黑点，用手扒开后发现是根头发。

学前导语：

人是药品生产制造者和质量的控制者，也是生产中最大的污染源和污染最主要的传播媒介。案例中存在卫生不符合要求，导致药品质量不符合规定，严重影响患者用药的安全和健康。在药品生产过程中加强卫生管理是保证药品质量的重要内容。本章我们将带领同学们学习GMP对药品生产企业的生产环境卫生、人员卫生、物料卫生的要求，以保障药品的质量和患者用药的安全。

第一节　生产环境卫生

一、生产车间的卫生要求

（一）基本卫生要求

1. 生产车间卫生要求　生产车间卫生必须符合要求。相关人员按照SOP清洁生产操作间以及走道，以保证清洁、干燥、整齐，并及时填写清洁记录。在生产车间内，应保持安静，禁止跑、跳，以免带入灰尘；应随手关门，无特殊情况，禁止随意开门、开窗。生产区域不得存放与药品生产无关的物品或杂物，生产中的废弃物应及时处理。操作间、生产设施设备、称量器具等均应有卫生状态标志。

2. 人员、物料进出要求　人员、物料要在规定的通道出入，人流、物流分开，有明显的标记，不得穿行。非生产人员一律不得私自进入生产区，经批准方可进入；各部门管理人员进入生产区，要严格执行生产区的卫生管理规程；人员进出洁净区有严格的监控和管理制度，严格控制洁净区的人数。非生产用品不得带入生产区，不得在生产区内吸烟、吃饭、睡觉、会客，不得从事与生产无关的活动，不得晾晒工作服；物料进入厂房必须对外表进行除尘或清洁，应分类、定量、定点码放整齐，并有明显的状态标记，防止交叉污染和差错。

3. 洁净室清洁消毒要求　洁净室应有清洁消毒规程，并严格执行，记录完整。洁净室内应使用无脱落物、易清洗、易消毒的卫生工具，卫生工具要存放于对产品不造成污染的指定地点，并应限定使用区域。清洁用清洁剂、消毒剂应严格按照标准操作规程配制和使用。

4. 设备卫生要求 凡与药品直接接触的设备表面须光洁、平整、易清洁或消毒、耐腐蚀,不与所生产的药品发生化学变化或吸附所生产的药品。设备润滑剂、冷却剂等不得对药品或容器造成污染,如与药品直接接触应使用药用或食用级润滑剂、冷却剂。易于产生粉尘的生产操作,其生产设备应有捕尘及排除异物的装置,并能有效防止粉尘飞扬或交叉污染。

ER-4-1

洁净车间示例图

(二) 生产区的卫生管理

1. 一般生产区卫生管理

(1)环境卫生:厂房内不得有啮齿类动物及其他害虫,并防止蚊蝇进入。窗明壁净见本色,无积尘、霉斑、渗漏、死角。地面光滑、平整、清洁、无积水、无杂物。楼道、走廊不得放置任何生产用具或其他用品,不得堆放成品及半成品,保持运输通道的清洁、畅通。垃圾桶应放置在指定位置,生产中的废弃物应及时清除到垃圾桶内,加盖,每天生产结束后清除,并将垃圾桶清洗干净,保证卫生。生产区内应设置洁具室,配备相应的清洁、消毒工具,通风良好,厂房清洁。用具使用后及时放入洁具室清洁干净,生产岗位不得存放清洁工具,清洁(消毒)工具及清洁剂(消毒剂)要分别放置在洁具室指定位置,不能造成对药品生产环境的污染。

▶▶ **课堂活动**

环境卫生,对药品生产质量起到什么作用?

(2)原辅料的卫生:原辅料、包装材料的包装要求完好,无受潮、混杂、变质、发霉、虫蛀、鼠咬等状况,符合质量标准,有检验合格报告书方可进入车间。原辅料存放在规定区域,按照品种、规格、批号码放整齐,有状态标记。原辅料进入操作车间,应在拆包间脱去外包装(如不能脱去外包装的,应将外包装清洁干净),保证清洁、无尘,码放在规定位置,禁止随意堆放。工作结束后,应将剩余原辅料整理、包装好(封口),要及时结料、退料。

(3)设备卫生:机器、设备、管道应按规定清洗、消毒、灭菌。生产中使用的各种设备器具应清洁,表面不得有异物、遗留物、霉斑等;设备、器具用完后应立即按清洁规程清洗干净,必要时灭菌后使用,有详细记录;设备周围要做到无油垢、污水、油污及杂物。设备表面与加工的物料接触后不得发生反应,不得向加工物释放出物质或吸附加工物,不得结垢。产尘多而又暴露的加工设备应加以封闭或遮盖。设备使用的润滑剂或冷却剂不得对药品造成污染。设备管道、管线排列整齐并包扎光洁,无跑、冒、滴、漏现象。所有的管道应有状态标记,标注输送的介质内容和流向。不用的工具应存放在指定的工具柜内,整齐码放,由车间主任指定专人保管。

(4)生产过程的卫生:岗位安排合理,操作不得互相妨碍,不得产生交叉污染。各生产车间应按照清洁标准操作程序进行清洁,保证卫生。生产中使用的各种器具、容器应清洁,表面不得有异物、遗留物。更换品种时要严格执行清场管理规程,不得存放与药品生产无关的物料、杂物和个人物品。清洁用具及清洁剂、消毒剂应存放在各区域洁具室的指定位置,以避免药品生产过程造成污染。潮湿、高温区域应注意防止发霉及微生物污染,不得有霉斑、菌团。生产工作间、设备应有卫生状态标记。

(5)个人卫生:随时保持个人清洁卫生,做到勤剪指甲、勤理发、勤剃须、勤洗衣服、勤洗澡。工作前洗干净手,不涂化妆品,上岗时不佩戴饰物、手表。工作时严禁坐在地上,避免工作服受到污染。离开工作场地(包括吃饭,上厕所)必须脱掉工作服装。不携带个人物品进入生产区及实验室,不在生产区及实验室内吃东西。

2. 洁净区卫生管理　洁净区除执行一般生产区环境卫生管理制度外,还必须达到以下几方面的要求。

(1)环境卫生:洁净区环境卫生必须做到所有的建筑物表面光滑、洁净、完好,无渗透现象发生,并能够耐受多种清洁剂反复清洗和消毒。

(2)原辅料的卫生:进入洁净区的原辅料、内包装材料以及工具均要在物净室除去外表的灰尘、异物后再进入缓冲间,在缓冲间脱去外包装后进入洁净区的储存室。进入洁净区内使用的物料量应控制在生产所需的最低限度,洁净区内不得存放多余的物料及与生产过程无关的物料,避免交叉污染。

(3)设施设备的卫生:洁净区使用的设备、容器、工具等直接接触药品的部位,生产前均需要按各自的消毒规程消毒后方可使用。产尘多的工作间应增设局部除尘设施,在该工序生产开始前5~10分钟启动除尘机。洁净区的清洁工具必须采用不脱落纤维的材料,使用后按洁净区卫生工具清洁、消毒、干燥程序进行操作。所有传递窗、传递门是洁净区与非洁净区之间的隔离设施,两边的门不得同时打开,传递门不使用时要切断电源,防止非生产人员由传递门进入清洁区。工作时门必须关紧,尽量减少出入次数。

(4)生产过程中的卫生:洁净区内操作人数应控制到最低限度,限制非操作人员进入,进行各种操作活动要稳、准、轻,不做与工作无关的动作,以免造成污染。洁净室不得安排三班生产,每天必须有足够的时间用于清洁与消毒,更换品种要保证有足够的时间间歇、清场、清洁与消毒;每班生产工作开始时必须在净化空调系统开机运行规定时间后检查温、湿度,符合要求后方可进行;一个产品生产完成后,必须按清场管理制度进行清场,清场后要挂上状态标志牌。洁净区内的废弃桶应是洁净和不产尘的,应放在指定地点;生产过程中产生的废弃物应及时装入废弃桶内洁净的塑料袋中密闭存放,并按规定在工作结束后将其及时经过专用传递窗清除出洁净区。洁净区清洁间和清洁工具除应符合一般生产区的清洁要求外,还应保持清洁间通风、干燥;清洁工具台、拖把、抹布等要及时干燥,防止产生霉菌。清洁剂、消毒剂应替换使用,以免微生物产生耐药性。

(5)控制进入洁净区物品:所有各种器具、容器、设备、工具需用不产尘的材料制作,包括所用纸笔均不产尘,不能用铅笔、橡皮,应用黑色水性笔,并按规定程序进行清洁、消毒后方可进入洁净区。严禁携带与生产无关的物品进入洁净区,如食品、香烟、自己服用的药物、首饰、化妆品、手帕、手纸、钱包、打火机等。洁净区内的物品不得拿到非洁净区使用。

3. 工作服(洁净服)的卫生管理　药品生产所使用的工作服应包括衣、裤、帽、鞋、短袜等,其选材、式样及穿戴方式应与所从事的工作和工艺规程要求的洁净度级别要求相适应。工作服和防护服应根据其所在药品生产企业不同的生产工艺、生产区域而不同,它的作用是防止生产员工对药品的污染并保护操作人员不受生产环境不良因素的危害。工作服和防护服质地应光滑、不产生静电、不脱落纤维和颗粒物,能被方便的清洗、灭菌、消毒而质地并不受到影响或损害。在没有洁净要求的一般生产区可选用棉材料,控制区可选用涤纶和尼龙材料,洁净区必须选用防静电的材料。无菌工作服应能包盖全部头发、胡须及脚部,并能阻留人体脱落物。

二、生产区域清洁与消毒

根据不同的生产要求,各生产区域在清洁规程上有所区别,现介绍如下。

（一）一般生产区的清洁与消毒

知识链接

生产区域清洁卫生的基本原则

每个岗位必须有专用的清洁工具,不得跨区使用,清洁工具使用后按清洁工具清洁规程处理,存放于清洁工具间指定位置,并设有标示。生产岗位洗手池不得清洗私人物品。清洁工必须遵守各项卫生规程。

1. **清洁频率及范围** 每天操作前和生产结束后各清洁1次,主要工作是清除废弃物并清洗废物贮器;擦拭操作台面、地面及设备外壁;擦拭室内桌、椅、柜等外壁;擦去走廊、门窗、卫生间、水池及其他设施上的污迹。每周工作结束后进行全面清洁1次,主要清洁内容有擦洗门窗、水池以及其他设施;刷洗废物贮器、地漏、排水道等处。每月工作结束后进行全厂大清洁,清洁范围是对墙面、顶棚、照明、消防设施及其他附属装置除尘,全面清洁工作场所。

2. **清洁工具、清洁剂与消毒剂** 一般生产区的清洁工具有拖布、水桶、笤帚、抹布、吸尘器、毛刷、废物贮器。清洁剂有洗衣粉、洗涤剂、药皂等;消毒剂采用5%甲酚皂液、75%乙醇溶液等。

3. **清洁消毒方法** 每班操作完毕,先按照清场标准操作规程进行清场,按照设备、容器具清洁规程清洁。收集整理操作台面和地面,将废弃物收入废物贮器,用饮用水湿润的抹布擦拭各操作台面和侧面。用专用拖布浸饮用水擦拭(必要时可先用饮用水冲洗,然后再擦拭)地板。用饮用水湿润抹布擦拭墙壁和门窗、顶棚,自然干燥,必要时借助登高工具或用适宜工具擦拭。地漏的清洁按照《地漏清洁消毒操作规程》执行。每周清洁后,用消毒液对室内进行喷洒消毒,卫生间每天用消毒剂喷洒消毒1次。清洁完毕后,填写清洁记录。

4. **清洁效果评价** 现场无任何废弃物、无上次生产遗留物,用手擦拭任意部位,应无尘迹和脱落物。废弃物贮器完好,外表清洁。工作台面整洁,无肉眼可见污渍和尘埃,用净手触摸,无油污感。在工作光线下观察,手上不得染有油污和尘埃。地面无杂物、积水、肉眼可见污渍。墙面、捕虫装置无肉眼可见的尘埃、污渍和真菌斑,墙角无蛛丝,用净手触摸,无油污感。玻璃应光亮透彻,无擦拭后水迹及任何残余痕迹。天棚、门窗、照明器具等无肉眼可见的尘埃、污渍、真菌斑和蛛丝,不得有肉眼可见异物脱落。捕虫、鼠装置应每天检查并填写检查记录。地漏的清洁标准按照《地漏清洁消毒操作规程》执行。

（二）D 级洁净区的清洁与消毒

1. 清洁频率及范围 每天生产操作前、工作结束后进行 1 次清洁,直接接触药品的设备表面清洁后再用消毒剂进行消毒。清洁范围为清除并清洗废物贮器,清洁布蘸纯化水擦拭墙面、门窗、地面、室内用具及设备外壁污迹。每周工作结束后,进行清洁、消毒 1 次。清洁范围是室内所有部位,包括地面、废物贮器、地漏、灯具、排风口、顶棚等。每月生产结束后,进行大清洁消毒 1 次,包括拆洗设备附件及其他附属装置。根据室内菌检情况,决定消毒频率。

2. 清洁工具、清洁剂与消毒剂 清洁工具有拖布、清洁布(不脱落纤维和颗粒)、毛刷、塑料盆。消毒剂(每月轮换使用)采用 0.2% 苯扎溴铵、75% 乙醇溶液、5% 甲酚皂液、碳酸钠溶液等。

3. 清洁消毒方法 清洁程序为先物后地、先内后外、先上后下。用清洁布蘸纯化水擦拭 1 遍,必要时用清洁剂擦去污迹,再用消毒剂消毒 1 遍。输液车间地面以纯化水冲洗为宜,控制微粒;粉针车间使用消毒剂以碱性为宜,以破坏头孢类药物残留物。

4. 清洁效果评价 目检各表面应光洁,无可见异物或污迹。QA 检测尘埃粒子、沉降菌应符合标准。

（三）C 级洁净区的清洁与消毒

1. 清洁频率及范围 操作间每天生产前、工作结束后进行 1 次清洁、消毒,每天用臭氧消毒 60 分钟;清洁范围包括操作台面、门窗、墙面、地面、用具及其附属装置、设备外壁等。每周工作结束后,进行全面清洁、消毒 1 次,清洁范围是以消毒剂擦拭室内一切表面,包括墙面、照明和顶棚。每月室内空间用臭氧消毒 150 分钟,根据室内菌检情况,确定消毒频率。如倒班生产,两班清洁时间间隔应在 2 小时以上。

2. 清洁工具、清洁剂与消毒剂 清洁工具有拖布、清洁布(不脱落纤维和颗粒)、毛刷等。用于表面消毒的消毒剂有 0.2% 苯扎溴铵、5% 甲酚皂液、75% 乙醇溶液等;用于空间消毒的有甲醛、臭氧等。消毒剂使用前,应经过 0.22μm 微孔滤膜过滤。各种消毒剂每月轮换使用,消毒剂从配制到使用不超过 24 小时。

3. 清洁消毒方法 先用灭菌的超细布,在消毒剂中润湿后,擦拭各台面、设备表面,然后用灭菌的无脱落纤维的清洁布擦拭墙面和其他部位,最后擦拭地面。操作室每天清洁后,按臭氧消毒规程对房间进行臭氧消毒。清洁程序应遵循先物后地、先内后外、先上后下、先拆后洗、先零后整的擦拭原则。

4. 清洁效果评价 目检各表面应光洁,无可见异物或污垢。QA 检测尘埃粒子、沉降菌进行检测,应达标准。

▶ **课堂活动**

生产区不及时清洁和消毒会导致什么后果?

（四）中间站的清洁与消毒

1. 清洁范围及频率 中间站清洁范围包括室内门窗、玻璃、地面、灯具、天棚、容器等。中间站清洁频率为每日清洁 1 次、每周大清洁 1 次,中间站每周消毒一次。

2. 清洁工具、清洁剂与消毒剂 清洁工具有抹布、拖布、毛刷、镊子、笤帚等。所用清洁剂及消毒剂为 0.2% 苯扎溴铵、5% 甲酚皂溶液。

3. 清洁消毒方法 每天上班后,用清洁的湿抹布擦拭门、窗、桌子、容器的灰尘,用拖布擦地面,下班前整理室内物料,清扫地面。每周擦玻璃、墙面、灯具、容器、天棚等。中间站还需用 0.2% 苯扎溴铵或 5% 甲酚皂溶液对室内门窗、地面消毒。

4. 清洁效果评价 门窗洁净、地面无杂物、尘土,桌子、容器无灰尘;室内物料摆放整齐,并挂有标示卡;天棚无灰,吊灯明亮无灰尘。

(五) 缓冲间清洁与消毒

1. 清洁范围及频率 清洁部位包括墙面、地面、天棚、门窗、玻璃等。每个工作日上班后、下班前各清洁 1 次。

2. 清洁工具、清洁剂与消毒剂 清洁工具有清洁布(不脱落纤维和微粒)、水桶等,清洁剂要求每月轮换使用,常用的消毒剂有 5% 甲酚皂溶液、0.2% 苯扎溴铵、75% 乙醇溶液。

3. 清洁消毒方法 按洁净区的清洁、消毒规程操作。清洁程序是先上后下、先里后外,依次用清洁剂擦拭各部位,用纯化水清洗至洁净,最后用消毒剂擦拭两遍。

4. 清洁效果评价 目检表面应光洁,无可见异物或污垢。定期进行环境检测,包括空气中的微生物和悬浮尘埃粒子数,应符合规定。

(六) 更衣室清洁与消毒

1. 清洁范围及频率 更衣室清洁范围包括墙面、地面、天棚、门窗及把手、水池、更衣柜。更衣室清洁频度为工作日上班后、下班前各清洁 1 次。每周工作结束后,进行全面清洁。

2. 清洁工具 更衣室清洁工具有水桶、拖布、清洁布、毛刷、橡皮手套等。消毒剂为 5% 甲酚皂溶液、0.2% 苯扎溴铵、75% 乙醇溶液,应每月轮换使用。

3. 清洁消毒方法 第一更衣室墙面、门窗、更衣柜、鞋柜等外表用清洁剂擦拭一遍后,再用饮用水清洗干净。地面用拖布擦拭干净,必要时用清洁剂擦洗。B 级洁净区二、三更衣室清洁消毒的频率、方法与 C 级洁净区操作室一致。所用的消毒剂,要用注射用水配制,并在使用前经过 0.22μm 微孔滤膜过滤。清洁工具要用不脱落纤维的材质制成。洁净区内更衣室每天消毒 1 遍。安装有紫外线灯的更衣室,每天应开启照射 30 分钟。每周各部位清洁后,用消毒剂再擦拭 1 遍。

4. 清洁效果评价 目测确认各表面应光洁,无可见异物或污垢,用手擦拭任意部位确认,应无可见灰尘污迹。洁净区的三更衣室清洁、消毒后菌落应符合标准。

(七) 其他方面的清洁与消毒

1. 地漏的清洁与消毒 每个工作日下班前或每批生产结束后的清场过程中进行清洁并消毒,清洁后应无味,无异物。常驻用的消毒剂有 5% 甲酚皂溶液、0.2% 苯扎溴铵溶液。清洁地漏时,不得将水封打开,以防止下水道内的废气倒灌入生产区。一般生产区先打开地漏盖板,用毛刷蘸清洁剂将地漏盖板刷洗干净,用饮用水将表面的清洁剂冲洗干净,最后用大量饮用水将地漏内残存的污物冲入下水道内。大于 C 级洁净区先用毛刷蘸清洁剂将地漏槽、水封盖外壁刷洗干净,然后用大量纯化水将地漏槽内以及水封外壁表面的清洁剂冲入下水道内。消毒时将配制好的消毒剂倒入地漏水封槽内,用毛刷将消毒液均匀涂布于地漏盖板、地漏水封槽、水封盖板外壁表面。

2. 水池的清洁与消毒　洁净区盥洗室的水池每班清洁2次,其他每天清洁一次,用抹布擦洗水池内壁、外壁至清洁。若要进行消毒,则用抹布蘸取消毒液擦拭水池内外壁,保持10分钟后用水冲洗或用水润湿的抹布擦拭。若使用75%乙醇溶液消毒,则直接用润湿75%乙醇的洁净抹布擦拭,自然晾干即可。

3. 风口的清洁与消毒　用纯化水浸湿的洁净布进行清洁,再用洁净干抹布擦干,用蘸消毒液的洁净布擦拭消毒。产尘多的生产区域(如干燥间、混合间、内包间等),每日清洁风口,每月将风口拆下清洁,拆下的风口用纯化水冲洗至目测无污物,用干燥的洁净抹布擦拭干净后装上,每周消毒一次。其他生产区域和公共区域每周清洁并消毒一次。

4. 工作服的清洁与消毒　药品生产企业对人员的防护服清洗、消毒、灭菌应制订规程,最好在单独设置的洗衣间内进行操作,并制订工作服清洗周期。不同空气洁净度级别使用的工作服应分别清洗、整理,必要时消毒或灭菌,工作服洗涤、灭菌时不应带入附加的颗粒物质,应确保其不携带有污染物,避免污染洁净区。工作服在式样和颜色上应能区分不同的生产和洁净级别区域。

5. 非机械类清洁工具的清洁与消毒　根据清洁工具的类型和污染程度不同而进行分类,添加适量清洁剂,分别投入清洁工具专用洗衣机或水池内进行清洗,至清洗水澄清为止,必要时进行消毒或灭菌。抹布类清洁工具目视检查轻度污染者清洗后可重复使用,若重度污染,应作废弃物丢弃处理。清洗完毕的清洁工具脱水或拧干后用消毒剂浸泡10分钟,消毒后脱水或拧干;若是在一天内连续使用,可在一个工作日结束后消毒,中间只清洗即可。脱水或拧干后的清洁工具,展开、晾干,晾干后应整齐叠放在规定区域。A/B级区使用的清洁工具在脱水后应放入灭菌柜中灭菌。

6. 清洁工具的清洁与消毒　先使用清洁剂刷洗本类清洁工具至清洗水澄清,而后用水冲洗2遍。将已清洗的本类清洁工具放入消毒剂中浸泡10分钟,不能浸泡的清洁工具可用消毒剂擦拭两遍,而后擦干或晾干,放于存放区。若是在一天内连续使用,可在一个工作日结束后消毒,中间只清洗即可。清洁工具分区、分类专用,不得混用。已清洁的清洁工具应根据类别分区存放,未清洁的清洁工具暂放于指定地点,以待清洁。清洁工具应在本区域清洗。

7. 洗衣机、烘干机的清洁与消毒　先关闭电源,将洗衣机、烘干机可拆卸部件拆卸清洗,内表面则用水擦洗3遍。使用洁净抹布蘸取消毒剂,擦拭洗衣机、烘干机内表面2遍,之后再用水清洗内表面2遍、抹干即可。若是在一天内连续使用,可在一个工作日结束后消毒,内外表面目视无污渍。洗衣机根据洁净级别不同分区专用。清洗工作服和洁具的洗衣机应专属使用,不得混用。

ER-4-2

清场管理规程

三、设施设备的清洁与消毒

设施设备的清洁工作是药品生产卫生管理的一个重要组成部分,由于物料直接与设施设备接触,设施设备清洁工作做的好坏直接影响产品卫生,因此设施设备的清洁应符合要求。

案例分析

案例 1988 年 FDA 从市场上撤回了消胆胺成品制剂,是由于该制剂的原料药生产中用到的回收溶媒受到农业杀虫剂的污染。 原因是贮存杀虫剂的回收溶媒桶被重复地用于贮存该药品生产中的回收溶媒,而工厂没有对这些溶媒桶进行有效的监控,没有对其中的溶媒进行有效的检验,没有对桶的清洗规程进行验证,导致了交叉污染的发生。

处理结果: 涉事药品已启动召回措施,涉事单位收回 GMP 证书。

分析 药品生产的每道工序完成后,及时对设施设备等进行清洗是防止药品污染和交叉污染的必要措施。 设备和相关容器的清洗必须按照清洁规程进行,而清洁规程也必须是经过清洁验证而确认的。而本案中工厂没有对这些溶媒桶进行有效的监控,没有对其中的溶媒进行有效的检验,没有对桶的清洗规程进行验证,残留物进入生产过程,导致交叉污染的发生,造成产品严重污染,严重威胁了患者的健康。

(一) 设施设备的清洁、消毒要求

1. 基本要求

(1)制订清洁程序和使用管理程序:主要生产和检验设备都应当有明确的操作规程,并应当按照详细规定的操作规程清洁生产设备。 使用后的设备,容器、管道应及时清洁或消毒,已清洁的生产设备应当在清洁、干燥的条件下存放,应能保证设备经清洁后不对后续使用造成污染或交叉感染。设备、容器具的清洁程序应包括清洁周期、清洁方法、清洁检查等内容,应有明确的关键设备的清洗验证方法,清洗过程及清洗后检查的有关数据要有记录并保存。

(2)生产设备及容器具的卫生级别:生产设备及容器具的卫生应与生产区域卫生级别相适应,便于生产操作,易于拆洗,消毒和灭菌。 某些可移动的设备可移到清洁区进行清洁、消毒和灭菌,并按要求放置。 不可移动的设备应按设备清洗 SOP 进行清洗。 高级别洁净区药品生产采用的传送设备不得穿越较低洁净级别的生产区域。 如需拆装设备,还应当规定设备拆装的顺序和方法。

(3)无菌药品生产设备的清洗:直接接触药品的部位和部件必须灭菌,并标明日期,必要时要进行微生物学的验证。 同一设备连续加工同一无菌产品时,每批之间要清洁灭菌。 同一设备加工同一非无菌产品时,至少每周或每生产 3 批后进行全面的清洗,经灭菌的设备应在 3 天内使用。

(4)清洁剂和消毒剂的使用要求:对设备清洁中使用的清洁剂、消毒剂的名称、浓度、配制要求、适用范围及原因等要做出明确规定和相关要求。 主要包括:每种清洁剂适用的物质、清洁剂和消毒剂使用的清洁环节、清洁作业所需的清洁剂和消毒剂的浓度、最佳使用温度、清洁剂和消毒剂发挥作用所需的作业参数,如搅拌力度、次数、清洁剂和消毒剂发挥作用需要的时间等。 使用后的消毒剂不应对设备、物料和成品等产生污染。 消毒剂应轮换使用,以保证消毒效果。

(5)清洗用水或溶剂的相关要求:对设备清洁中使用的清洗用水或溶剂应做出明确规定和相关要求,用于设备清洗用水和清洗用溶剂应该不含致病菌、有毒金属离子、无异味。 需根据设备、清洁工具、所用清洁剂等的要求,对用于设备清洗的水合溶剂中悬浮物质的(矿物质等)最低含量、可溶

性铁盐和锰盐的浓度、水的硬度等做出定量的规定和要求。对清洗用水的取水点建议定期消毒和微生物取样,并保存相关记录,确保清洗用水的安全可靠。需对清洁后的水和溶剂做无害处理,检测合格后方可进行排放,确保污水经处理后不会对环境造成污染。

2. 不同种类设备清洁、消毒要求

(1)新设备的清洁与消毒:对新设备、新容器规定详细的清洗步骤,在达到去污、除油、去蜡的效果后进行彻底清洁与消毒。

(2)正常生产过程设备的清洁与消毒:对正常生产状态下的设备清洁与消毒方式进行定义,对不同类型、不同频次的设备清洁与消毒方式、方法进行规定。清洁过程可参考如下步骤进行规定:确定需清洁的污染物性质和类型→清除所有前一批次残留的标识、印记→预冲→清洁剂清洗→冲洗、消毒→干燥→记录→正确存储和使用。

(3)超清洗有效期、长时间放置后重新启用设施设备的清洁与消毒:对超清洗有效期的设备、容器应按程序进行重新清洗。对长时间放置重新启用设备、容器需按照正常的在线或离线清洗步骤做彻底清洁与消毒。

(4)维修及故障后设备的清洁与消毒:维修及故障后的设备需按照正常的在线或离线清洗步骤做彻底清洁与消毒。

(5)特殊产品及设备的清洁与消毒:对特殊产品、设备的清洁与消毒方法、频次等做出规定,不同于正常清洁的需详细描述清洁过程各环节的工作方法和内容,包括动作要领、使用工具、使用的清洁剂、消毒剂、清洁需达到的标准等,确定每种清洗方式的验收标准。

(6)对清洗站设施设备的要求:清洗站内用于清洗的设备、设施,其造型与设计应与生产设备要求一致。对清洗站用于清洁的设施设备应定置管理并明显标志,不同区域(洁净等级不同、特殊产品等)的清洁设施设备不能混用。

(7)已清洁设备的管理要求:已清洁设备存储的环境温度、湿度、洁净等级别应与生产过程的环境保持一致,建议针对不同使用要求进行分区定置管理,必要时可采取密封、单间、专区存放等存储形式。并制订严格的防止污染、交叉感染和混淆的措施。已清洁设备状态标识应按照状态管理程序规定的要求进行,对清洁状态做出定义,并规定标识管理的内容,确定标识形式、标识内容。规定对已清洁设备在使用前清洁状态的检查方法,确保对各类设施清洁与消毒的有效性。

(二)设施设备的清洁验证

> **知识链接**
>
> GMP 对清洁验证的要求
>
> 清洁方法应经过验证,证实其清洁的效果,以有效防止污染和交叉污染。清洁验证应当综合考虑设备使用情况、所使用的清洁剂和消毒剂、取样方法和位置以及相应的取样回收率、残留物的性质和限度、残留物检验方法的灵敏度等因素。

1. 清洁验证的概述 部分药物剂型的生产设备在完成生产后,会残留若干原辅料,如果没有对设备及时清洗,残留物中的有机物在适宜的温湿度下,会滋生细菌并大量生长繁殖,进入下批生产过程,会对产品造成严重污染,后果不堪设想。因此,药品生产的每道工序完成之后,及时对设备进行清洗是防止药品污染和交叉污染的必要措施。清洁验证就是通过科学的方法采集足够的数据,以证明按规定方法清洁后的设备,能始终如一的达到预定的清洁标准。清洁验证通常以实际的材料和组分进行清洁验证实验,并与设备性能确认实验或工艺验证结合起来进行。

清洁验证的核心是药物交叉污染及微生物污染是否达到可以接受的程度。但对任何验证的检验都取决于科学数据是否表明该系统能始终如一的按预期的那样运行,而且产生的结果能一贯地符合预定的标准。生产所用的设备应在验证有效期内,设备的清洗必须按照清洁规程进行,因为清洁规程是按照清洁验证而确认的。现行的各种版本的GMP都规定了对清洁规程进行验证。清洁验证目的旨在证明通过设定的清洗程序进行清洁后可以达到"洁净"状态。

2. 清洁验证基本流程 清洁验证可以确保产品不会受到来自于同一设备上生产的其他产品的残留物、清洁剂以及微生物污染。

(1)选定清洁方式:清洁方式的选择正确与否直接影响清洁效果。工艺设备的清洁,通常采用手工清洁、自动清洁的方式。

(2)制订验证方案:包括确定最难清除的物质和最难清洁的设备(部位),确立合格标准,制订取样和检验的方法。

(3)开展试验,确定结果:按书面的验证方案开展试验,获取数据,评价结果,得出结论。验证结果表明清洁程序可以确保设备清洁达到预定标准,否则需修改程序并重新验证。

3. 清洁验证的内容

(1)清洁程序和残留物限度的标准:应根据产品的性质、设备特点、生产工艺等因素拟定清洁方法并制订清洁标准操作规程。残留限度的标准一般基于的原则为分析方法所能达到的灵敏度能力、生物学活性的限度、以目检为依据的限度等。

(2)取样点的选择和取样方法验证:取样点包括各类最难清洁部位,凡是死角、清洁剂不易接触的部位,如带密封垫圈的管道连接处,压力、流速迅速变化处,有歧管或岔管处,管径由小变大处,容易吸附残留物处,内表面不光滑处等,都应视为最难清洁的部位。通过回收率试验验证取样过程的回收率和重现性。

(3)分析方法的验证:检验方法对被检测物质应有足够的专属性和灵敏度。检验方法可以采用药典的方法或是经过验证的其他方法。

(4)已清洁设备存放效期的确认:通过对已清洁设备进行存放,存放期间不得污染,存放一定时间后,再取样检测,以确定设备的存放有效期。

(5)清洁验证批次及再验证:设备清洁验证包含不少于连续3个生产批次,验证的结果未达到标准,则需查找原因,重新修订程序和验证,直至结果合格,否则不得投入生产使用。确认和验证不应视为一次性的行为,首次确认和验证后应根据产品质量回顾分析情况进行再验证。关键的生产工艺和操作规程应定期进行再验证,确保其能够达到预期结果。当出现清洁剂改变、清洁程序做重要修改,生产的产品质量有所改变或增加生产相对更难清洁的产品、设备有重大变更,清洁规程有定期再验证的要求等情况时,需再验证。

点滴积累 ✓ ....

1. 生产车间所处的环境应当能够最大限度地降低物料或产品遭受污染的风险。 企业应当有整洁的生产环境。

2. 生产区域内地面、路面及运输等不应当对药品的生产造成污染。 应当按照详细的书面操作规程对生产区内环境进行清洁或必要的消毒。

3. 生产设备不得对药品质量产生任何不利影响。 应当按照详细规定的操作规程清洁生产设备。 生产所用的设备应在验证有效期内, 设备的清洗必须按照清洁规程进行, 因为清洁规程是按照清洁验证而确认的。 清洁验证可以确保产品不会受到来自于同一设备上生产的其他产品的残留物、清洁剂以及微生物污染。 已清洁的生产设备应当在清洁、干燥的条件下存放。

第二节　生产人员卫生

人是药品生产制造者和质量控制者,也是生产中最大的污染源和污染最主要的传播媒介,在药品生产过程中加强人员卫生管理,制定人员卫生操作规程,并严格执行,是保证药品质量的重要内容。人员卫生操作规程应当包括与健康、卫生习惯及人员着装相关的内容。

一、人员健康要求

(一) 概述

人员的卫生状况与药品质量有关,需保持良好的健康状况,并应制定规程对员工进行健康检查,所有人员都应理解并严格遵守该规程,并建立健康档案,以便于检查、了解、追踪个人健康的状况。操作人员应避免直接与起始物料、内包材、中间体及半成品接触。患有传染病、体表有伤口、皮肤病及药物过敏者不得从事直接接触药品的生产。进入无菌操作区内的工作人员应随时报告任何可能导致污染的异常情况,包括污染的类型和程度。如患病状况可能影响产品质量,管理者应给这类职工另行安排适当的临时性工作。从事药品生产和质量管理人员不提倡带病工作,带病工作不仅影响到药品本身的安全(如果与药品直接接触),而且还影响工作效率。

(二) 药品生产企业对人员健康的具体要求

1. 员工身体健康情况的控制　招收新员工建立遵循"先体检后进厂"的原则,记录病史(既往病史,家族遗传史,过敏药物),并建立健康档案。直接接触药品的生产人员上岗前应当接受健康检查,以后每年至少进行一次健康检查。从事目视检查的人员视力和辨色力的检查周期建议不超过6个月。企业应当采取适当措施,避免体表有伤口、患有传染病或其他可能污染药品疾病的人员从事直接接触药品的生产。

2. 特殊情况的管理　如人员身体不适,应主动报告,经核实不符合要求后调离岗位。如发现员工有不符合该岗位要求的情况,应马上调离该岗位。因病暂时离开岗位的人员,康复以后必须持盖有医院印章的医生开具的合格证明,方可考虑重新上岗。出入疫区人员要进行隔离检查,转岗人员及长期休假的人员在转岗和返岗位前进行相应项目的体检。

二、人员卫生要求

(一) 人员卫生习惯要求

1. **保持良好的个人卫生习惯**　所有的人员应养成良好的卫生和健康习惯。杜绝生产区内或其他可能影响药品质量区域内的任何不卫生行为。任何人员进入车间生产洁净区域必须首先洗手消毒,保持手的清洁。工作前和每次离开工作场所返回时、当手被弄脏或被污染时,要求用合适的洗涤剂彻底地洗手,并使用安全的消毒剂对手进行消毒。物流、人流有各自的专用通道,禁止任何人员以任何理由交叉穿行。

2. **不允许化妆及携带与生产无关的物品**　生产区内所有生产工人不得化妆和佩戴饰物,包括不允许留长指甲、涂指甲油、戴假睫毛,戴手表、戒指、项链、挂坠、耳环、耳坠等。衣物和其他与生产无关的私人物品(如阅读材料、钥匙、手机等)须放在更衣柜内。生产区、仓储区应当禁止吸烟和饮食,禁止存放食品、饮料、香烟和个人用药品等非生产用物品。

3. **按规定更衣**　进入生产区的任何人员应该穿着适合他们各自生产活动的服装,在需要时也要配戴头罩、面罩、手套以防止中间体和 APIs(散装成品)的污染。不准穿洁净服(鞋)进入厕所或离开加工场所。

人员卫生管理规程

知识链接

药品生产中污染的形式和途径

预防污染是药品 GMP 的目标要素之一, 药品生产过程必须要有防止污染的措施。 污染的形式有:尘粒、微生物和其他外来物质(如尘埃、污物、棉绒、纤维和头发等),在药品生产中 2 种最常见的污染形式是微粒污染和微生物污染;而在药品生产中传播污染的主要四大媒介则是空气、水、表面(建筑物、设备等表面)和人体,其中人体是药品生产中最大的污染源,人体污染的途径和方式主要有:①人的头发和皮肤上散发出的微生物或微粒;②呼吸和咳嗽产生的尘粒污染和微生物污染;③衣着散落出的纤维和磨损脱落的微粒;④化妆品和珠宝首饰引起的尘粒和微生物污染。 因此应采取合理有效的措施,达到人员清洁卫生标准,防止或减少人体对药品的污染。

(二) 人员卫生培训要求

所有人员都应当接受卫生要求的培训,企业应当建立人员卫生操作规程,并严格遵守相关要求,最大限度地降低人员对药品生产造成污染的风险。未接受培训的外部人员(如外部施工人员或维修人员等)在生产期间需进入洁净区时,应当事先对个人卫生、更衣等事项进行指导和监督。操作人员应当避免裸手直接接触药品、与药品直接接触的包装材料和设备表面。应限制进入生产区和质量控制区的参观人数,不可避免时,应对参观人员的个人卫生、更衣等进行指导,患有传染病、皮肤

病、皮肤有伤口者和对制品质量和安全性有潜在不利影响的人员,均不得进入生产区进行操作或质量检验。未经批准的人员不得进入生产操作区。

▶ 课堂活动

没有经过培训的人员进入洁净区会导致什么后果?

三、人员进出洁净生产区的更衣程序

(一) 人员进出非无菌洁净室(区)的净化操作规程

1. **存放个人物品** 进入洁净区生产人员,先在门厅外刷净鞋上黏附的泥土杂物,将个人携带物品(包、雨具等)存放于指定位置,进入更鞋室。

2. **更鞋** 在更鞋室,坐在更鞋柜上,脱下自己的鞋放入鞋柜外侧柜内,按工号从鞋柜内侧柜内取出拖鞋穿上,关闭柜门,进入一次更衣室。

3. **一次更衣** 人员在第一更衣室脱去外衣裤、摘除各种饰物,放入指定柜内,锁好柜子,进入缓冲洗手室洗手、烘干,戴工作帽,穿一更工作服,更换工作鞋,进入二次更衣室。

4. **二次更衣** 在二次更衣室脱去一更工作服,进行洗手、烘干、戴洁净帽、戴口罩、穿洁净服,整衣镜前检查确认工作服穿戴是否合适。

5. **手部消毒** 将手放感应清洗消毒机消毒口下,双手(至手腕上 5cm 处)均匀喷洒消毒液使全部润湿,晾干。

6. **进入洁净区** 经洁净走廊缓步进入各操作间。

7. **离开洁净区** 按进入洁净区的逆向顺序更衣(鞋)。

人员进出非无菌洁净室(区)的净化流程见图 4-1。

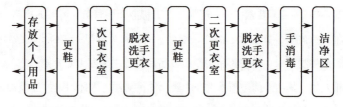

图 4-1 人员进出非无菌洁净室(区)的净化流程示意图

(二) 人员进出无菌洁净室(区)的净化操作规程

1. **存放个人物品** 同人员进出非无菌洁净室(区)的净化操作规程。

2. **更鞋** 同人员进出非无菌洁净室(区)的净化操作规程。

3. **一次更衣** 人员在第一更衣室脱去外衣裤、摘除各种饰物,放入指定柜内,锁好柜子,进入缓冲洗手室洗手,然后用手接饮用水润湿面、颈及耳部,打上液体皂仔细轻轻搓洗,应注意对眼、眉、鼻孔、耳廓、发际及颈部等处加强搓洗,再用纯化水淋洗无泡沫后,无菌风吹干,戴工作帽,穿一更工作服,更换工作鞋,进入二次更衣室。

4. **二次更衣** 在二次更衣室脱去一更工作服,进行洗手、烘干、戴洁净帽、戴口罩、穿洁净服,整衣镜前检查确认工作服穿戴是否合适。然后坐在更鞋柜上,将脱下的工作鞋放入鞋柜外侧柜内,转身,从鞋柜内侧柜内取出洁净工作鞋穿上,关闭柜门,进入缓冲间。

5. **手部消毒** 将手放感应清洗消毒机消毒口下,双手(至手腕上5cm处)均匀喷洒消毒液使全部润湿,晾干,进入三更衣室。

6. **三次更衣** 按工号从更衣柜内取出无菌内衣,按从上到下顺序穿无菌外衣,先戴帽子、口罩,穿上衣,再穿裤子,穿无菌鞋套,整衣镜前检查确认工作服穿戴是否合适。进入缓冲消毒间进行手消毒。

7. **进入无菌洁净区** 经无菌洁净走廊缓步进入各操作间。

8. **离开无菌洁净区** 按进入洁净区的逆向顺序更衣、更鞋。

人员进出无菌洁净室(区)的净化流程见图4-2。

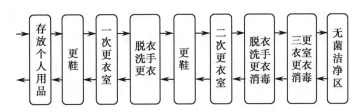

图4-2 人员进出无菌洁净室(区)的净化流程示意图

(三)进入生产区的洗手方法

进入洁净区的人员通过洗手清除指甲、手、前臂的污物和暂居菌,将长居菌减少到最低程度,抑制微生物的快速再生。先在流动水下,使双手充分淋湿至手腕上5cm处,取适量皂液,均匀涂抹至整个手掌、手背、手指和指缝,认真揉搓双手至少15秒,在流动水下彻底冲净双手,烘干。应注意清洗双手所有皮肤,包括指背、指尖和指缝,具体步骤见下。

1. 掌心相对,手指并拢,相互揉搓。

2. 手心对手背沿指缝相互揉搓,交换进行。

3. 掌心相对,双手交叉指缝相互揉搓。

4. 弯曲手指使关节在另一手掌心旋转揉搓,交换进行。

5. 右手握住左手大拇指旋转揉搓,交换进行。

6. 将5个手指尖并拢放在另一手掌心旋转揉搓,交换进行。

7. 一只手的手掌握住另一只手的手腕部分,旋转揉搓,交换双手,同上步骤再来一次。

进入洁净区
人员洗手方
法示例图

(四)更衣着装要求

1. **更衣要求** 任何进入生产区的人员均应当按照规定更衣,更衣和洗手必须遵循相应的书面规程,以尽可能减少对洁净区的污染,工作服及其质量应与生产操作的要求及操作区的洁净度级别相适应,其式样和穿着方式应能满足保护产品和人员的要求。个人外衣不得带入通向B、C级区的更衣室。每位员工每次进入A/B级区,都应更换无菌工作服;或至少每班更换一次,但须用监测结果证明这种方法的可行性。操作期间应经常消毒手套,并在必要时更换口罩和手套。工作服的清洗、灭菌应遵循相关规程,并最好在单独设置的洗衣间内进行操作。

2. 洁净区的着装要求

（1）穿洁净服的顺序及相关要求：穿洁净服的顺序为帽子、上衣、裤子，且工作服不能落地。帽子应将头发完全包在帽内，不外露。上衣筒入裤腰，扣紧领口、袖口、裤腰、裤管口，内衣不得外露。口罩将口鼻完全遮盖。在更衣过程中如手不慎接触皮肤或自身衣物，应立即用消毒剂消毒，再继续更衣操作。

（2）D 级区：应将头发、胡须等相关部位遮盖。应穿合适的工作服和鞋子或鞋套，采取适当措施，避免带入洁净区外的污染物。

（3）C 级区：应将头发、胡须等相关部位遮盖，应戴口罩。应穿手腕处可收紧的连体服或衣裤分开的工作服，并穿规定的鞋子或鞋套，工作服应不脱落纤维或微粒。

（4）A/B 级区：应用头罩将所有头发以及胡须等相关部位全部遮盖，头罩应塞进衣领内，应戴口罩以防散发飞沫，必要时戴防护目镜。应戴经灭菌且无颗粒物（如滑石粉）散发的橡胶或塑料手套，穿经灭菌或消毒的脚套，裤腿应塞进脚套内，袖口应塞进手套内。工作服应为灭菌的连体工作服，不脱落纤维或微粒，并能滞留身体散发的微粒。

点滴积累 Ⅴ

1. 所有人员都应当接受卫生要求的培训，企业应当建立人员卫生操作规程。人员卫生操作规程应当包括与健康、卫生习惯及人员着装相关的内容。

2. 企业应当采取适当措施，避免体表有伤口、患有传染病或其他可能污染药品疾病的人员从事直接接触药品的生产。

3. 参观人员和未经培训的人员不得进入生产区和质量控制区，特殊情况确需进入的，应当事先对个人卫生、更衣等事项进行指导。

4. 任何进入生产区的人员均应当按照规定更衣。进入洁净区的人员不得化妆和佩戴饰物。

第三节　物料卫生

案例分析

案例　某药厂生产的克林霉素磷酸酯葡萄糖注射剂（欣弗）造成了严重不良反应，其中 3 人死亡。中国食品药品检定研究院对相关样品进行检验，结果发现无菌检查、热原检查均不符合规定。

处理结果："欣弗"药品按劣药论处，召回该药品，没收该企业非法所得，收回该企业药品 GMP 证书，撤销该药品的批准文号。

分析　药品是一种特殊的商品，药品所用物料的质量优劣直接影响到人体健康和生命安全。本案中未按照批准的工艺参数灭菌，降低灭菌温度，缩短灭菌时间，增加灭菌柜装载量，影响灭菌效果，结果表明无菌检查、热原检查均不符合规定，严重威胁人的健康与安全。

一、物料的灭菌

（一）灭菌法

灭菌法系指用适当物理或化学手段将物品中活的微生物杀灭或除去的方法。药品是一种特殊的商品,药品所用物料的质量优劣直接影响到人体健康和生命安全。药品不仅要有确切的疗效,还必须安全和质量稳定,物料一旦受到微生物的污染,在一定条件下会大量生长繁殖,从而导致药品腐败变质,甚至会危及人体生命安全。因此,采用合适的灭菌方法,对保障药品的质量具有十分重要的意义。

（二）常用的灭菌方法

1. 湿热灭菌 湿热灭菌法系指将物品置于灭菌柜内利用高压饱和蒸汽、过热水喷淋等手段使微生物菌体中的蛋白质、核酸发生变性而杀灭微生物的方法。该法灭菌能力强,为热力灭菌中最有效、应用最广泛的灭菌方法。药品、容器、培养基、无菌服、胶塞以及其他遇高温潮湿不发生变化或损坏的物品都可采用湿热灭菌。

2. 干热灭菌 本法系指将物品置于干热灭菌柜、隧道灭菌器等设备中,利用干热空气达到杀灭微生物或消除热原物质的方法。适用于耐高温但不宜用湿热灭菌法灭菌的物品,如玻璃器具,金属制容器、纤维制品、固体试药、液体石蜡等均可采用本法灭菌。

3. 辐射灭菌 本法系指将灭菌物品置于适宜放射源辐射的 γ 射线或适宜的电子加速器发生的电子束中进行电离辐射而达到杀灭微生物的方法。本法最常用为 ^{60}Co-γ 射线辐射灭菌。器械、容器、生产辅助用品不受辐射破坏的原料及成品等均可用本法灭菌。

4. 气体灭菌 本法系指用化学消毒剂形成的气体杀灭微生物的方法,常用的化学消毒剂有环氧乙烷、气态过氧化氢、甲醛、臭氧等,本法适用于在气体中稳定的物品灭菌。该法可用于器械、塑料制品等不能采用高温灭菌的物品灭菌。含氯的物品及能吸附环氧乙烷的物品则不宜使用本法灭菌。采用气体灭菌时,应注意灭菌气体的可燃可爆性、致畸形和残留毒性。

5. 过滤除菌 本法系利用细菌不能通过致密具孔滤材的原理以除去气体或液体中的微生物的方法。常用于热不稳定的药品溶液或原料的除菌。

6. 消毒剂杀菌 适用于洁净室墙面、地面、设备、外包装表面等消毒。

7. 紫外照射杀菌 对于进入洁净区域的物体表面进行照射消毒。

二、物料进出洁净生产区程序

知识链接

物料进入洁净生产区的清洁消毒要求

所有物料的传递方式应经过验证,证明可以有效去除物料内包装表面的微生物或尘粒。

物料的灭菌传递方式根据物料的特性和工艺要求可以采用连续传递的隧道烘箱,或湿热、干热灭菌柜等,对于不能经过干湿热灭菌的物品可以考虑结合其他合适的灭菌方式,如辐照、熏蒸、紫外照射等处理后，通过有严格的 SOP 控制的双扉紫外线传递窗传入无菌室，但是不论采用何种双扉无菌传递方式都应采用双门连锁或双扉开门控制、报警系统，以防止灭菌器两侧的门同时打开，同时控制并保证无菌区一侧的门只有在灭菌程序完成后才可以打开。

（一）物料进入生产区概述

物料是保证药品质量的物质基础,其质量的优劣直接影响药品的质量。为避免原辅料、包装材料的外包装上的尘埃和微生物污染药品生产环境,所有原辅料应脱外包装后从传递窗（或缓冲室）或经适当清洁处理后才能进入生产车间备料室。

清洁外包装流程通常是车间领料员按品名、批号分别清除外包装的积尘,将外包装处理好的物料送入脱外包装室,关闭室门,脱外包装操作人员按《脱外包装岗位操作法》拆除外包装。对于不能除去外包装的物料,应除去表面尘埃,擦拭干净后才能传递进入传递窗（或缓冲室）。生产车间领用的原辅料、包装材料,应按定置管理要求,各自放置在不同的存放区,按品种、规格、批号分别堆放,并标以明显的标志,存放区应清洁、干燥、不受污染。为防止生产现场出现混药情况,通常生产车间原则上不存放过多的原辅料。

药品标签在进入生产车间后,产品贴签工序根据实际使用情况填报标签实用数量,如果实用数、残损数及剩余数之和与领用数发生差额时,应查明差额原因,并做好领用记录,写出偏差报告。生产部门或贴签工序剩余的印有批号及残损的标签,不得退回仓库,应指定两人负责销毁,并做好销毁记录。

（二）物料进出洁净生产区程序

1. 物料进入脱外包装室 物料由仓库领取后,提货运送到脱外包装室。凡有外包装的物料应在脱外包装室内由操作人员脱去外包装,并将外包装物装于废料桶内。

2. 检查物料包装 解去外包后检查内包装是否完好无损,必要时可用洁净容器装好,内包装在进入洁净区前应无尘埃,若有尘埃存在,可用干净抹布蘸少量纯化水拧干后,对外表面进行擦拭,经观察外包装可能对物料造成污染的,可使用 75% 乙醇蘸湿抹布擦拭消毒,开启紫外灯消毒 30 分钟。

3. 物料进入洁净区 开启缓冲间一边的气锁门,将经过清洁处理的物料装在洁净区专用不锈钢运料小车上,送至气闸室内,将物料放置在隔离架上,送料人退出,关好气锁门,开始自净,自净时间从关好门计算,自净 20 分钟后,送料人按铃通知洁净区称量配料人员到气闸室取料。称量配料人员打开洁净区一端的门,从隔离架上取下物料,置于洁净容器内,搬出气闸室,随后关闭洁净区一边的门,将物料运至物料暂存间,其传递程序见图 4-3。

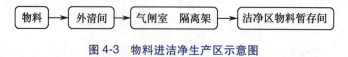

图 4-3 物料进洁净生产区示意图

4. 物料退出洁净区 物料从洁净区退出按物料进洁净区相反的程序,将物料送出洁净区。物料从洁净区到一般生产区经气锁门的气闸室或传递窗传出去,其传递程序见图 4-4。

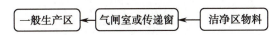

一般生产区 ← 气闸室或传递窗 ← 洁净区物料

图4-4 物料出洁净生产区示意图

物料的进出是厂房污染的另一个主要环节,因此需要制订物料进出洁净区的程序,使物料进出洁净区的流程规范化、标准化、程序化,以使物料进出洁净区带来的污染降低到最小。

点滴积累 ∨

1. 药品生产中所用各种物料的外包装在拆封使用前要求完好,无受潮、混杂发霉、变质、虫蛀、鼠咬等状况,各种标记齐全,有检验合格证,方可领用。

2. 物料进入洁净区域前应在准备间进行外包装清洁或处理,必要时采取有效的消毒措施,并按规定的净化程序进入洁净区,同时记录其运入时间、品名、数量、送料人等。

3. 物料应有固定的存放区,洁净区内的物料放在不影响气流的规定位置,并有明显的状态标示,标签和标志的使用按照"状态标志和物料标签的使用管理规程"相关 SOP 进行。操作结束后,应将剩余物料整理并包装好,贴上状态标示,及时结料、退库,操作间不允许存放多余的物料。

4. 洁净药材应装入洁净容器,按规定程序流转或入净料库。

复习导图

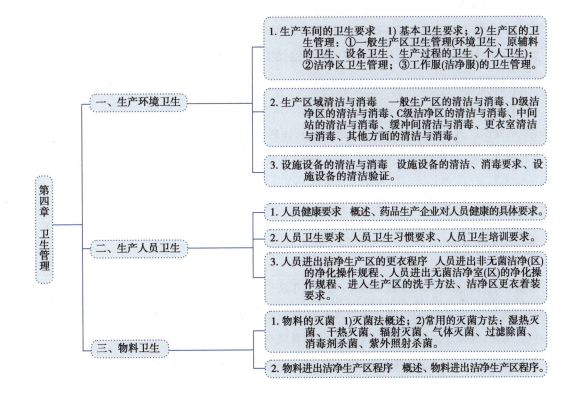

第四章 卫生管理

一、生产环境卫生
- 1. 生产车间的卫生要求 1) 基本卫生要求;2) 生产区的卫生管理:①一般生产区卫生管理(环境卫生、原辅料的卫生、设备卫生、生产过程的卫生、个人卫生);②洁净区卫生管理;③工作服(洁净服)的卫生管理。
- 2. 生产区域清洁与消毒 一般生产区的清洁与消毒、D级洁净区的清洁与消毒、C级洁净区的清洁与消毒、中间站的清洁与消毒、缓冲间清洁与消毒、更衣室清洁与消毒、其他方面的清洁与消毒。
- 3. 设施设备的清洁与消毒 设施设备的清洁、消毒要求、设施设备的清洁验证。

二、生产人员卫生
- 1. 人员健康要求 概述、药品生产企业对人员健康的具体要求。
- 2. 人员卫生要求 人员卫生习惯要求、人员卫生培训要求。
- 3. 人员进出洁净生产区的更衣程序 人员进出非无菌洁净(区)的净化操作规程、人员进出无菌洁净室(区)的净化操作规程、进入生产区的洗手方法、洁净区更衣着装要求。

三、物料卫生
- 1. 物料的灭菌 1)灭菌法概述;2)常用的灭菌方法:湿热灭菌、干热灭菌、辐射灭菌、气体灭菌、过滤除菌、消毒剂杀菌、紫外照射杀菌。
- 2. 物料进出洁净生产区程序 概述、物料进出洁净生产区程序。

实训项目七　人员进出洁净生产区的更衣程序

一、实训目的

1. 熟练掌握人员进出洁净生产车间(区)更衣的内容和要点。

2. 熟悉人员进出洁净生产车间(区)更衣程序。

3. 学会人员进出洁净生产车间(区)更衣的基本操作。

二、实训内容

(一) 实训前准备

1. 学生利用网络或其他工具方法,收集药品生产企业人员卫生方面相关资料。

2. 准备实训器材和用具

(1)服装类:洁净服、洁净工作鞋、口罩、手套。

(2)仪器、设备类:更鞋柜、更衣柜、感应烘手器、感应清洗消毒机、更衣镜。

(3)清洁剂:洗手液、纯化水、饮用水。

(4)消毒剂:75%乙醇溶液、0.2%苯扎溴铵溶液。

(二) 实训操作

1. 进行人员进出洁净生产车间(区)更衣程序的操作训练。

2. 对人员进出洁净生产车间(区)更衣程序的操作进行评判。

3. 具体步骤

(1)将学生分成4组(男女分别成两组),男、女一组分别进行"人员进出洁净生产车间(区)更衣程序"的操作。男、女二组对每个操作步骤进行评判。

(2)男女一组、二组分别交换角色,重新进行"人员进出洁净生产车间(区)更衣程序"的操作和评判。

(3)教师评判和总结。

三、实训注意

教师在进行训练操作时应重点强调:七步洗手法(先用饮用水漂洗再用纯化水漂洗);更衣的顺序为自上而下,从内到外;洁净服穿戴标准是将头发完全包在帽内,不外露;上衣筒入裤腰,扣紧领口、袖口、裤腰、裤管口,内衣不得外露;口罩将口鼻完全遮盖等要点内容。

最后教师对"人员进出洁净生产车间(区)更衣程序"的操作要点和技巧进行提醒和总结。

四、实训检测

1. 洁净区对人员卫生和健康方面的要求有哪些?

2. 画出"人员进出洁净生产车间(区)更衣程序"图。

五、实训报告

1. 提供"人员进出洁净生产车间(区)更衣程序"图。

2. 提供"人员进出洁净生产车间(区)更衣程序"步骤和要点。

六、实训评价

从以下几方面对实训进行评价:

1. 实训前资料搜集情况。

2. 独立操作及动手能力。

3. 实训操作的正确性。

4. 实训的纪律性。

5. 实训报告。

实训项目八　物料进出洁净生产区程序

一、实训目的

1. 熟练掌握物料进出洁净生产区程序的内容和要点。

2. 熟悉物料进出洁净生产区程序。

3. 学会物料进出洁净生产车间(区)的基本操作。

二、实训内容

(一) 实训前准备

1. 学生利用网络或其他工具方法,收集并熟悉有关物料卫生方面的要求和药品生产企业洁净生产车间(区)相关卫生要求的内容。

2. 准备实训器材和用具

(1)服装类:工作服、工作鞋、口罩、手套。

(2)仪器、设备类:紫外灯、废料桶、洁净容器、不锈钢运料小车。

(3)清洁剂、清洁布:洗手液、饮用水、纯化水、干净抹布。

(4)消毒剂:75%乙醇溶液。

(二) 实训操作

1. 物料进出洁净生产车间(区)程序的操作训练。

2. 对物料进出洁净生产车间(区)程序的操作进行评判。

3. 具体步骤

（1）将学生分成四组（男女分别分成两组），男、女一组分别进行"物料进出洁净生产车间（区）程序"的操作。男、女二组对每个操作步骤进行评判。

（2）男女一组、二组分别交换角色，重新进行"物料进出洁净生产车间（区）程序"的操作和评判。

（3）教师评判和总结。

三、实训注意

教师在进行训练操作时应重点强调：外包装物不能随便丢弃，应装于废料桶内。抹布蘸纯化水要拧干，紫外灯消毒30分钟，不要擅自缩减消毒时间。物料进入洁净区的流程规范化、标准化、程序化。物料从洁净区退出按物料进入洁净区相反的程序，将物料送出洁净区等要点内容。

最后教师对"物料进出洁净生产车间（区）程序"的操作要点和技巧进行提醒和总结。

四、实训检测

1. 洁净区对物料卫生方面的要求有哪些？

2. 画出"物料进出洁净生产车间（区）程序"图。

五、实训报告

1. 提供"人员进出洁净生产车间（区）程序"步骤和要点。

2. 提供"物料进出洁净生产车间（区）程序"图。

六、实训评价

从以下几方面对实训进行评价：

1. 实训前资料搜集情况。

2. 独立操作及动手及编写能力。

3. 实训操作的正确性。

4. 实训的纪律性。

5. 实训报告。

目标检测

一、选择题

（一）单项选择题

1. 关于生产车间的卫生要求叙述错误的是（　　　　）

  A. 禁止随意开门、开窗

  B. 与药品直接接触的设备，应使用药用或食用级润滑剂、冷却剂

  C. 操作间或生产线、设备、机械、容器等均应有卫生状态标志

  D. 器具用完后应立即按清洁规程清洗干净，应有详细记录

E. 生产中为了提高办事效率,适当时可以用跑步代替慢走

2. 关于药品生产企业物料卫生叙述不正确的是(　　)

A. 物料是保证药品质量的物质基础,其质量的优劣直接影响药品的质量

B. 操作结束后,应将剩余物料整理并包装好,贴上状态标示,及时结料、退库

C. 物料进入洁净区域前应在准备间进行外包装清洁或处理

D. 物料从洁净区到一般生产区直接传出去即可

E. 物料的进出是厂房污染的另一个主要环节,制订物料进入洁净区的程序

3. 关于洁净区卫生叙述不正确的是(　　)

A. 洁净区内不得存放多余的物料及与生产过程无关的物料

B. 产尘多的工作间应增设局部除尘设施,在该工序生产开始后5~10分钟启动除尘机

C. 所有传递窗两边的门不得同时打开

D. 每班的生产工作开始时必须检查温、湿度,符合要求后方可进行

E. 无菌工作服应能包盖全部头发、胡须及脚部,并能阻留人体脱落物

4. 药品生产区域清洁卫生叙述不正确的是(　　)

A. 每个岗位必须有专用的清洁工具,不得跨区使用

B. 清洁剂要求每月轮换使用

C. 清洁程序应遵循先物后地、先内后外、先上后下、先拆后洗、先整后零的擦拭原则

D. 现场无任何废弃物、无上次生产遗留物,用手擦拭任意部位,应无尘迹和脱落物

E. 生产岗位洗手池不得清洗私人物品

5. 下面关于制药企业设备清洁验证方面叙述不正确的是(　　)

A. 确认和验证是一次性的行为

B. 高级别洁净区药品生产采用的传送设备不得穿越较低洁净级别生产区域

C. 生产的产品质量有所改变或增加生产相对更难清洁产品时,需要再验证

D. 首次确认和验证后应根据产品质量回顾分析情况进行再验证

E. 清洁规程是按照清洁验证而确认的

6. 下面关于生产车间人员卫生的相关要求,叙述不正确的是(　　)

A. 出入疫区人员要进行隔离检查

B. 患有传染病、体表有伤口、皮肤病及药物过敏者不得从事直接接触药品的生产

C. 任何人员进入车间生产洁净区域必须首先洗手消毒,暂时离开工作场所返回时无须洗手消毒

D. 物流、人流有各自的专用通道,禁止任何人员以任何理由交叉穿行

E. 不准穿洁净服(鞋)进入厕所或离开加工场所

7. 下面为热力灭菌中最有效、应用最广泛的灭菌方法的是(　　)

A. 干热灭菌法　　　　B. 辐射灭菌法　　　　C. 气体灭菌法

D. 紫外照射杀菌法　　E. 湿热灭菌法

8. 洁净室仅限于( )进入

    A. 生产人员   B. 管理人员   C. 参观人员

    D. 经批准的人员   E. 操作人员

9. 对工作服和防护服的要求中,下列哪项叙述是错误的( )

    A. 质地应光滑   B. 不产生静电、不脱落纤维和颗粒物

    C. 必须选用棉材料   D. 能方便地清洗、灭菌、消毒

    E. 不能受损坏

10. 关于药品生产区域的设施设备清洁方面说法不正确的是( )

    A. 使用后的消毒剂不应对设备、物料和成品等产生污染

    B. 设备维修及故障后,无须清洁与消毒

    C. 清洁方法应经过验证

    D. 用于清洁的设施设备应定置管理并有明显标志

    E. 生产所用的设备应在验证有效期内

(二)多项选择题

1. C 级洁净区的清洁与消毒,说法正确的是( )

    A. 操作间每天生产前、工作结束后进行 1 次清洁、消毒

    B. 更衣室每日上班后、下班前进行清洁、消毒

    C. 各种消毒剂每月轮换使用

    D. 清洁过程中遵循先物后地、先内后外、先上后下、先拆后洗的擦拭原则

    E. 用于表面消毒的消毒剂有甲醛、臭氧等

2. 关于洁净区卫生叙述正确的是( )

    A. 如与药品直接接触应使用化工级润滑剂、冷却剂

    B. 未按洁净岗位操作法进行净化的物料、容器、工具,均不得进入洁净区

    C. 工作时严禁坐在地上,避免工作服受到污染

    D. 生产中使用的各种设备器具表面不得有异物、遗留物、霉斑等

    E. 严禁携带个人物品进入洁净区

3. 一般生产区个人卫生要求( )

    A. 直接接触药品的生产人员至少每年进行体检 1 次,并建立健康档案

    B. 患有传染病、隐性传染病、皮肤病、体表有伤口者、精神病患者不得从事直接接触药品的生产

    C. 经常洗澡、理发、刮胡须、修剪指甲、换洗衣服,保持个人卫生清洁

    D. 生产岗位操作人员不得化妆,不得佩戴任何饰物与手表

    E. 可以携带手机

4. 关于制药车间物料卫生的要求叙述正确的是( )

    A. 外包装在拆封使用前完好,各种标记齐全,有检验合格证

B. 物料进入洁净区域前,必要时采取有效的消毒措施

C. 物料没有固定的存放区

D. 洁净药材应装入洁净容器,按规定程序流转或入净料库

E. 操作结束后,应将剩余物料整理并包装好,贴上状态标示,存放本操作间,方便使用

5. 关于设备清洁方面叙述正确的是(　　　)

A. 经灭菌的设备应在 5 个工作日内使用

B. 如需拆装设备,还应当规定设备拆装的顺序和方法

C. 不同区域的清洁设施设备不能混用

D. 制订验证方案,包括确定最难清除的物质和最难清洁的设备(部位),确立合格标准,制订取样和检验的方法

E. 设备清洁验证包含不少于连续 2 个生产批次

二、简答题

1. 请写出生产车间的基本卫生要求。

2. 请写出(或画出)人员进出无菌洁净室(区)的净化流程示意图。

3. 请写出(或画出)进出洁净区的物料净化程序。

三、实例分析

1. 某药品生产企业生产一批含大青叶粉末的片剂,在半成品检验时,出现细菌总数超标。经调查大青叶原药材菌检合格,生产设备与环境菌检合格。

请运用所学过的本章知识对案件进行分析。

2. 某药品生产企业生产区一名清洁人员,在工作中,为了节约时间,将洁净服与白大褂一起放入洗衣机进行清洗,将不同生产区的清洁抹布放入水池一起清洗,后被领导发现,对其进行了严重批评和处罚。

请运用所学过的本章知识对案件进行分析。

ER-04章习题

(陈　娟)

第五章

药品生产环境与厂房设施、设备

导学情景 ∨

情景描述：

　　某药厂颗粒剂车间，使用乙醇溶液制备中药颗粒，制粒后放入烘箱烘干，干燥间通风不畅，导致乙醇气味很重，现场有 3 名操作工，一个在门口，一个去开窗，另一个赶紧去断电，产生电火花引爆乙醇气体，导致断电工人95%大面积烧伤，医治无效死亡，另两人不同程度烧伤，车间玻璃和天花板全部震裂。

学前导语：

　　干燥是药品生产的基础工序，根据产品的性质、产能等应该合理设计干燥车间，配备适宜的通风系统。案例中乙醇气体是一种易燃易爆物质，其生产环境、设施、设备应符合防爆要求，安装易燃易爆气体报警器。本章同学们将学习《药品生产质量管理规范》对药品生产的环境、设施、设备的各项要求，用以保障生产人员的安全和药品的质量。

　　GMP 是药品生产质量的保障，主要实施的内容包括：软件和硬件两部分。硬件设施是药品生产的根本条件，有了良好的硬件设施才可能生产出合格的药品。这里的硬件指的就是合格的厂房，生产环境和设备。在这里厂房主要是指生产、储存、检验所需的空间场所；设施是指向该空间场所提供条件并使其状态符合要求的装置或措施。

　　药品生产企业厂房设施主要包括：厂区建筑物实体(含门、窗)，道路，绿化草坪，围护结构；生产厂房附属公用设施，如：洁净空调和除尘装置，照明，消防喷淋，上、下水管网络，生产工艺用水和洁净气体网络等。对以上厂房设施的合理设计，直接关系到药品质量，乃至人们的生命安全。

　　当前药品生产已进入大规模自动化设备生产阶段，药品的质量、数量、成本都依赖于设备的运行状态。建立有效、规范的设备管理体系，确保所有生产相关设备的正常运行，最大程度降低设备对药品生产过程发生的污染、交叉污染、混淆和差错，是药品生产企业设备管理的关键。

　　GMP 对厂房设施、设备的基本要求是：

　　(1)厂房的选址、设计、布局、建造、改造和维护必须符合药品生产要求，应当能够最大限度地避免污染、交叉污染、混淆和差错，便于清洁、操作和维护。

　　(2)企业应当有整洁的生产环境；厂区的地面、路面及运输等不应当对药品的生产造成污染；生产、行政、生活和辅助区的总体布局应当合理，不得互相妨碍；厂区和厂房内的人、物流走向应当合理。

（3）厂房应当有适当的照明、温度、湿度和通风，确保生产和贮存的产品质量以及相关设备性能不会直接或间接地受到影响。

（4）设备的设计、选型、安装、改造和维护必须符合预定用途，应当尽可能降低产生污染、交叉污染、混淆和差错的风险，便于操作、清洁、维护，以及必要时进行的消毒或灭菌。

第一节　药品生产企业对环境的要求

选择适当的生产环境是药品生产企业开办的首要条件，对企业未来的发展具有非常重要的意义，也是药品生产企业能否顺利实施 GMP 的基础。生产环境包括厂区外环境、车间环境和厂房公共系统等几方面，选择合适的环境才能进行厂区的布局设计和建设。

一、外环境要求

按照 GMP 的要求，厂房所处的环境应当能够最大限度地降低物料或产品遭受污染的风险。因此，要求有洁净厂房的药品生产企业的外环境空气质量和水质较好。此外还应综合考虑交通运输便捷，水、电、气、物资供应等公共服务完善的社会环境。

二、厂址选择

应当根据厂房及生产防护措施综合考虑选址。环境因素是药品生产企业厂址选择的首要因素。选择厂址应该考虑周全，必须结合建厂要求和经济技术因素，进行调查、比较、分析、论证，最终确定理想的厂址。

（一）厂址选择的基本原则

1. 厂址宜选择在大气含尘、含菌浓度低，无有害气体，自然环境好的区域。如：无明显异味，无空气、土壤和水的污染源、污染堆等。

2. 厂址应远离铁路、码头、机场、交通要道以及散发大量粉尘和有害气体的工厂、贮仓、堆场等严重空气污染、水质污染、振动或噪声干扰的区域。如不能远离严重空气污染区时，则应位于其最大频率风向的上风侧，或全年最小频率风向的下风侧。

3. 药品生产企业的洁净厂房新风口与市政交通干道近基地侧道路红线之间距离不宜小于 50m。

4. 水、电、燃料、排污、物资供应和公用服务条件较好或所存在的问题在目前和今后发展时能有效、妥善地解决。

（二）厂址选择的步骤与方法

根据厂址选择的原则和 GMP 的要求，通过聘请专家进行反复调研讨论来选择合适的厂址。

厂址选择需调研的方面：

1. **交通运输**　药品生产企业的运输较频繁，为了减少运输费用，在厂址选择时，应考虑交通便利。

2. **水、电的供给** 充足的水、电是生产的必需条件。此外药品生产企业要求有复路电源,确保动力来源的稳定可靠。

3. **环境保护** 不能选择不利于药品生产的环境,应避开粉尘、烟气和有害有毒气体的地方,也要求远离真菌和花粉传播源。另外也要考虑到药品生产企业本身产生的"三废"对周围环境产生的影响。

4. **长远发展** 药品生产企业必须要考虑长远的规划发展,决不能图眼前利益,在厂区总图布置时,应考虑节约用地。在总体布置时必须有一个长远的计划。

5. **安全生产** 安全生产对于药品生产企业来讲非常重要。选择厂址时除应严格按照国家有关规定、规范执行外,还要保持和相邻企业或其他设施的安全距离,如防火、防爆要求距离等。

三、厂区布局原则

厂区总体布局除应符合国家有关工业企业总体设计原则外,还应满足环境保护的要求,同时应防止交叉污染。

1. 厂区布局的基本要求

(1)厂区按行政、生产、辅助和生活等划区布局。

(2)洁净厂房应布置在厂区内环境清洁,人流货流不穿越或少穿越的地方,并应考虑产品工艺特点,合理布局,间距恰当。

(3)兼有原料药和制剂生产的药品生产企业,原料药生产区应位于制剂生产区全年最大频率风向的下风侧。三废化处理,锅炉房等有严重污染的区域应置于厂区的最大频率风向的下风侧。

(4)青霉素类高致敏性药品生产厂房应位于厂区其他生产厂房全年最大频率风向的下风侧。

(5)动物房的设置应符合国家药品监督管理部门《实验动物环境和设施》(GB/T 14925)的有关规定。

(6)医药工业洁净厂房周围宜设置环形消防车道(可利用交通道路),如有困难时,可沿厂房的两个长边设置消防车道。

(7)厂区主要道路应贯彻人流与货流分流的原则。物流道路应固定走向,厂区内的道路要径直短捷。人流和物流之间,原料物流和成品物流之间应尽可能避免交叉和迂回,尽量减少物料往返输送。人流和物料出入门必须分别设置。洁净厂房周围道路面层应选用整体性好,发尘少的材料,较常见选用沥青路面或水泥路面。此外,水、电、气、热、冷等公用设施,应力求考虑靠近负荷中心,以使各种公用系统介质和输送距离最短,相关管道铺设合理,以便降低能耗。

(8)洁净厂房周围应绿化。宜减少露土面积。绿化面积最好在50%以上,建筑面积为厂区面积的15%~30%为宜。种植树木以常青树为主,不应种植散发花粉或对药品生产产生不良影响的植物。不能绿化的区域应铺设成水泥硬化地面。

2. 厂区布局实例示例图 根据上述厂区布局的要求,某药品生产企业厂区总体布局见图5-1。

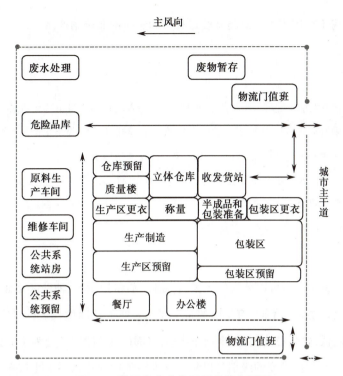

图 5-1　药品生产企业厂区总体布局图

▶ 课堂活动

如何对厂区布局进行分析？

四、内环境要求

GMP（2010 版）第四十六条规定：为降低污染和交叉污染的风险，厂房、生产设施和设备应当根据所生产药品的特性、工艺流程及相应洁净度级别要求合理设计、布局和使用，并符合下列要求：

1. 应当综合考虑药品的特性、工艺和预定用途等因素，确定厂房、生产设施和设备多产品共用的可行性，并有相应评估报告。

2. 生产特殊性质的药品，如高致敏性药品（如青霉素类）或生物制品（如卡介苗或其他用活性微生物制备而成的药品），必须采用专用和独立的厂房、生产设施和设备。青霉素类药品产尘量大的操作区域应当保持相对负压，排至室外的废气应当经过净化处理并符合要求，排风口应当远离其他空气净化系统的进风口。

3. 生产 β-内酰胺结构类药品、性激素类避孕药品必须使用专用设施（如独立的空气净化系统）和设备，并与其他药品生产区严格分开。

4. 生产某些激素类、细胞毒性类、高活性化学药品应当使用专用设施（如独立的空气净化系统）和设备；特殊情况下，如采取特别防护措施并经过必要的验证，上述药品制剂则可通过阶段性生产方式共用同一生产设施和设备。

5. 用于上述第 2、3、4 项的空气净化系统，其排风应当经过净化处理。

6. 药品生产厂房不得用于生产对药品质量有不利影响的非药用产品。

案例分析

案例 经国家评价性抽验发现，A 制药公司生产的抗骨增生片检出微量解热镇痛类抗炎药。 药监部门对该 A 公司等企业开展飞行检查。 经检查发现，该产品委托 B 制药公司生产，通过对 B 公司的延伸检查，查实 B 企业在生产过程中抗骨增生片与氯芬黄敏片发生交叉污染。

处理结果：依法收回 A 制药公司和 B 制药公司药品 GMP 证书，涉事产品已启动召回措施。

分析 这是一起典型的承接多家委托生产，中西药生产交替共线进行，清场不彻底造成的药品污染事件。 违反 GMP（2010 版）第四十六条规定。

按照 GMP 规定，整个厂房可以分为生产区、仓储区、质量控制区、辅助区几部分。不同的区域按照工艺要求和洁净级别要求的不同，有不同的布局要求。空气洁净度代表的是空气净化的效果，含尘粒浓度高则洁净度低，含尘粒浓度低，则洁净度高。GMP 对洁净室划分为 4 个空气洁净度级别：A 级、B 级、C 级、D 级。空气洁净度的级别是以每立方米空气中允许的最大尘埃粒子数和微生物数来确定的；级别数越小，空气洁净度越高。

知识链接

无菌药品生产的洁净区空气洁净度级别的划分

A 级：高风险操作区，如灌装区、放置胶塞桶和与无菌制剂直接接触的敞口包装容器的区域及无菌装配或连接操作的区域，应当用单向流操作台（罩）维持该区的环境状态。 单向流系统在其工作区域必须均匀送风，风速为 0.36~0.54m/s（指导值）。 应当有数据证明单向流的状态并经过验证。

在密闭的隔离操作器或手套箱内，可使用较低的风速。

B 级：指无菌配制和灌装等高风险操作 A 级洁净区所处的背景区域。

C 级和 D 级：指无菌药品生产过程中重要程度较低操作步骤的洁净区。

空气洁净级别	悬浮粒子最大允许数/立方米			
	静态		动态	
	≥0.5μm	≥5.0μm	≥0.5μm	≥5.0μm
A 级	3520	20	3520	20
B 级	3520	29	352 000	2900
C 级	352 000	2900	3 520 000	29 000
D 级	3 520 000	29 000	不作规定	不作规定

空气洁净级别取决于品种、剂型、工序等方面的质量特性和技术要求及方法。例如，无菌药品对空气洁净级别的要求高于非无菌药品。空气洁净级别有动态与静态之分，区别在于空气洁净级别指标测定时的状态。在操作状态下测定为动态，反之为静态。一般情况下，通常采用的是静态测定。

洁净室(区)的有效建立是GMP硬件建设中最关键的内容,是预防药品生产中质量受到污染(交叉污染)的重要环节与主要措施。

知识链接

洁净区微生物监测的动态标准

空气洁净级别	浮游菌 cfu/m³	沉降菌(φ90mm) cfu/4h	表面微生物 接触(φ55mm) cfu/碟	表面微生物 5指手套 cfu/手套
A 级	<1	<1	<1	<1
B 级	10	5	5	5
C 级	100	50	25	–
D 级	200	100	50	–

五、典型车间平面布局

生产区平面布置合理,要严格划分洁净区域,防止污染与交叉污染,方便生产操作。生产区应有足够的平面和空间,有足够的场地去合理安放设备和材料,使工作能有条理地进行,防止不同药品的中间产品之间发生混杂,防止其他药品或其他物质带来的交叉污染,并防止因遗漏任何生产或控制步骤而引发的事故。下面就以几个典型的车间为例展示生产区的车间布局。

(一)口服固体制剂车间布局

1. 工艺过程　口服固体制剂生产的工艺过程一般为原辅料粉碎、过筛、配料、制粒、干燥、混合、压片(胶囊灌装)、分装等几个工序。

2. 工艺布局说明　口服固体制剂是临床治疗使用最广泛的剂型之一。该生产车间要根据工艺流程和生产要求合理分区,原料粉碎、过筛、配料、制粒、压片、中间站、包衣、分装等工序为"洁净区",其他工序为"一般生产区"。进入"洁净区"原辅料必须除外包装并进行适当清洁。操作人员应按规定穿戴工作服、鞋、帽,头发不得外露,不戴手表、饰物。制粒、混合、压片、包衣工序的操作室还应分隔良好,室内均需与室外保持相对正压。

3. 工艺布局特点　工艺路线走向合理,快捷有效。过筛、制粒、整粒、混合工艺房间相邻,使得物流线路快捷。清洗室与制造区相邻,缩短容器传输路径。未清洁的容器具、设备部件以及生产废物不经过洁净走廊,返回清洗间,减少交叉污染(图5-2)。

(二)原料药(非无菌原料药)生产工艺流程及车间布局

原料药生产中影响成品质量的关键工序即精制、干燥和包装,它们的生产区域都有洁净度的要求。按照GMP附录中的要求非无菌原料药精制、干燥、粉碎、包装等生产操作的暴露环境应当按照D级洁净区的要求设置。

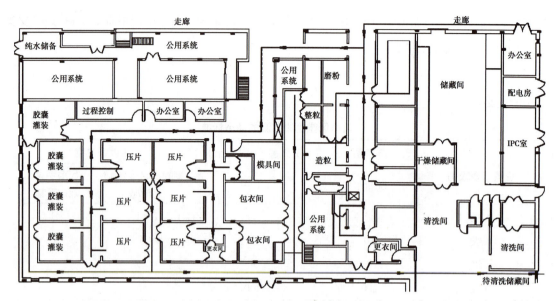

图 5-2　口服固体制剂车间布局

1. **工艺过程**　非无菌原料药的工艺流程为原料过滤、烘干、粉碎、包装、成品储存。

2. **工艺布局说明**　有洁净区域应尽量减少面积,洁净度级别高的车间尽量布置在厂房内侧,如果布置在外侧,应加洁净走廊缓冲。

六、仓储区和质量控制区布局

案例分析

　　案例　2015 年 5 月,沈阳市北部城郊某药厂爆炸起火,事故原因为仓库中储存的 200kg 金属钠遇到雨水发生爆炸。

　　分析　经调查发现该药厂事发前曾停产 7 个月,停产期间对厂房疏于管理,库房未能做好防水工作,从而导致爆炸起火。

1. **仓储区**　GMP(2010 版)GMP 第五十七条规定:仓储区应有足够的空间,以有序存放待验、合格、不合格、退货或召回的原辅料、包装材料、中间产品、待包装产品和成品等各类物料和产品。

第五十八条规定:仓储区的设计和建造应确保良好的仓储条件,并有通风和照明设施。仓储区应能满足物料或产品的贮存条件(如温湿度、光照)和安全贮存的要求,并进行检查和监控。

药品生产企业的洁净厂房内应设置与生产规模相适应的原辅材料、半成品、成品存放区域,且尽可能靠近与其相联系的生产区域,以便减少运输过程中的混杂与污染。存放区域内应安排待验区、合格品区和不合格品区。

2. **质量控制区**　按照 GMP 要求,检验、留样观察以及其他各类实验室应与药品生产区分开设置。阳性对照、无菌检查、微生物限度检查和抗生素微生物检定等实验室,以及放射性同位素检定室等应分开设置。无菌检查室、微生物限度检查实验室应为无菌洁净室,其空气洁净度等级不应低于B级。实验动物房应与其他区域严格分开,其设计、建造应符合国家有关规定,并设有独立的空气处理设施以及动物的专用通道。图5-3为某药厂的质量控制区平面布置图。

3. 辅助区 人员净化用室应根据产品生产工艺和空气洁净等级要求设置,不同空气洁净等级的洁净室(区)的人员净化用室宜分别设置,空气洁净等级相同的无菌洁净室(区)和非无菌洁净室(区),其人员净化用室应分别设置。

人员净化用室应设置换鞋、存外衣、盥洗、消毒、更换洁净工作服、气闸等设施。

休息室的设置不应对生产区、仓储区和质量控制区造成不良影响。

维修间应尽可能远离生产区。存放在洁净区内的维修用备件和工具,应放置在专门的房间或工具柜中。

七、厂房与公共系统的基本要求

药品生产企业必须有整洁的生产环境,生产区的地面、路面及运输不应对药品生产造成污染;生产、行政、生活和辅助区的总体布局应合理,不得互相妨碍,厂房设计要求合理,并达到生产所要求的质量标准;还应考虑到生产扩大的拓展可能性和变换产品的机动灵活性。即要做到:环境无污染,厂区要整洁;区间不妨碍,发展有余地。

具体来讲,要针对具体品种的特殊性,在总体布局上严格划分区域,生产、行政、生活和辅助区分开,总体布局合理,特别是一些特殊品种的生产厂房,要严格按照药品生产管理规范的相关要求进行总体布局。

(一) 确定厂房组成

常见厂房组成形式分为单体式和集中式2种。单体式厂房是指某一工艺过程的一部分或几部分相互分离,并分散在几个厂房中,这种布置适用于生产规模大、各工段生产特点差异显著的药品生产企业,多见于原料药生产企业。集中式厂房是指生产区、辅助生产区、生活用室等安排在同一厂房内,这种布置适用于生产规模小、工段联系紧密、车间生产能力小的药品生产,多见于小批量制剂或原料药生产。

厂房的建筑平面和空间布局应具有适当的灵活性。洁净室(区)的主体结构宜采用单层大跨度的柱网结构,不宜采用内墙承重。洁净厂房的围护结构的材料应能满足保温、隔热、防火和防潮等要求。

生产车间各工艺房间层高应根据工艺需求分别设计。综合考虑建筑结构、工艺操作、设备维修空间和暖通空调系统节能运行等综合因素。

片剂车间常常设计成2~3层,可利用位差解决物料的输送问题,从而提高工作效率,并减少粉尘扩散,避免交叉污染。

车间参观走廊,一般沿外墙布置,大跨度厂房有时在中间再设置参观走廊。

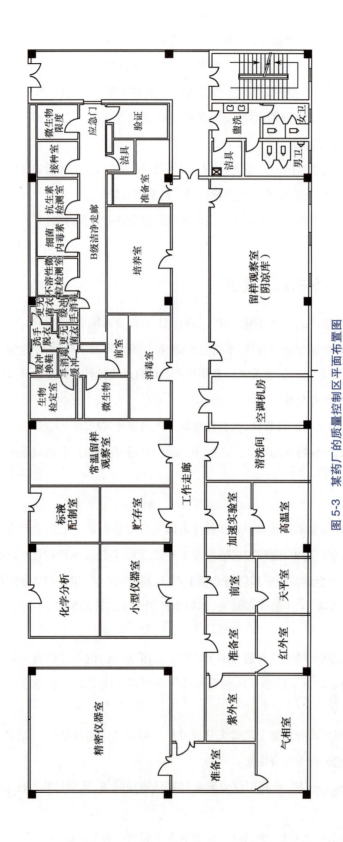

图 5-3 某药厂的质量控制区平面布置图

（二）厂区洁净区

洁净区地面墙角　洁净区地面墙面　空调高效过滤器出风口　洁净区空调排风口　洁净区灯具

洁净室内墙壁和顶棚的表面,应平整、光洁、无裂缝、接口严密、无颗粒物脱落,并应耐清洗和耐酸碱。墙壁和地面、吊顶结合处宜作成弧形。

洁净室的地面应整体性好、平整、耐磨、耐撞击,不易积聚静电,易除尘清洗。地面垫层应配筋,潮湿地区应做防潮处理。

洁净室用外墙上的窗,应具有良好的气密性,能防止空气的渗漏和水汽的结露。

洁净室内门窗、墙壁、顶棚、地面结构和施工缝隙,应采取密闭措施。技术夹层为轻质吊顶时,宜设置检修通道。

洁净室内应少敷设管道,给水排水干道应敷设在技术夹层、技术夹道内或地下埋设。引入洁净室内的支管宜暗敷。

空气洁净度 A 级的洁净室(区)不应设置地漏。

空气洁净度 B 级、D 级的洁净室(区)应少设置地漏。必须设置时,要求地漏材质不易腐蚀,内表面光洁,易于清洗,有密封盖,并应耐消毒灭菌。

空气洁净度 A 级、B 级的洁净室(区)不宜设置排水沟。

洁净区内应选用外部造型简单、不易积尘、便于擦拭、易于消毒杀菌的照明灯具。

洁净区内的一般照明灯具宜明装。采用吸顶安装时,灯具与顶棚接缝处应采用可靠密封措施。

洁净区地漏清洁标准操作规程

点滴积累 ∨

药品生产企业的生产、行政、生活和辅助区的总体布局应合理,不得互相妨碍,必须有整洁的生产环境,生产区的地面、路面及运输不应对药品生产造成污染。

第二节　空调净化系统的设计与管理

GMP(2010 版)第四十八条规定:应根据药品品种、生产操作要求及外部环境状况配置空调净化系统,使生产区有效通风,并有温度控制、必要的湿度控制和空气净化过滤,保证药品的生产环境。

洁净区与非洁净区之间、不同级别洁净区之间的压差应不低于 10Pa。必要时,相同洁净度级别的不同功能区域(操作间)之间应保持适当的压差梯度。

这里提到的空气净化过滤主要依赖于暖通空调系统。暖通空调系统(以下简称 HVAC)是制药工业的一个关键的系统,它对制药工厂能否向患者提供安全有效的产品具有重要的影响。作为药品生产质量控制系统的重要组成,药品生产企业 HVAC 系统主要通过对药品生产环境的空气温度、湿度、悬浮粒子、微生物等的控制和监测,确保环境参数符合药品质量的要求,避免空气污染和交叉污染的发生,同时为操作人员提供舒适的环境。

一、HVAC 的组成与设计原则

HVAC(暖通空调)设备是实现用户对受控洁净室环境条件要求的主要设备。HVAC(暖通空调)系统的主要设备是空气处理机组(air handling unit)。空气处理机组通常是由对空气进行一种或几种处理功能的单元段组合而成的,它的组件包括金属箱体、风机、加热和冷却盘管、加湿器、空气过滤装置等。根据暖通空调系统设计,满足 GMP 要求的最常见的功能段组合形式见图 5-4。

图 5-4　HVAC(暖通空调)系统功能段组合图

▶▶ 课堂活动

　　空气处理系统包括哪些设备,都起到什么作用?

　　1. 通风机　应用于 HVAC 系统的通风机一般多采用离心式或轴流式通风机,作为系统的送风机、回风机、排风机,不同的使用场所根据其性能特点可选用不同的风机类型。

　　2. 空气过滤　空气中的颗粒污染物质,粒径小于 $10\mu m$ 的粒子,因为较轻,容易随气流漂浮,而很难沉降到地面上,这时就需要进行空气过滤。空气过滤是降低气流污染物浓度的主要方法。空气过滤在暖通空调系统内的多个部位进行,以保护生产、使用者并达到空气处理设备及管道所需的空气洁净度。在暖通空调系统中,空气过滤一般分为初效过滤、中效过滤和高效过滤三级,通过不同类型的空气过滤器实现对空气的过滤。空气处理设备应根据受控环境要求的洁净度配置各级别的空气过滤器。

　　初效过滤、中效过滤通常在空气处理机组中外部空气和回流空气进入的位置。初效过滤用于预过滤,捕集外部空气中经常出现的较大微粒,也用作延长中效过滤装置寿命的预过滤。

　　中效过滤,一般设在初效过滤的下游,用于捕集较小粒径的微粒($0.3\mu m$ 以上)。

　　高效过滤设在空气处理机组排出段或其后(气流经过调节后)。安装在房间周边如在天花板或墙上的终端过滤装置可保证供应最清洁的空气。

　　3. 加热和冷却盘管　一般来说,洁净室(区)的温度和相对湿度应与药品生产工艺要求相适应。无特殊要求时,温度应控制在 $18\sim26$℃。温度的控制可以通过加热和冷却盘管来进行。

冷却盘管属于热传导装置,由带有传热翅片的盘管组成,这些翅片可减少水蒸气所含的显热量以及可能存在的潜热量。它的冷却介质可以是冷却液也可以是气态制冷剂。用于冷却的盘管主要有表面冷却器(简称"表冷器")和直接蒸发器。

用于空气加热的盘管根据其介质可分为蒸汽盘管、热水、乙二醇或者高温气态盘管,属于热传导装置,是由一根带有传热翅片的盘管组成,可提高所经过的空气流的显热量。空气电加热元件也可称为"加热盘管"。

4. 加湿器和去湿器 洁净室(区)的温度和相对湿度应与药品生产工艺要求相适应。无特殊要求时,相对湿度控制在 45%~65%。相对湿度的高低是通过加湿器和去湿器来进行控制的。

加湿器包括直接喷干蒸汽、加热蒸发式、喷雾蒸发式和红外式加湿器几种。加湿器若安装在空气处理机组中,应处于冷却盘管段的下游,以确保蒸汽在空气流中有效分布和吸收。去湿器,当送风湿度过高时,除去空气中的水分。空气除湿的原理和方法有:升温降湿、冷却减湿,吸收或吸附除湿3 类。

加热、冷却、加湿、去湿这些设施一般放置在初效过滤器、风机之后,中效过滤器之前。

5. 通风管 空气送风管道和一般的回风管道应采用镀锌钢制成。如果需要防腐或保持清洁(例如在洁净室内),则应采用不锈钢材质。

6. 风阀、百叶窗和风口 风阀用于改变暖通空调系统内空气流动的方向、停止空气流动或改变空气流量。百叶窗通常没有运动部件,一般用于引入室外空气。

目前洁净室常用的气流组织的送风方式有 3 种:侧送、孔板送风、散流器送风。这些送风装置对于各房间/空间内外的空气分配至关重要。

7. 除尘、排烟系统 该系统通常包括一个局部排气罩或外壳、一个通风管道系统、一个过滤器、一台风机以及将清洁后的空气排出系统的管道,对于药品生产企业,通常还有一个"限制"过滤器(一般为高效空气过滤器),用作空气排入大气之前的最终保护过滤器。

二、典型剂型车间(岗位)净化洁净要求

(一)无菌药品洁净要求

HVAC 系统是影响无菌药品的生产质量非常重要的一个方面。建立合理的 HVAC 系统,首先要确立核心区。在核心区内,产品容器/包装或产品所接触的表面有可能暴露并受到潜在的污染。其中灌装、轧盖等操作区属于核心区。

此外,要使高级别区域的空气流向低级别区域,形成不同区域的级别梯度。生产区相同级别房间之间同样也必须设定气流方向。遵循由核心区向外递减原理,这将减少对产品的任何潜在污染,见图 5-5。

当环境条件相当于 B 级时,可以通过空气的紊流稀释来达到。但更高的动态要求如 A 级,就需要通过单向流置换系统来达到。

(二)固体口服制剂洁净要求

HVAC 系统通过向房间输送温度、湿度和粒子数均符合要求的空气来保护产品,并通过提供建

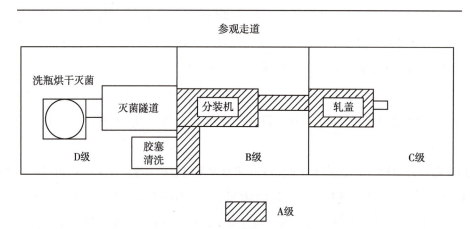

图 5-5 无菌制剂车间洁净级别图

立压力和空气流向来避免其他区域的交叉污染。

　　口服液体和固体制剂、腔道用药(含直肠用药)、表皮外用药品生产的暴露工序区域及其直接接触药品的包装材料最终处理的暴露工序区域,应参照 GMP(2010 版)"无菌药品"附录中 D 级洁净区的要求设置,见图 5-6。

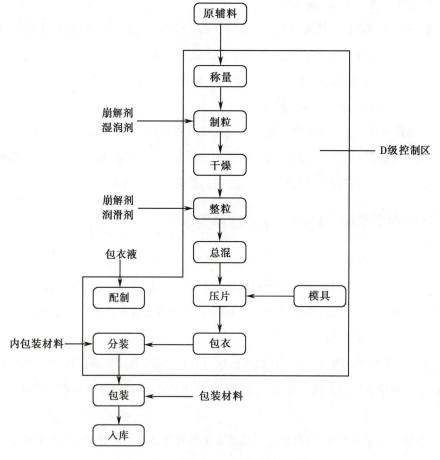

图 5-6　口服固体制剂车间洁净级别图

点滴积累 ∨

药品生产企业的洁净环境主要依靠空气净化系统（HVAC）。通过过滤器，加热和冷却盘管、加湿器和去湿器以及通风管风阀等装置来达到洁净区的温湿度和洁净要求。

第三节 GMP 对制药用水的要求

水在制药工业中是应用最广泛的工艺原料，可用做药品的成分、溶剂、稀释剂等，对药品的质量有非常大的影响。因此，《中国药典》（2015 年版）和 GMP（2010 版）也对制药用水做出了明确规定。GMP 第九十六条规定，制药用水应当适合其用途，并符合《中国药典》的质量标准及相关要求。制药用水至少应当采用饮用水。

在《中国药典》（2015 年版）第四部其他通则制药用水中，有以下几种制药用水的定义。

1. 饮用水 为天然水经净化处理所得的水，其质量必须符合现行中华人民共和国国家标准《生活饮用水卫生标准》。

2. 纯化水 为饮用水经蒸馏法、离子交换法、反渗透法或其他适宜的方法制得的制药用水，不含任何附加剂，其质量应符合纯化水项下的规定。

3. 注射用水 为纯化水经蒸馏所得的水。应符合细菌内毒素试验要求。注射用水必须在防止细菌内毒素产生的设计条件下生产、贮藏及分装。其质量应符合注射用水项下的规定。

4. 灭菌注射用水 本品为注射用水照注射剂生产工艺制备所得，不含任何添加剂。

一、纯化水制备系统

（一）纯化水的应用范围

纯化水可用作非无菌药品的配料、直接接触药品的设备、器具和包装材料最后一次洗涤用水，非无菌原料药精制工艺用水，制备注射用水的水源，直接接触非最终灭菌棉织品的包装材料粗洗用水等。

ER-5-7

纯化水制备
岗位标准操
作规程

纯化水可作为配制普通药物制剂用的溶剂或试验用水；可作为中药注射剂、滴眼剂等灭菌制剂所用饮片的提取溶剂；口服、外用制剂配制用溶剂或稀释剂；非灭菌制剂用器具的精洗用水。也用作非灭菌制剂所用饮片的提取溶剂。纯化水不得用于注射剂的配制与稀释。

知识链接

纯化水、注射用水的质量检测标准

检验项目	纯化水	注射用水
酸碱度	符合规定	pH 5~7
硝酸盐	<0.000 006%	同纯化水
亚硝酸盐	<0.000 002%	同纯化水

续表

检验项目	纯化水	注射用水
氨	<0.000 03%	同纯化水
电导率	符合规定,不同温度有不同的规定值,例如<4.3μS/cm,20℃;<5.1μS/cm,25℃;<2.5μS/cm,70℃	符合规定,不同温度有不同的规定值,例如<1.1μS/cm,20℃;<1.3μS/cm,25℃;<2.9μS/cm,95℃
总有机碳	<0.50mg/L	同纯化水
易氧化物	符合规定	—
不挥发物	1mg/100ml	同纯化水
重金属	<0.000 01%	同纯化水
细菌内毒素	—	<0.25EU/ml
微生物限度	100 个/1ml	10 个/100ml

注:总有机碳和易氧化物两项可选做一项

(二) 纯化水制备系统

纯化水以饮用水作为水源。制备纯化水的装置包括多介质过滤器、活性炭过滤器、软化器、微滤、超滤、纳米过滤和反渗透系统等。

1. **多介质过滤器** 一般称为多机械过滤器或砂滤,过滤介质为不同直径的石英砂分层填装,较大直径的介质通常位于过滤器顶端,水流自上而下通过逐渐精细的介质层。介质床主要用于过滤除去原水中的大颗粒,悬浮物,胶体及泥沙等,以降低原水浊度对膜系统的影响,同时降低污染指数值,以达到反渗透系统进水要求。

2. **活性炭过滤器** 活性炭过滤器的过滤介质通常由颗粒活性炭构成的固定层。主要用于去除水中的游离氯、色度、微生物、有机物以及部分重金属等有害物质,以防止它们对反渗透膜系统造成影响。

此外,由于活性炭过滤器表面积大而流速较低,会截留住大部分的有机物和杂质等,使其吸附在表面,因此,可以采用定期的巴氏消毒来保证活性炭的吸附作用。

3. **软化器** 软化器通常由盛装树脂的容器、树脂、阀或调节器以及控制系统组成,介质为树脂。它主要是用钠型阳离子树脂中的 Na^+ 交换出原水中的钙、镁离子而降低水的硬度,以防止钙、镁等离子在反渗透(RO)膜表面结垢,使原水变成软化水。

4. **膜技术(微滤、超滤、纳米过滤和反渗透膜)** 微滤用于去除细微粒和微生物,在最终过滤的过滤器中,孔径的大小通常是 0.04~0.45μm。

超滤系统可作为反渗透的前处理,用于去除水中的有机物、细菌,以及病毒和热原等。超滤系统的设备主要包括原水箱、原水泵、盘式过滤器、超滤装置、超滤产水箱、反洗泵、氧化剂加药装置等。膜的材质是聚合体或陶瓷物质。

纳米过滤是一种介于反渗透和超滤之间的压力驱动膜分离方法,能去除阴离子和阳离子,在我国的纯水制备系统当中,还没有普遍使用。

反渗透系统承担了主要的脱盐任务。典型的反渗透系统包括反渗透给水泵、阻垢剂加药装置、还原剂加药装置、5μm 精密过滤器、一级高压泵、一级反渗透装置、CO₂脱气装置或 NaOH 加药装置、二级高压泵、二级反渗透装置以及反渗透清洗装置等。阻垢剂加药系统是在反渗透进水中加入阻垢剂,防止反渗透浓水中碳酸钙、碳酸镁、硫酸钙等难溶盐浓缩后析出结垢堵塞反渗透膜。NaOH 加药装置用以调节进水 pH,使二级反渗透进水中 CO₂气体以离子形式溶解于水中,并通过二级反渗透去除。反渗透(RO)是压力驱动工艺,利用半渗透膜去除水中溶解盐类,同时去除一些有机大分子和前阶段没有去除的小颗粒等。离子交换系统包括阳离子和阴离子树脂及相关的容器、阀门、连接管道、仪表及再生装置等,主要作用是去除盐类。电去离子装置(EDI)系统主要功能是为了进一步除盐。紫外灯用来抑制微生物生长。换热器主要用于预处理部分、反渗透装置及 EDI 装置的消毒,见图 5-7。

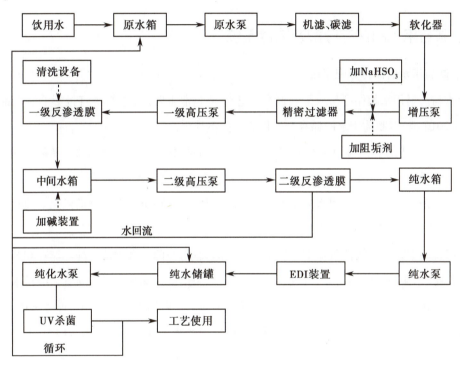

图 5-7　纯化水制备系统图

二、注射用水制备系统

(一)注射用水的应用范围

注射用水可用作直接接触无菌药品的包装材料的最后一次精洗用水、无菌原料药精制工艺用水、直接接触无菌原料药的包装材料的最后洗涤用水、无菌制剂的配料用水等。注射用水可作为配制注射剂、滴眼剂等的溶剂或稀释剂及容器的精洗。

灭菌注射用灭菌粉末的溶剂或注射剂的稀释剂,其质量应符合灭菌注射用水项下的规定。

(二)注射用水制备系统

注射用水是使用纯化水作为原料水,通过蒸馏的方法来获得。注射用水的制备通常通过多效蒸馏或热压式蒸馏方式获得。

▶ **课堂活动**

如何提高蒸馏效率，减少能源消耗呢?

1. 多效蒸馏 多效蒸馏设备通常由两个或更多蒸发换热器、分离装置、预热器、两个冷凝器、阀门、仪表和控制部分等组成。经过每效蒸发器产生的纯蒸汽都用于加热原料水，并在后面的各效中产生更多的纯蒸汽，纯蒸汽在加热蒸发原料水后经过相变冷凝成为注射用水，以此来节约能源。

2. 热压式蒸馏 蒸汽压缩是一种蒸馏方法，水在蒸发器的管程里面蒸发，蒸发列管水平或垂直方向排列，系统的主要组成部分有蒸发器、压缩机、热交换器、脱气器、泵、电机、阀门、仪表和控制部分等。

三、制药用水的储存分配及消毒系统

(一) 制药用水的储存分配系统

纯化水与注射用水的储存与分配在制药工艺中是非常重要的，它们将直接影响到药品生产质量。GMP(2010版)对制药用水的储存分配做出了如下规定:

第九十八条:纯化水、注射用水储罐和输送管道所用材料应当无毒、耐腐蚀。储罐的通气口应当安装不脱落纤维的疏水性除菌滤器。管道的设计和安装应当避免死角、盲管。

第九十九条:纯化水、注射用水的制备、贮存和分配应当能够防止微生物的滋生。纯化水可采用循环，注射用水可采用70℃以上保温循环。

储存系统用于调节高峰流量需求与使用量之间的关系，使两者合理地匹配。储存和分配的设施一般包括储罐、水泵、管道、阀门等。饮用水的管道可以采用镀锌钢管或者塑料管。纯化水的储罐和输送管道所采用的材料应该无毒、耐腐蚀、为不锈钢材质。注射用水的储罐和管道应选用无毒、耐腐蚀、内壁抛光的优质低碳316L不锈钢。制药用水的输送管路应避免出现死角、盲管和不宜清洗的部位，在管路设计时应尽量考虑缩短距离，尽量有利于减少储存和停留时间，并方便清洁和消毒。常见的纯化水分配系统图见图5-8，注射用水分配系统图见图5-9。

目前系统的分配方式包括以下几种:批系统、分支的/单向、平行环路单个罐、热储存热分配、室温储存室温分配、热储存冷却和再加热、热罐自限制的分配、使用点换热器等。

(二) 制药用水的消毒系统

GMP(2010版)第一百零一条规定:应当按照操作规程对纯化水、注射用水管道进行清洗消毒，并有相关记录。发现制药用水微生物污染达到警戒限度、纠偏限度时应当按照操作规程处理。

通常情况下，储存和分配系统需要进行周期性消毒，以保证制药用水的质量。消毒方法通常包括以下3种:

1. 各种化学品或化学品混合能用于储存和分配系统的周期性消毒，5%的过氧化氢浓度是一个选择，也可以使用高浓度酸或者许多不同的混合物和其他化学品，但是消毒剂的去除证明是非常重要的。

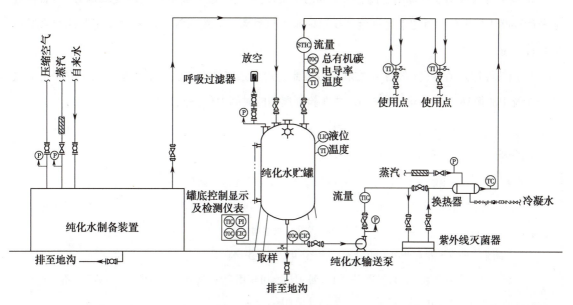

图 5-8　纯化水分配系统图

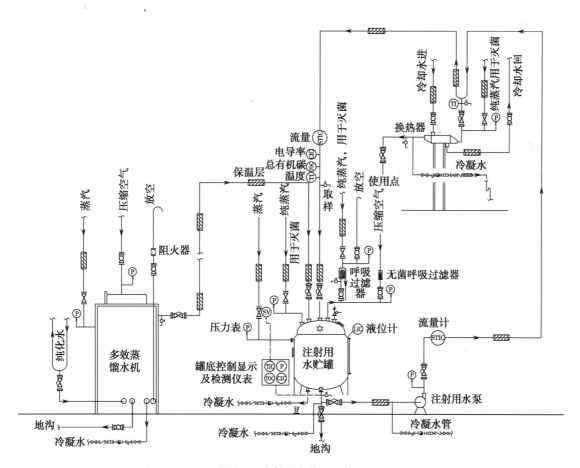

图 5-9　注射用水分配系统图

2. 臭氧也可以周期性地用于储存和分配系统的消毒。储罐一般使用连续臭氧消毒,然后在进入分配环路或单个使用点之前通过紫外线辐射来去除臭氧。分配系统可以通过关闭紫外线来进行周期性消毒。

3. 周期性加热消毒也是非常可靠和有效的制药用水系统消毒方法。最直接的消毒方法是加热分配系统中的循环工艺水至 80℃±3℃,并在验证周期的时间内保持此温度。

案例分析

案例 药监局相关部门对某药厂进行跟踪检查,发现该企业注射用水有两套分配系统分别供应 P1 与 P2 车间,两套分配系统在进入回水热交换器前合并。 对回水温度只有一个温度监控探头,且回水温度监控探头设在回水热交换器之后,无法准确测量回水温度。

处理结果: 收回该企业药品 GMP 证书,责令企业停止生产。

分析 GMP（2010 版）第九十九条规定: 注射用水可采用 70℃以上保温循环。 本案例中不能正确的检测循环管道中注射用水的温度。

点滴积累 ∨

1. 制药用水包括饮用水、纯化水、注射用水和灭菌注射用水。

2. 纯化水一般通过反渗透的方法制备,注射用水一般通过蒸馏的方法制备。 在制备、储存、分配过程中要防止微生物的滋生。

第四节 制药设备管理

制药设备作为药品生产中物料投入到转化成产品的工具和载体,与药品质量的优劣息息相关。设备管理也就成为了 GMP（2010 版）建设的主要内容之一。

一、设备的设计选型原则与除尘防污染措施

GMP（2010 版）第七十一条规定:设备的设计、选型、安装、改造和维护必须符合预定用途,应当尽可能降低产生污染、交叉污染、混淆和差错的风险,便于操作、清洁、维护,以及必要时进行的消毒或灭菌。

第七十四条规定:生产设备不得对药品质量产生任何不利影响。与药品直接接触的生产设备表面应当平整、光洁、易清洗或消毒、耐腐蚀,不得与药品发生化学反应、吸附药品或向药品中释放物质。

第七十六条规定:应当选择适当的清洗、清洁设备,并防止这类设备成为污染源。

第七十七条规定:设备所用的润滑剂、冷却剂等不得对药品或容器造成污染,应当尽可能使用食用级或级别相当的润滑剂。

设备的设计选型应由熟悉产品工艺人员和设备使用人员起草一份综合了各方意见的用户需求文件,作为设备选型和设计的基本依据,文件要对生产能力、生产工艺、操作需求、清洁需求、可靠性需求、防污染需求、防差错需求、法规要求等做出详细描述。

设备的设计选型应充分考虑以下方面:产品物理特性、化学特性、生产规模、生产工艺要求、关键材料材质要求、清洁要求、稳定性需求、设备安装区域、位置、固定方式、对环境的需求、包装材料要求、外观要求、安全要求、环境要求、技术资料要求、操作要求、维修要求、计量要求、售后服务要求。

药品生产设备的设计和选型要能够从制作的材料上去考虑如何预防材料本身对药品(物料)可能造成的污染。比如,生产设备不得与所加工的药品发生反应,不得释放可能影响药品生产质量的物质等。另外采用一些有集尘装置的设备能够减少粉尘污染,采用机械进行生产和包装,也能有效地防止裸手带来的染菌污染等。

二、设备的使用与维护维修保养

GMP(2010版)第七十九条规定:设备的维护和维修不得影响产品质量。

第八十条规定:应当制定设备的预防性维护计划和操作规程,设备的维护和维修应当有相应的记录。

第八十一条规定:经改造或重大维修的设备应当进行再确认,符合要求后方可用于生产。

第八十二条规定:主要生产和检验设备都应当有明确的操作规程。

第八十三条规定:生产设备应当在确认的参数范围内使用。

1. **设备的使用** 设备的使用管理主要包括:清洁、维护、维修、使用等都应有相对应的文件和记录,所有活动都应由经过培训合格的人员进行,每次使用后及时填写设备相关记录和设备运行日志,设备使用或停用时状态应该显著标示等等。

操作人员在上机前要经过设备的培训,并经质量管理部门和工程维护部门考核合格后方可上岗操作设备。

设备使用记录包括:设备运行记录、设备周检记录、设备点检记录、设备润滑记录、设备维修保养记录、设备故障分析记录设备事故报告表等。设备状态标识颜色:运行中、已清洁为绿色,待清洁、待维修、维修中为黄色,停用为红色。

所有设备都应该编号,设备编号应体现所属的使用部门。同一剂型和规格的设备编号应体现统一性,能表现集群型设备特点。

所有设备都应该制定标准操作规程,明确使用过程的职责划分、工作程序和内容等。在使用设备前,操作人员要先检查设备状态标志,确认状态标志与生产工艺相符。严格按照操作规程进行设备的使用和操作,并及时更换相应的状态标志。

设备使用应严格执行操作规程和巡回检查制度。当操作人员发现设备出现异常情况时,应立即停机、查找原因并及时上报。

设备应有相应的设备日志,记录内容包括使用、清洁、维护和维修情况以及日期、时间、所生产及检验的药品名称、规格和批号等。操作人员应及时填写设备日志,日志填写应字迹清晰,语句简练准确、无漏填或差错。

2. 设备的维修保养 设备维修与维护是 GMP 的基本要求之一。建立良好维修作业规范主要是通过实施有计划、周期性的维修活动来保护公司的设备与系统。

设备的基础维护是确保设备处于"无维护正常运转状态"的基础,主要有企业工程设备管理部门负责。药品生产企业应该建立完善的维修保养规程,管理所有生产相关的设备及辅助系统的保养维修活动,并制订设备日常维护的规程和方法,对相关人员进行设备日常保养和维护的培训和考核。

设备的日常维护主要是由设备使用者进行。设备使用者必须严格遵守设备的操作规程和安全守则。设备的日常维护需明确责任人和实施人、时间与地点、要求与标准、内容与方法、记录与保存等。

设备的在线维护,是指设备不进行移动的情况下进行的维护。在不影响洁净度和不污染药品的前提下,维修人员进入生产区进行设备的维修。设备的非在线维护,是指把生产设备移动到专门的维护区域所进行的维护。维护后设备要进行必要的清洁和灭菌。

三、设备的清洁

GMP(2010 版)第八十四条规定:应当按照详细规定的操作规程清洁生产设备。

第八十五条规定:已清洁的生产设备应当在清洁、干燥的条件下存放。

第九十条规定:应当按照操作规程和校准计划定期对生产和检验用衡器、量具、仪表、记录和控制设备以及仪器进行校准和检查,并保存相关记录。校准的量程范围应当涵盖实际生产和检验的使用范围。

第九十四条规定:不得使用未经校准、超过校准有效期、失准的衡器、量具、仪表以及用于记录和控制的设备、仪器。

▶▶ 课堂活动

设备清洁不彻底会导致什么后果?

药品的生产是洁净生产,生产等设备的清洁也是一项经常性的工作。它不仅是预防、减少污染与交叉污染的重要举措,也利于设备的使用和保养。

应该建立详尽的生产设备清洗文件或程序,规定设备清洗的目的、适用范围,职责权限划分以及清洁后检查和验证方法。按照设备清洁的步骤详细描述清洁过程各环节的工作方法和工作内容。

用于设备清洗的水应与用于生产过程的工艺用水要求类似,水和清洗用溶剂必须不含致病菌、有毒金属离子以及无异味。

在线清洗(CIP)步骤应包括:高温水(如纯化水 80℃)冲洗—预清洗—抽真空—再预清洗—清洁剂清洗—浸泡—再次清洁剂清洗—冲洗—取样—吹扫—抽真空—记录、标识。

正常清洁步骤应包括:清除标签、标识—表面喷湿—高压自来水冲洗一定时间—需要时用一定浓度乙醇擦洗浸泡后，自来水冲洗—清洗剂擦洗一定时间—高压自来水冲洗—高温水（如纯化水80℃）冲洗—目检—干燥—按要求存储。

设备清洁前后应有相应的状态标识。

如果生产设备更换品种，设备的清洁规程必须重新制订，并且需要做清洁验证。

案例分析

案例　药监局相关部门对某药厂进行跟踪检查，发现枸橼酸铁铵原料药的部分生产区生产设施、设备等均无状态标识。枸橼酸铁铵原料药和工业枸橼酸铁铵在部分生产区共线生产，由于两种产品的工艺参数有显著差异，但生产设施、设备等无状态标识，有产生混淆、差错的风险，可能影响产品质量。

处理结果：收回该企业药品 GMP 证书，责令企业停止生产，查清销售情况，召回相关产品，并开展立案调查。

分析　以上案例违反了 GMP（2010 版）第八十七条规定：生产设备应当有明显的状态标识，标明设备编号和内容物（如名称、规格、批号）。第四十六条规定：为降低污染和交叉污染的风险，生产设施和设备应当根据所生产药品的特性、工艺流程及相应洁净度级别要求合理设计、布局和使用，确定厂房、生产设施和设备多产品共用的可行性，并有相应评估报告。因此，为了保障药品质量及安全生产，药品生产企业应严格按照规范要求对生产设施设备进行管理。

四、设备的校验

校验是确保产品质量的最基本要素。没有计量工作的高质量，就没有产品的好质量。企业应制定校验标准操作规程（SOP）及校验记录表等相关文件，并按照要求进行实施。

大多数情况下，和生产相关的关键仪表的校准间隔应该不少于 6 个月一次，直到有充分的数据证明仪表的可靠性。凡新购置的仪表入库前由校验人员和专业技术人员按 SOP 要求或产品说明书作技术检查。

如校准结果符合预期要求，贴合格标识，可继续使用。如校准结果不合格，贴禁用标识，并尽可能将其撤离现场，同时报告质量保证部门。不合格的仪表经过维修或调整之后，在重新使用之前，应该经过再次校准，校准结果符合要求，方可继续使用。

五、设备档案管理

GMP（2010 版）第七十二条规定：应当建立设备使用、清洁、维护和维修的操作规程，并保存相应的操作记录。

第七十三条规定：应当建立并保存设备采购、安装、确认的文件和记录。

将应收集齐全的设备技术资料建立完整的设备档案，设备档案内容包括：

（1）设备编号、设备名称、型号、规格、生产能力、生产厂家。

（2）设备图纸、说明书、随机附件、易损件、验收文件、工具清单等技术资料、装箱单、拆箱单。

（3）安装施工图与安装记录。

（4）设备确认文件与记录。

（5）设备使用、清洁、维护和维修的操作规程。

（6）设备使用、清洁、维护和维修的操作记录。

（7）事故记录。

（8）对所有管线，特别是隐蔽工程，应绘制水、电、气（汽）、真空、冰盐水冷冻、空调、空气净化系统图。

点滴积累 ∨

1. 制药设备的选型应符合预定用途，尽可能降低出现污染、差错的风险。

2. 设备的使用、保养、清洗和校验应遵从相应的标准操作规程。

复习导图

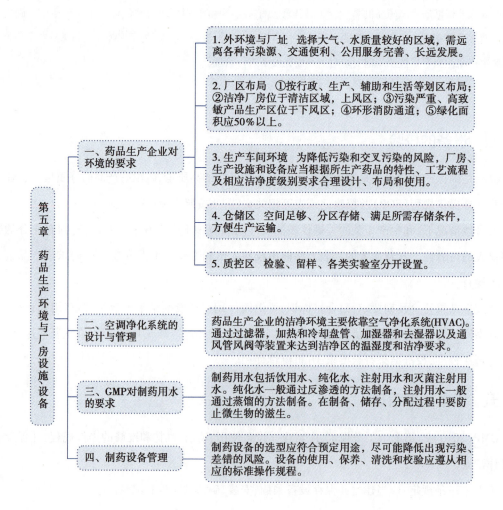

第五章 药品生产环境与厂房设施、设备

一、药品生产企业对环境的要求

1. 外环境与厂址 选择大气、水质量较好的区域，需远离各种污染源、交通便利、公用服务完善、长远发展。

2. 厂区布局 ①按行政、生产、辅助和生活等划区布局；②洁净厂房位于清洁区域，上风区；③污染严重、高致敏产品生产区位于下风区；④环形消防通道；⑤绿化面积应50%以上。

3. 生产车间环境 为降低污染和交叉污染的风险，厂房、生产设施和设备应当根据所生产药品的特性、工艺流程及相应洁净度级别要求合理设计、布局和使用。

4. 仓储区 空间足够、分区存储、满足所需存储条件，方便生产运输。

5. 质控区 检验、留样、各类实验室分开设置。

二、空调净化系统的设计与管理

药品生产企业的洁净环境主要依靠空气净化系统（HVAC）。通过过滤器，加热和冷却盘管、加湿器和去湿器以及通风管风阀等装置来达到洁净区的温湿度和洁净要求。

三、GMP对制药用水的要求

制药用水包括饮用水、纯化水、注射用水和灭菌注射用水。纯化水一般通过反渗透的方法制备，注射用水一般通过蒸馏的方法制备。在制备、储存、分配过程中要防止微生物的滋生。

四、制药设备管理

制药设备的选型符合预定用途，尽可能降低出现污染、差错的风险。设备的使用、保养、清洗和校验应遵从相应的标准操作规程。

实训项目九 绘制厂区平面图

一、实训目的

1. 通过绘制厂区平面图,掌握厂区布局设计的基本要求和步骤。

2. 熟悉生产、行政、生活和辅助区合理布局的原则。

3. 熟悉厂区人、物流走向应当分流合理的要求。

二、实训内容

根据厂址选择、产品类别、生产能力、企业结构、环境保护、物流运输等方面的要求设计制药企业厂区布局平面图。

1. 具体步骤

(1)对厂区按行政、生产、辅助和生活等进行划区。

(2)其中洁净厂房应布置在厂区内环境清洁,人流货流不穿越或少穿越的地方,并应考虑产品工艺特点,合理布局,间距恰当。

(3)污染严重的区域应位于全年最大频率风向的下风侧。

(4)动物房单独设置。

(5)洁净厂房周围宜设置环形消防车道并达到相应的绿化面积。

(6)厂区主要道路应人流与货流分流。物流道路应固定走向,厂区内的道路要径直短捷。人流和物流之间,原料物流和成品物流之间应尽可能避免交叉和迂回,尽量减少物料往返输送。人流和物流出入门必须分别设置。

(7)此外,水、电、气、热、冷等公用设施,应力求考虑靠近负荷中心,以使各种公用系统介质和输送距离最短,相关管道铺设合理,以便使能耗最低。

2. 教师进行指导

三、实训注意

1. 厂区划区域分布应全面考虑各种功能区,不要遗漏,根据全年最大频次风向综合布局。根据生产品种、生产能力、所需设施设备等合理分配单体厂房的面积、相关公用设施的分布及人物流走向,尽可能节约空间、避免污染及交叉污染、降低能耗。

2. 生产厂房、质检办公、动物房、生活区的分布还应考虑便于管理。不同单体建筑之间的距离要符合相关建筑、消防等规范要求。

四、实训检测

学生应按行政、生产、辅助和生活划区描述厂区分布,根据生产品种描述相应厂房单体及配套的公用工程设施,标出厂区主要人物流干道及走向,绘出厂区平面布局图。

五、实训报告

学生根据本章知识,有条件的可多走访参观药品生产企业,同时结合实训项目,撰写相关实训报告。

六、实训评价

从以下几方面对实训进行评价:

1. 实训前资料搜集情况。

2. 独立操作及动手及编写能力。

3. 实训操作的正确性。

4. 实训的纪律性。

5. 实训报告。

实训项目十 绘制典型车间平面图

一、实训目的

1. 通过绘制车间平面图,掌握车间布局设计的基本要求和步骤。

2. 熟悉生产工艺流程在车间布局设计过程中的重要作用。

3. 熟悉主要类别药品生产环境空气洁净级别要求。

二、实训内容

根据厂房建筑、生产工艺、设备安装检修、安全技术等方面的要求设计制剂生产车间布局平面图。具体步骤为:

1. 必须满足生产工艺要求是厂房布置的基本原则,亦即车间内部的设备布置尽量与工艺流程一致,并尽可能利用工艺过程使物料自动流送,避免中间体和产品有交叉往返的现象。

2. 在操作中相互有联系的设备应布置得彼此靠近,并保持必要的间距。这里除了要照顾到合理的操作地位、行人的方便、物料的输送外,还应考虑在设备周围留出堆存一定数量原料、半成品、成品的空地,必要时可作一般的检修场地。

3. 教师进行指导。

三、实训注意

1. 设备的布置应尽可能对称,在布置相同或相似设备时应集中布置,并考虑相互调换使用的可能性和方便性,以充分发挥设备的潜力。

2. 设备布置时必须保证管理方便和安全。关于设备与墙壁之间的距离,设备之间距离的标准以及运送设备的通道和人行道的标准都有一定规范,设计时应予遵守。

四、实训检测

学生应能描述工艺过程,绘出工艺流程图,标出洁净控制级别,并绘出车间平面布局图。

五、实训报告

学生根据本章知识,有条件的可多走访参观药品生产企业,同时结合实训项目,撰写相关实训报告。

六、实训评价

从以下几方面对实训进行评价:
1. 实训前资料搜集情况。
2. 独立操作及动手及编写能力。
3. 实训操作的正确性。
4. 实训的纪律性。
5. 实训报告。

实训项目十一　生产设备的清洁

一、实训目的

1. 通过生产设备的清洁操作过程,掌握药品生产设备清洁管理的要求。
2. 熟悉设备清洁标准操作规程的内容并能按照要求进行清洁操作。
3. 了解药品生产设备的管理制度。

二、实训内容

1. 学生能读懂给定的设备清洁标准操作规程,并能严格按照操作规程对设备进行清洁。
2. 配制清洁剂与消毒剂,使用适宜的清洁工具,按照规定的方法,在相应的地点如器具清洗间,对设备进行清洁。
3. 清洁结束后,QA 人员对清洁效果进行验收,挂上"已清洁"标识牌,将设备的模块存放在模具间,注明清洁有效期。
4. 清洁过程需填写设备清洁记录。

三、实训注意

1. 平时应与企业保持良好的关系。

2. 分组任务分配应明确具体。

3. 参观时应遵守企业规定,保持纪律,不要喧哗。

4. 现场随时提问,做好记录。

四、实训检测

学生应能按设备清洁标准操作规程进行正确设备清洁操作,熟练掌握设备管理规定。

五、实训报告

学生根据本章知识结合实训项目,撰写相关实训报告。

六、实训评价

从以下几方面对实训进行评价:

1. 实训前资料搜集情况。

2. 独立操作及动手及编写能力。

3. 实训操作的正确性。

4. 实训的纪律性。

5. 实训报告。

实训项目十二　参观药品生产企业生产车间

一、实训目的

1. 了解和感受药品生产企业 GMP 车间的基本布局和设计要求。

2. 了解和感受药品生产设备管理制度及现场执行情况。

3. 熟悉空气净化和工艺用水制备系统。

二、实训内容

1. 学生能根据生产工艺流程较好地理解 GMP 车间的设计原则与要求。

2. 分组参观各剂型车间,了解设施设备管理的各项制度并确认各设备的状态。

3. 重点参观空气净化系统和工艺用水制备系统,充分认识这两者在药品生产中的重要作用。

三、实训注意

1. 平时应与企业保持良好的关系。

2. 分组任务分配应明确具体。

3. 参观时应遵守企业规定,保持纪律,不要喧哗。

4. 现场随时提问,做好记录。

四、实训检测

学生应能按流程模拟进行正确设备操作,熟练掌握厂房设计要点、空气净化和工艺用水制备流程。

五、实训报告

学生根据本章知识结合实训项目,撰写相关实训报告。

六、实训评价

从以下几方面对实训进行评价:

1. 实训前资料搜集。

2. 独立操作及动手及编写能力。

3. 实训操作的正确性。

4. 实训的纪律性。

5. 实训报告。

目标检测

一、选择题

(一)单项选择题

1. 无特殊要求时,洁净区(室)的温湿度应控制在(　　)

　　A. 温度 18~24℃,相对湿度 50%~70%

　　B. 温度 20~24℃,相对湿度 40%~60%

　　C. 温度 18~28℃,相对湿度 50%~70%

　　D. 温度 18~26℃,相对湿度 45%~65%

　　E. 温度 18~24℃,相对湿度 45%~65%

2. 药品生产企业的厂址适宜选择的地方有(　　)

　　A. 市区　　　　　　　　　　B. 机场附近　　　　　　　　　　C. 偏远山区

　　D. 郊区　　　　　　　　　　E. 沙漠地带

3. 以下要求中,(　　)不属于 GMP 对青霉素等高致敏药物生产的要求

　　A. 独立的厂房设施　　　　　　　　B. 与其他厂房距离≥500m

　　C. 粉针分装室保持相对负压　　　　D. 排至室外的空气应经净化处理

　　E. 采用专用的生产设施和设备

4. 空气洁净度不同的相邻洁净房间的静压差应大于(　　)

　　A. 10Pa　　　　　　　　　　B. 5Pa　　　　　　　　　　C. 15Pa

D. 20Pa   E. 25 Pa

5. 注射用水的储存应采用(   )以上保温循环

    A. 65℃   B. 70℃   C. 75℃

    D. 80℃   E. 85℃

6. 以下(   )操作应在 A 级洁净区内进行

    A. 洗瓶   B. 烘干   C. 灌装

    D. 灭菌   E. 包装

7. 可作为滴眼剂的溶剂是(   )

    A. 饮用水   B. 纯化水   C. 去离子水

    D. 注射用水   E. 自来水

8. 下列说法中正确的是(   )

    A. 原料药生产区应位于制剂生产区全年最大频率风向的下风侧

    B. 人流和物料可以共用同一个门出入

    C. 为节省空间,仓储区可以把不同物料混合放置在一起

    D. 为了维修方便,生产区内应设立维修间

    E. 维修工具可以放在生产设备上

9. 一般来说,和生产相关的关键仪表校准间隔应该为(   )

    A. 不少于 3 个月一次   B. 不少于 6 个月一次

    C. 不少于 12 个月一次   D. 不少于 18 个月一次

    E. 不少于 24 个月一次

10. 制药用水的消毒可将分配系统中的循环工艺用水加热到(   ),并在验证周期保温循环

    A. 65℃   B. 70℃   C. 80℃

    D. 90℃   E. 95℃

11. 下列对设备的清洁描述正确的是(   )

    A. 口服片剂生产设备最后清洗可使用饮用水

    B. 待清洗的设备不需挂状态牌,清洗后再挂"已清洁"状态牌

    C. 清洗后的设备放在清洗间,使用时再运至生产线

    D. 同一设备生产不同品种,按照同一个清洁操作规程清洁

    E. 设备的日常维护主要是由设备使用者进行

(二) 多项选择题

1. 纯化水在生产中用于(   )

    A. 非无菌药品的配料、器具和包装材料最后一次洗涤用水

    B. 制备注射用水的水源

    C. 口服、外用制剂配制用溶剂或稀释剂

    D. 直接接触非最终灭菌棉织品的包装材料粗洗用水

E. 配制普通药物制剂用的溶剂或试验用水

2. 下列叙述哪些是正确的(　　)

　　A. A级洁净区不得安装地漏

　　B. 片剂压片室,室内呈相对负压

　　C. 去离子水必须以纯净的深井水为水源,经离子交换而制备

　　D. 注射用水以纯化水为水源,经蒸馏而制备

　　E. 分装粉针青霉素的洁净室,室内呈相对负压

3. 下列哪些工序应该按照 D 级洁净区要求设置(　　)

　　A. 口服液体和固体制剂生产的暴露工序区域

　　B. 腔道用药(含直肠用药)、表皮外用药品生产的暴露工序区域

　　C. 直接接触药品的包装材料最终处理的暴露工序区域

　　D. 注射剂的灌装和轧盖工序

　　E. 原料药的精制工序

4. 下列说法正确的是(　　)

　　A. 生产设备不得对药品质量产生任何不利影响

　　B. 与药品直接接触的生产设备表面应当平整、光洁、易清洗

　　C. 与药品直接接触的生产设备不得与药品发生化学反应、吸附药品

　　D. 主要生产和检验设备都应当有明确的操作规程

　　E. 与药品直接接触的生产设备可以少量地向药品中释放物质

5. 设备的选型应考虑哪些因素(　　)

　　A. 产品物理特性,化学特性　　　　　　B. 生产工艺要求

　　C. 设备安装区域、位置、固定方式　　　D. 满足环境要求

　　E. 操作要求

6. GMP 的实施包括软件和硬件,其中硬件是指(　　)

　　A. 人员　　　　　　　　B. 生产环境　　　　　　　C. 厂房

　　D. 设备　　　　　　　　E. 制度

7. 制药用水储存和分配系统的消毒方法有(　　)

　　A. 5%的过氧化氢　　　　　　　　　B. 臭氧

　　C. 周期性加热系统水温至 80℃±3℃　　D. 高浓度的酸液

　　E. 高浓度的碱液

二、简答题

1. 厂址选择的主要原则有哪些?

2. 制药用水分为哪几类,说出它们的制备方法?

3. 绘出最常见的空气处理机组组成图。

4. 设备的正常清洁步骤是什么？

三、实例分析

1. 2007年5月7日以来，在使用华联制药厂生产的甲氨蝶呤对急性白血病和干细胞移植者进行注射后，陆续出现下肢疼痛、下肢麻木、大小便失禁，脊髓马尾神经以下瘫痪，在北京、广东、上海、河北等地多家医院出现293例患者，这就是甲氨蝶呤事件，已证实生产线污染了长春新碱，怀疑原因为生产设备未彻底冲洗。

通过此案，分析生产设备的清洗过程以及清洗后要进行验证的必要性。

2. 2015年3月国家食品药品监督管理总局相关部门对某中药公司进行了飞行检查，发现企业存在以下问题：现场检查时，该企业车间清洁不彻底，生产设备无清洁状态标识；部分饮片无货位卡标识，个别批次饮片未集中存放；未设立原药材阴凉库，枸杞等药材未按规定阴凉保存；未将检验不合格的蜜旋覆花及蜂蜜存放到不合格品库。

处理结果：收回其药品GMP证书，责令企业停止生产，召回相关产品。

通过此案，分析该制药公司都违反了本章内容的哪些GMP（2010版）条例？应当如何整改？

ER-05章习题

（刘艺萍）

第六章

文件管理

ER-06章PPT

导学情景 ∨ ....

情景描述：

药学院制药专业的学生们，到某制药企业外包车间进行生产实习，车间主任首先给学生们进行"外包岗位的标准操作规程""印有标签、说明书内容的包装材料的管理规程"以及"装瓶机标准操作规程"等设备操作 SOP 的培训……

学前导语：

制药企业实施 GMP 的三要素可以概括为：硬件、软件和湿件。所谓硬件是指厂房、设施与设备等；软件是指文件系统即职责、制度、标准、工艺、规程、程序、记录等管理规定等；湿件是指具备必要资质的高素质的人员。而一套经过验证的、具有实用性、现行性的软件是制药企业运行和实施 GMP 的保证，本章我们将带领同学们共同学习 GMP 的文件管理系统。

文件是信息及其承载媒体。GMP 概念中的文件是指一切涉及药品生产、管理全过程中使用的书面标准和实施过程中产生的结果的记录。这个定义明确地指出了药品生产企业文件的两大部分：标准和记录。

文件管理是药品生产企业质量管理体系的重要组成部分。涉及 GMP 的各个方面，与生产、质量、储存和运输等相关的所有活动都应在文件系统中明确规定，药品生产企业应对质量管理体系（QMS）中采用的全部要素、要求和规定编制成各项制度、标准或程序，以形成企业的文件系统，使行之有效的质量管理手段和方法制度化、法规化，通过质量系统文件的实施来保证质量体系的有效运行。在实施 GMP 及其有关的标准文件时，能够及时正确地记录执行情况，并保存完整的执行记录，即所有活动的计划和执行都必须通过文件和记录证明，应精心设计、制订、审核和发放文件，文件应按照操作规程管理，内容应清晰、易懂，并有助于追溯每批产品的历史情况。可靠的文件是质量保证体系必不可少的基本部分，是指导员工操作和行为的依据。

文件管理的目的是保证药品生产企业生产经营活动的全过程能够规范化地运转，使企业在遵守国家各种有关法律法规的原则之下，一切活动有章可循、责任明确、照章办事、有案可查，以达到有效管理的最终目标，生产出高质量的产品，书面的文件可以防止口头交流产生的错误，记录是操作完成的证据，并能追溯批产品的历史。

▶ **课堂活动**

药品生产企业的文件有哪些？ 写出 3 份企业文件名称。

第一节　文件类型与生命周期

一、文件类型

为确保质量管理系统的有效性,能够全面体现质量管理系统组织结构的文件系统是十分重要的。为了方便有效地管理药厂数量庞大的文件,可以将文件分为 4 个层次进行管理,分层情况见图 6-1。

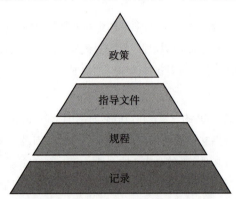

图 6-1　文件层次管理图

> **知识链接**
>
> 药品生产企业的文件类型
>
> 药品生产企业的文件依据 ISO9000 系列标准和 GMP（2010 版）要求可分为以下几种类型:
>
> (1)阐明要求的文件,例如规范、标准、规定、制度等。
>
> (2)阐明推荐建议的文件,例如药品生产企业自己的 GMP 实施指南。
>
> (3)规定企业质量管理体系的文件,例如质量手册。
>
> (4)规定用于某一具体情况的质量管理体系和资源的文件,例如质量计划。
>
> (5)阐明所取得的结果或提供所完成活动的证据的文件,例如记录、凭证、报告等。

文件类型见表 6-1。

表 6-1　文件类型及描述表

文件类型	描述	
政策	公司政策综述:政策定义了框架、基本原则和目标;不涉及具体的系统、工艺和要求	SMP
指导文件 规程	系统、通用性工艺、总体要求:指导文件定义了通用性工艺和总体要求、职责 详细的操作要求和规程:基于相应的指导文件,详细的操作要求和规程包括通用性工艺的详细说明、工厂和(或)某职能的(内部)标准操作	SOP
记录	所有与 GMP 相关活动的记录文件,提供这些活动的历史和相关情况	

药品生产企业根据公司的规模、组织架构和活动范围,在实施 GMP 过程中将表中 4 类文件进行交叉和合并,其中指导文件和规程可以合并为一类。主要有阐明要求的文件即标准,以及阐明结果或证据的文件即记录、凭证和各种报告等。

二、文件的分类

中国化学制药工业协会、中国医药工业公司组织编写的《药品生产质量管理规范实施指南(2001)》将各类文件之间的相互关系形象地用示意图表示,见图 6-2。

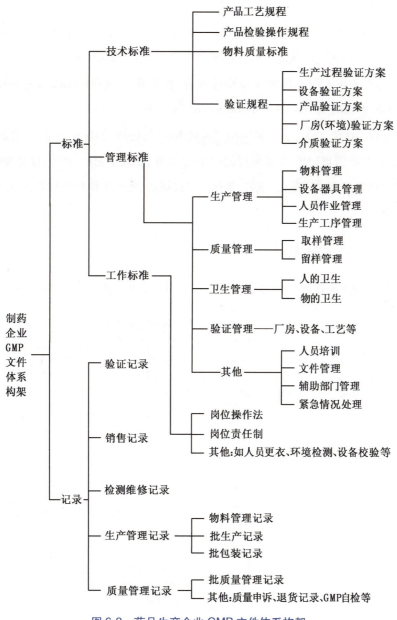

图 6-2　药品生产企业 GMP 文件体系构架

药品生产企业可根据 GMP 的要求、各类文件的相互关系,结合本企业的实际,建立起本企业的文件系统。但是应循序渐进,吸取先进的技术和经验。

1. 标准文件 主要有技术标准、管理标准和工作标准3个方面。

（1）技术标准：技术标准是指在药品生产技术活动中,由国家有关部门及企业颁布和制定的技术性规范、准则、规定、办法、规格标准、规程和程序等书面要求。例如产品工艺规程、产品检验操作规程、产品质量检验标准等。

（2）管理标准：管理标准是指由国家有关部门所颁发的有关法规、制度或规定等文件,以及企业为了行使生产计划、指挥、控制等管理职能,使之标准化、规范化而制定的规章制度、规定、标准或办法等书面要求。例如生产管理中的物料管理、设备器具管理、人员作业管理、卫生管理、验证管理、培训管理、文件管理等。

（3）工作标准：工作标准是指企业内部对每一项独立的生产作业或管理活动所制定的规定、标准程序等书面要求,或以人或团队的工作为对象,对其工作范围、职责权限以及工作内容考核所规定的标准、程序等书面要求。例如各种岗位操作规程、标准操作规程（standard operating procedure,SOP）、标准管理规程（standard management procedure,SMP）等。

2. 记录类文件 这类文件主要是阐明结果或提供证据,包括:①各种记录,如验证记录、销售记录、检测维修记录、生产管理记录、质量管理记录等;②凭证,如表示物料、物件、设备和操作室状态的单、证、卡、牌以及各类证明文件等;③报告,如药品申请报告、各种工作总结报告、产品质量综合分析以及各类报告书等。

三、文件管理的生命周期

同设施、设备和程序的管理一样,文件管理也有相应的生命周期过程,见图6-3。

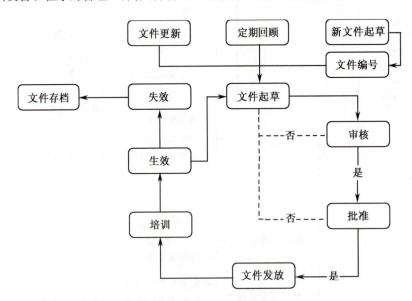

图6-3 文件管理生命周期示意图

通过整个生命周期过程的分阶段控制,确保文件管理符合相应的法规和程序要求,见图6-4。

文件记录的保存可以是纸质原件或电子表格或准确的副本,如影印件、缩影胶片、单片缩影胶片或原件的其他精确复制品。关于文件记录的保存期限,对于与批相关的文件和批不相关的文件有不

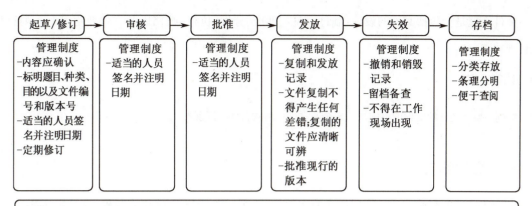

图 6-4　生命周期过程示意图

同的要求。

1. 批相关的文件　对于批相关的文件,与 GMP 有关的每项活动均应有记录,所有记录至少应保存至药品有效期后一年,确认和验证、稳定性考察的记录和报告等重要文件应长期保存,以保证产品生产、质量控制和质量保证等活动可以追溯。

2. 批不相关的文件　对于批不相关的文件,相关法规对保存期限没有具体的规定。各公司需要依据产品、工艺的特点等因素,制订相应的保存年限,保证产品生产、质量控制和质量保证等活动可以追溯。有一些文件,如政策、指导文件、SOP 和基准批记录等,应有变更历史记录,记录应长期保存。

点滴积累

1. 药品生产药品生产企业的文件可分为 2 类: 即一切涉及药品生产、管理的书面标准和实施的记录。

2. 文件管理的目的是保证药品生产企业一切生产经营活动活有章可循、责任明确、照章办事、有案可查。

3. 企业应建立文件管理的操作规程, 系统地设计、制订、审核、批准和发放文件。

4. 文件具有的起草、修订、审核、批准、发放、失效、存档等不同阶段构成文件的生命周期。

第二节　文件的制订与管理

药品生产企业应建立文件的起草、修订、审核、批准、替换或撤销、复制、保管和销毁等管理制度,并有相应的文件分发、撤销、复制、销毁的记录。

文件管理是指包括文件的设计、制订、审核、批准、分发、执行、归档以及文件变更等一系列过程的管理活动。

▶ 课堂活动

药品生产企业的文件的格式与一般企业文件的格式有什么区别?

一、文件的制订

一个药品生产企业的质量管理体系的文件化,必须要以 GMP 文件化为基础;反过来,GMP 文件化,必须要以质量管理体系为依据。为使文件目录完整,不遗漏、不重复,必须根据企业的组织框架、人员状况、生产剂型、品种、厂房、设施、设备、检验设施、市场情况等实际情况针对 GMP 逐条进行研究分析来确立文件目录。文件制订的具体要求有如下几条:

1. 文件的标题、类型、目的、原则应有清楚的陈述以与其他文件相别。

2. 文件内容确定、使用的文字应确切、易懂、简练,不能模棱两可;指令性的内容必须以命令手方法写出。

3. 条理清楚,易理解,可操作性强。

4. 各类文件应有便于识别其文本、类别的系统编码和日期,该文件的使用方法、使用人等,便于查找。编码页数应有总页数和分页数。

5. 文件如需记录或填写数据,应留有足够空间,以便于填写内容;在各项内容之间,也要有适当的空隙。每项标题内容应准确。

6. 文件的制订、审查、批准责任人应签字。文件不使用手抄本,以防差错。

7. 要注意文件纸张的大小、质地、颜色、装订、复制等。一般使用 A4 纸。

8. 提倡实事求是,不反对借鉴别人的先进经验,但不能生搬硬套。一时难以形成的文件,如某些 SOP,可待时机成熟后再去完成,必须清楚编写文件是为了使用文件,而不是形式主义,不是摆花架子。

二、文件的标识

文件应有便于识别其文本、类别的系统编码和日期,药品生产企业编制各类文件时应统一格式、统一编码,其编码系统应能方便地识别其文本类别和序列,便于归类及查找,要注意避免使用过时或发放过时的文件,设计编码要考虑企业的发展,编码应有发展性。文件编码要注意以下几点要求:

1. **系统性** 统一分类、编码,并指定专人负责编码,同时进行记录。

2. **准确性** 文件应与编码一一对应,一旦某一文件终止使用,此文件编码即告作废不得再次启用。

3. **可追踪性** 根据文件编码系统的规定,可任意调出文件,亦可随时查询文件变更的历史。

4. **稳定性** 文件系统编码一旦确定,一般不得随意变动,应保持系统的稳定性,以防止文件管理的混乱。

5. 相关一致性 文件一旦经过修订,必须给定新的编码,对其相关文件中出现的该文件编码同时进行修正。

(1)标准类编码:"标准"编号方法如图6-5所示。

图6-5 标准编号方法示意图

标准类型代码一般分3类,分别为管理规程(SMP)、标准操作程序(SOP)以及技术标准(STP)。

分类类别代码:企业可以根据实际需要进行统一制订,不同的药品生产企业,其代码可能选用英文缩写,也可能选用汉语拼音。但一个企业内部编码应统一,作为文件管理制度应有具体介绍,以方便使用者和检查者查找,见表6-2。

表6-2 标准文件分类类别及代码

类别	代码	类别	代码
1. 机构与人员	JG	7. 文件	WJ
2. 厂房与设施	CF	8. 生产管理	SC
3. 设备	SB	9. 质量管理	ZL
4. 物料	WL	10. 产品销售与收回	XS
5. 卫生	WS	11. 投诉与不良反应报告	TS
6. 验证	YZ	12. 自检	ZJ

顺序号用4位数字表示,千位数表示分类别,后3位数表示顺序号。如分类别为1,序号为第6号的文件,用1006表示。

版号用2位数字表示,如01为第1版,02为第2版。代码与顺序号、版号之间用短线分开。

例如:SMP-WL-1007-01

　　"SMP-WL"表示物料管理规程;

　　"1007"表示分类别为1、序号为7的物料管理
规程;

　　"01"表示首次制定的文件第1版。

"SMP-WL-1007-01"表示分类别为1、序号为7的物料管理规程,此规程是首次制定的。

(2)记录类编码:"记录"编号方法如图6-6所示。

记录类型代码为TBL。如果是管理规程,分类类别与

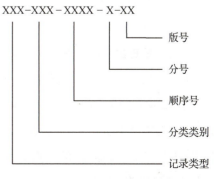

图6-6 记录编号方法示意图

顺序号跟记录所在的文件号保持一致;如果是标准操作程序,在分类类别前面加"O"。

分号:顺序号一般用一位数字表示,代表此文件的相关记录的号码,如2代表第2个相关记录。如果文件只有一个相关记录,1可以省略。

版号:版号用2位数字表示,如01为第1版,02为第2版。代码与顺序号、版号之间用短线分开。

例如:TBL-OWS-1006-2-01

文件编制格
式管理规程

"TBL"表示记录;

"OWS-1006"表示此记录在卫生标准操作程序1006中;

"2"表示第2个相关记录;

"01"表示第一次制定的记录表格,为第1版。

"TBL-OWS-1006-2-01"表示存在于文件"SOP-WS-1006-01"中的第2个记录表格,此记录表格为首次制定的。

三、文件的管理

药品生产企业应按GMP的要求,制订文件管理制度。内容包括各类文件的标示、起草、修订、审查、批准、印刷、分发、执行、保管、检查、撤销和归档等程序及规定。

1. 文件的使用 为确保文件的正确执行使用,应制订以下使用管理措施:①制订"文件编制记录",明确文件编制过程中各有关部门的责任,分发文件时由领用人签名。②制订"文件总目录",对所有文件进行归类登记。发放新版文件时,同时收回旧版文件,由文件管理人员统一处理。对保存的旧版文件应另行明显标识,与现行文件隔离保存。③制订"现行文件清单",供随时查对,并了解最新文件修改状态。④文件的复制由文件管理部门统一制作,经审核后加盖红色印章,登记发放。

2. 文件的修订变更 药品生产企业应对文件定期审阅,及时修订,并按文件的修改、撤销程序办理。文件修改、审阅、批准程序应与制定时相同。规格标准应按最新出版的国家药典或其他法定规格进行及时修订。

文件一经修订,应立即检查与该文件相关的文件是否应做相应的修订。

3. 文件的归档保管 文件的归档包括现行文件和各种结果记录的归档。文件管理部门保留1份现行文件或样本,并根据文件变更情况随时记录在案。各种记录完成后,整理、分类归档,保留至规定期限。凡企业不得自行决定修改的文件如产品注册质量标准、产品批准文件等,宜单独存放,各种生产记录、销售记录等应保存至少3年或保存至产品有效期后1年。对于批生产记录、用户投诉记录、退货报表等应定期进行统计评价,为改进质量提供依据。

4. 文件管理的持续改进 文件管理改进的方向一是简化,即简化工作流程,减少中间环节;二是实现文件管理无纸化。文件管理的程序化、规范化,可缩短文件形成周期,提高效率。

文件管理是药品生产企业实施GMP软件的基础,要做到:①确立档案工作领导体制,建立档案工作机构,配备工作人员;②认真落实档案管理制度;③建立和健全档案文件的材料形成、积累、归档的控制体系。只有高品位、高效率的文件系统,才能保证药品生产企业有序运作,进而保证产品的质量,保证人民用药的安全。

点滴积累　V

1. 企业应建立文件管理的操作规程，系统地设计、制订、审核、批准和发放文件。

2. 文件的内容应与药品生产许可、药品注册等相关要求一致，并有助于追溯每批产品的历史情况。

3. 文件的起草、修订、审核、批准、替换或撤销、复制、保管和销毁等应按操作规程管理，并有相应的文件分发、撤销、复制、销毁记录。

4. 文件应标明题目、种类、目的以及文件编号和版本号。　文字应确切、清晰、易懂。

5. 文件应分类存放、条理分明，便于查阅。

第三节　主要生产质量文件

一、质量标准

质量标准(specification)是详细阐述生产过程中所用或所得产品或物料必须符合的技术要求。质量标准是质量评价的基础,是保证产品质量、安全性、有效性和一致性的重要因素。

物料和成品应有经过批准的现行质量标准。必要时,中间产品或待包装产品也应有质量标准,根据 GMP 的要求,质量标准通常包括表 6-3 中的几类。

表 6-3　质量标准的类型

质量标准	内容要求 见 GMP（2010 版）	制定依据
物料质量标准	第一百六十五条	国家药品标准(包括:药典和药品标准) 中国国家标准（GB）
中间产品和待包装产品	第一百六十六条	中国行业标准（例如:药包材行业标准,YBB）产品的官方注册文件
成品	第一百六十七条	说明:①根据药品成品的销售地点,需考虑其他各国药典(如:《欧洲药典》《美国药典》《日本药典》《英国药典》等)或国家标准;②进口药品包装材料应同时符合进口药品包装材料标准

（一）物料的质量标准

物料的质量标准一般应当包括:

1. 物料的基本信息　①企业统一指定的物料名称和内部使用的物料代码;②质量标准的依据;③经批准的供应商;④印刷包装材料的实样或样稿。

2. 取样、检验方法或相关操作规程编号。

3. 定性和定量的限度要求。

4. 贮存条件和注意事项。

5. 有效期或复验期。

（二）成品的质量标准

成品的质量标准应当包括：

1. 产品名称以及产品代码。

2. 对应的产品处方编号（如有）。

3. 产品规格和包装形式。

4. 取样、检验方法或相关操作规程编号。

5. 定性和定量的限度要求。

6. 贮存条件和注意事项。

7. 有效期。

二、工艺规程

工艺规程为生产特定数量的成品而制订的一个或一套文件，包括生产处方、生产操作要求和包装操作要求，规定原辅料和包装材料的数量、工艺参数和条件、加工说明（包括中间控制）、注意事项等内容。工艺规程是产品设计、质量标准和生产、技术、质量管理的汇总，是企业组织和指导生产的主要依据和技术管理工作的基础。每种药品的每个生产批量均应当有经企业批准的工艺规程，不同药品规程的每种包装形式均应当有各自的包装操作要求。工艺规程的制定应当以注册批准的工艺为依据，工艺规程不得任意更改；如需更改，应当按照相关的操作规程修订、审核、批准。

产品工艺规程由车间技术主任组织编写，企业质量管理部门组织专业审查，经总工程师（或企业生产和质量）负责人批准后颁布执行。工艺规程应有车间技术主任、质量管理部门负责人和总工程师（或企业技术负责人）签字及批准执行日期。工艺规程的修订一般不超过 5 年，一般的工艺和设备改进项目，由有关部门提出书面报告。经试验在不影响产品质量情况下，经厂生产技术部门批准，质量管理部门备案，同时出具修改通知书，指明修改日期、实施日期、审批人签章后发至有关部门施行并在工艺规程附页上记载。重大的工艺改革项目需组织鉴定。修订稿的编写、审查、批准程序与制定时相同。

制剂的工艺规程的内容少应当包括：

（一）生产处方

1. 产品名称和产品代码。

2. 产品剂型、规格和批量。

3. 所用原辅料清单（包括生产过程中使用，但不在成品中出现的物料），阐明每一物料的指定名称、代码和用量；如原辅料的用量需要折算时，还应当说明计算方法。

（二）生产操作要求

1. 对生产场所和所用设备的说明（如操作间的位置和编号、洁净度级别、必要的温湿度要求、设备型号和编号等）。

2. 关键设备的准备（如清洗、组装、校准、灭菌等所采用的方法或相应操作规定编号）。

3. 详细的生产步骤和工艺参数说明（如物料的核对、预处理、加入物料的顺序、混合时间、温度等）。

4. 所有中间控制方法及标准。

5. 预期的最终产量限度,必要时,还应当说明中间产品的产量限度,以及物料平衡的计算方法和限度。

6. 待包装产品的贮存要求,包括容器、标签及特殊贮存条件。

7. 需要说明的注意事项。

（三）包装操作要求

1. 以最终包装容器中产品的数量、重量或体积表示的包装形式。

2. 所需全部包装材料的完整清单,包括包装材料的名称、数量、规格、类型以及与质量标准有关的每一包装材料的代码。

3. 印刷包装材料的实样或复制品,并标明产品批号、有效期打印位置。

4. 需要说明的注意事项,包括对生产区和设备进行的检查,在包装操作开始前,确认包装生产线的清场已经完成等。

5. 包装操作步骤的说明,包括重要的辅助性操作和所用设备的注意事项、包装材料使用前的核对。

6. 中间控制的详细操作,包括取样方法及标准。

7. 待包装产品、印刷包装材料的物料平衡计算方法和限度。

例一　原料药生产工艺规程

（1）产品名称及概述。

（2）原辅材料、包装材料及质量标准。

（3）化学反应过程（包括副反应）及生产流程图（工艺及设备流程,包括工艺所需的空气净化级别）。

（4）工艺过程（包括工艺过程中必需的 SOP 名称以及需验证的工艺过程及说明）。

（5）生产工艺和质量控制检查（包括中间体检查）,中间体和成品质量标准。

（6）技术安全与防火（包括劳动保护）环境卫生。

（7）综合利用（包括副产品收回的处理）与"三废"治理（包括"三废"排放标准）。

（8）操作工时与生产周期。

（9）劳动组织与岗位定员。

（10）设备一览表及主要设备生产能力（设备包括仪表规格型号）。

（11）原材料、动力消耗定额和技术经济指标。

（12）物料平衡（包括原料利用率的计算）。

（13）附录（有关理化常数、曲线、图表、计算公式、换算表等）。

（14）附页（供修改时登记批准日期、文号和内容用）。

例二　制剂生产工艺规程

（1）产品名称、剂型、规格。

（2）处方和依据。

（3）生产工艺流程。

(4)操作过程及工艺条件。

(5)工艺卫生和环境卫生(包括对空气净化级别要求)。

(6)本产品工艺过程中所需的 SOP 名称及要求。

(7)原辅材料、中间产品和成品的质量标准和技术参数及储存注意事项。

(8)中间产品的检查方法及控制。

(9)需要进行验证的关键工序及其工艺验证的具体要求。

(10)包装要求、标签、说明书(附样本)与产品储存方法及有效期。

(11)原辅材料的消耗定额、技术经济指标、物料平衡以及各项指标的计算方法。

(12)设备一览表、主要设备生产能力。

(13)技术安全及劳动保护。

(14)劳动组织与岗位定员。

(15)附录(有关理化常数、曲线、图表、计算公式及换算表等)。

(16)附页(供修改时登记批准日期、文号和内容用)。

例三　中成药生产工艺规程

(1)产品概述。

(2)处方和依据。

(3)工艺流程图。

(4)原药材的整理炮制。

(5)制剂操作过程及工艺条件。

(6)原辅材料规格(等级)、质量标准和检查方法。

(7)半成品质量标准和检查方法。

(8)成品的质量标准。

(9)包装材料和包装的规格、质量标准。

(10)说明书、产品包装文字说明和标志。

(11)工艺卫生要求。

(12)设备一览表及主要设备生产能力。

(13)技术安全及劳动保护。

(14)劳动组织、岗位定员、工时定额与产品生产周期。

(15)原辅材料消耗定额。

(16)包装材料消耗定额。

(17)动力消耗定额。

(18)综合利用和环境保护。

三、批生产记录

批记录是用于记述每批药品生产、质量检验和放行审核的所有文件和记录,可追溯所有与成品质量有关的历史信息,包括:批生产记录、批包装记录、批检验记录、药品放行审核记录及其他与本批产品有关的记录文件。通过批记录可以追溯所有与产品生产、包装和检验相关的历史和信息,特别是当产品在销售过程中出现质量问题时。

批生产记录由生产指令、各工序岗位生产原始记录、清场记录、物料平衡及偏差调查处理情况、检验报告单等汇总而成。

(一)批生产记录的管理

每批产品均应当有相应的批生产记录,可追溯该批产品的生产历史以及与质量有关的情况。批生产记录应当依据现行批准的工艺规程的相关内容制订,记录的设计应当避免填写差错,批生产记录的每一页应当标注产品的名称、规格和批号。

原版空白的批生产记录应当经生产管理负责人和质量管理负责人审核和批准。批生产记录的复制和发放均应当按照操作规程进行控制并有记录,每批产品的生产只能发放一份原版空白批生产记录的复制件。在生产过程中,进行每项操作时应当及时记录,操作结束后,应当由生产操作人员确认并签注姓名和日期。

批生产记录可由岗位工艺员分段填写,生产车间技术人员汇总,生产部门有关负责人审核并签字。跨车间的产品,各车间分别填写,由指定人员汇总、审核并签字后送质量管理部门。该记录应具有质量的可追踪性,保持整洁,不得撕毁和任意涂改。若发现填写错误,应按规定程序更改。

批生产记录应按批号归档,保存至药品有效期后1年,未规定有效期的药品,批生产记录应保存3年。

(二)批生产记录的内容

1. 产品名称、规格、批号。

2. 生产以及中间工序开始、结束的日期和时间。

3. 每一生产工序的负责人签名。

4. 生产步骤操作人员的签名;必要时,还应当有操作(如称量)复核人员的签名。

5. 每一原辅料的批号以及实际称量的数量(包括投入的回收或返工处理产品的批号及数量)。

6. 相关生产操作或活动、工艺参数及控制范围,以及所用主要生产设备的编号。

7. 中间控制结果的记录以及操作人员的签名。

8. 不同生产工序所得产量及必要时的物料平衡计算。

9. 对特殊问题或异常事件的记录,包括对偏离工艺规程的偏差情况的详细说明或调查报告,并经签字批准。

四、批包装记录

批包装记录是该批产品包装全过程的完整记录,可以单独设置,也可以作为批生产记录中的一部分。

为了保证药品所用的标签、标示物和其他包装材料的正确性,应当制定严格的书面规程以准确定义所实施的包装作业,并记录整个操作过程,以保持控制。批包装记录的管理与批生产记录的管理相同,批包装记录的内容应当包括:

1. 产品名称、规格、包装形式、批号、生产日期和有效期。

2. 包装操作日期和时间。

3. 包装操作负责人签名。

4. 包装工序的操作人员签名。

5. 每一包装材料的名称、批号和实际使用的数量。

6. 根据工艺规程所进行的检查记录,包括中间控制结果。

7. 包装操作的详细情况,包括所用设备及包装生产线的编号。

8. 所用印刷包装材料的实样,并印有批号、有效期及其他打印内容;不易随批包装记录归档的印刷包装材料可采用印有上述内容的复制品。

9. 对特殊问题或异常事件的记录,包括对偏离工艺规程的偏差情况的详细说明或调查报告,并经签字批准。

10. 所有印刷包装材料和待包装产品的名称、代码,以及发放、使用、销毁或退库的数量、实际产量以及物料平衡检查。

知识链接

批包装记录的要求

1. 每批产品或每批中部分产品的包装,都应当有批包装记录,以便追溯该批产品包装操作以及与质量有关的情况。

2. 批包装记录应当依据工艺规程中与包装相关的内容制订。 记录的设计应当注意避免填写差错。批包装记录的每一页均应当标注所包装产品的名称、规格、包装形式和批号。

3. 批包装记录应当有待包装产品的批号、数量以及成品的批号和计划数量。 原版空白的批包装记录的审核、批准、复制和发放的要求与原版空白的批生产记录相同。

4. 在包装过程中,进行每项操作时应当及时记录,操作结束后,应当由包装操作人员确认并签注姓名和日期。

五、标准操作规程

岗位标准操作规程(SOP)可看作是组成岗位操作法的基础单元,同属于岗位操作规则,是对某项具体操作所做的书面知识情况说明并经批准的文件,即是经批准用来指导药品生产活动如设备操作、维护与清洁、验证、环境控制、取样和检验等的通用性文件。SOP 是企业活动和决策的基础,确保每个人正确、及时地执行质量相关的活动和流程。

(一) 岗位 SOP 的管理

岗位操作法由车间技术人员组织编写,经车间技术主任批准,报企业质量管理部门备案后执行。岗位操作法应有车间技术人员、技术主任签字及批准执行日期。岗位 SOP 的编写、审查、批准程序同岗位操作法。

岗位操作法和岗位 SOP 的修订不超过 2 年。修订稿的编写、审查、批准程序与制定时相同。

（二）岗位 SOP 的内容

岗位 SOP 根据企业的规定应该有相应的模板和编写要求，一般情况下，应包括以下内容：题目、编号、版本号、颁发部门、生效日期、分发部门以及制定人、审核人、批准人的签名并注明日期，标题、正文及变更历史。

六、记录

记录是反映实际生产活动实施结果的书面文件，药品生产的所有环节，从生产到检验到销售都要有记录可查证追溯。记录必须真实、完整，才可以体现生产过程中的实际情况。

> **知识链接**
>
> 批生产记录和工艺规程的关系
>
> 某些情况下，批生产记录的母本和生产工艺规程可以是同一个文件，但这并不是必须的，各企业可以根据实际情况来实施。
>
> 某公司希望将批记录的母本和生产工艺规程合并，在批记录母本修订时，参照法规中对生产工艺规程所要求的所有信息，将生产工艺规程所需要信息和批记录母本中已经有的信息进行比较，然后把生产工艺规程中要求的信息全部加入批记录母本。这样使得批记录的母本满足了生产工艺规程的所有要求，两个文件合二为一。

（一）记录的填写

ER-6-2

记录管理
规程

各企业在符合相关法律法规要求的前提下，可根据自身的实际情况做出相应的规定，下面就记录在使用和填写时的一般要求总结如下：

1. 使用的记录格式为经过批准的格式。

2. 所记录的信息应及时、真实、清晰、正确、完整。操作人员应按要求认真适时填写，填写时做到字迹清楚、内容真实、数据完整，并由操作人及复核人签字。不得将生产记录当成"回忆录"或"备忘录"对待，更不得造假记录。

3. 不可使用不规范的缩写去记录文字或单位（如物理或化学单位），填写记录时应注意数字单位及有效数字与要求一致。

> **知识链接**
>
> 数据的修约原则
>
> 数据的修约应采用舍进机会相同的修约原则，即"4"舍，"6"入"5"留双。当所拟修约的数字中，其右面第一个数字小于或等于4时舍去；其右面第一个数字大于或等于6则进1；其右面第一个数字等于5时，5后（右边）非0应进1，5后皆0看奇偶，5前偶数应舍去，5前奇数则进1。例如：（保留1位小数）3.5424→3.5，2.1500→2.2，2.3653→2.4，2.2500→2.2，2.1507→2.2，2.0500→2.0。

4. 在记录中工整地书写文字或数据,正常情况下应使用蓝色或黑色,应使用字迹不能擦掉或消退的笔(尽量使用签字笔)。

5. 记录应按表格内容填写齐全,不得留有空格,如果操作无须执行,相应的空格用斜线划掉,并签名和日期,必要时写上无须填写的原因。如无内容填写时要用"--"表示,以证明不是填写者疏忽。内容与上项相同时应重复抄写,不得用"…"或"同上"等表示。

6. 品名不得简写,应按标准名称填写。

7. 与其他岗位、班组或车间有关的操作记录应做到一致性、连贯性。

8. GMP(2010 版)文件记录不允许使用废纸。

9. 只有由本人获得的数据,才可填入记录中,操作者、复核者均应填全姓名,不得只写姓或名。

10. 填写日期一律横写,并不得简写。例如:"2013 年 7 月 1 日",不得写成"13,1/7 "。

11. 所有文件和记录必须有总页数和页码,如果页数不够可以加附加页。

与产品放行相关的数据从原始数据记录转移到报告单/数据处理系统时,如果数据转移人没有进行测量/测试/运行的操作,或转移的时间超过一天,需要经过第二人的复核签名。结果页需要和该记录/文件一起保存,如果单独保存必须指明地点和保存期限。

12. 理论上,原始数据的更改是不应发生或不可能发生的。原始数据只能在例外的情况下被更正,例如:输入错误或书写错误。如果输入的更正是必要的,更正后原来的信息应仍可读,更正人应签名和日期。应记录更正原因,如:打印错误、数字调换、或抄写错误。

13. 禁止覆盖、删除或涂抹任何已填写的数据信息,更改信息数据应用单线划掉需要更改的内容,在其上、下或旁边写上正确的内容,并签名、注明日期和更正原因。

(二) 记录的管理

物料采购、验收、生产操作、检验、发放、成品销售和用户投诉等活动都应当有记录,具体要求如下:

1. 记录应留有数据填写的足够空格。记录应及时填写,内容真实,字迹清晰、易读,不易擦掉。

2. 应尽可能采用生产和检验设备自动打印的记录、图谱和曲线图等,并标明产品或样品的名称、批号和记录设备的信息,操作人应签注姓名和日期。

3. 记录应保持清洁,不得撕毁和任意涂改。记录填写的任何更改都应签注姓名和日期,并使原有信息仍清晰可辨,必要时,应说明更改的理由。记录如需重新誊写,则原有记录不得销毁,而应作为重新誊写记录的附件保存。

4. 与本规范有关的每项活动均应有记录,所有记录至少应保存至药品有效期后 1 年,确认和验证、稳定性考察的记录和报告等重要文件应长期保存,以保证产品生产、质量控制和质量保证等活动可以追溯。

每批药品应有批记录,包括批生产记录、批包装记录、批检验记录和药品放行审核记录等与本批产品有关的记录和文件。批记录应由质量管理部门负责管理。

5. 如使用电子数据处理系统、照相技术或其他可靠方式记录数据资料,应有所用系统的详细规程。记录的准确性应经过核对。如果使用电子数据处理系统,只有受权人员方可通过计算机输入或更改数据,更改和删除情况应有记录。应使用密码或其他方式来限制数据系统的登录。关键数据输入后,应由他人独立进行复核。用电子方法保存的批记录,应采用磁带、缩微胶卷、纸质副本或其他方法进行备份,以确保记录的安全,且数据资料在保存期内应便于查阅。

点滴积累 ∨

1. 文件是质量保证系统的基本要素。 企业必须有内容正确的书面质量标准、生产处方和工艺规程、操作规程以及记录等文件。

2. 每项活动均应有记录,以保证产品生产、质量控制和质量保证等活动可以追溯。

3. 产品生产整个过程必须按照工艺规程进行,严格执行岗位 SOP,及时准确地做好记录。 原辅料、包装材料、中间产品和成品必须符合质量标准。

复习导图

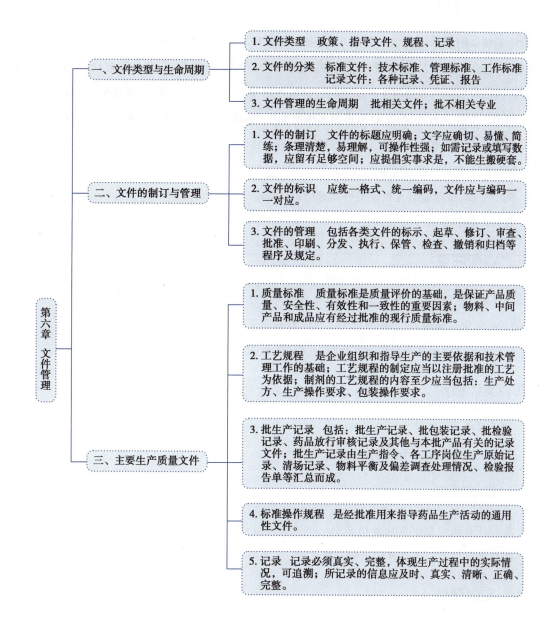

实训项目十三 编制岗位及设备 SOP

一、实训目的

1. 熟练掌握文件编制的要求和要点

2. 熟悉药品生产车间工艺流程及岗位设置。

3. 熟悉药品生产企业文件起草编制程序和流程。

4. 学会编制岗位 SOP 及设备 SOP。

二、实训内容

设定编制口服固体制剂生产车间压片岗位 SOP 和压片机 SOP。学生利用网络或其他工具方法,收集药品生产企业人员岗位设置及设备信息资料。将学生分成两组,分别编制岗位 SOP 和压片机 SOP。教师对口服固体制剂生产车间压片岗位 SOP 和压片机 SOP 进行审核批准。具体步骤为:

1. 课前学生按照教师要求,收集口服固体制剂生产车间岗位设置及设备相关信息资料。

2. 将学生分成两组,分别编制岗位 SOP 和压片机 SOP。文件编制完成后,两组分别扮演生产、质量管理负责人交叉对对方组编制的文件进行审核批准。

3. 两组交换,重新编制人相应文件并进行审核批准。

4. 教师评判和总结。

三、实训注意

对口服固体制剂生产车间岗位设置及设备相关信息资料的收集准备,是实训顺利进行的重要条件,教师务必对重点强调,对压片岗位的工作内容和职责以及压片机使用说明书也必须进行说明,并对药品生产企业文件起草编制程序和流程及文件编制的要求、要点和技巧进行提醒和总结。

四、实训检测

1. 药品生产企业文件编码有几种?

2. 药品生产企业文件编码原则和要求是什么?

五、实训报告

1. 提供压片岗位 SOP 和压片机 SOP。

2. 提供药品生产企业文件起草编制程序。

六、实训评价

从以下几方面对实训进行评价:

1. 实训前资料搜集情况。

2. 独立操作及起草编写能力。

3. 起草编写的正确性。

4. 实训的纪律性。

5. 实训报告。

目标检测

一、选择题

（一）单项选择题

1. 下述（　　）活动也应当有相应的操作规程，其过程和结果应当有记录

    A. 确认和验证　　　　　　　　　　B. 厂房和设备的维护、清洁和消毒

    C. 环境监测和变更控制　　　　　　D. 偏差处理

    E. 以上都是

2. 工艺规程的修订一般不超过（　　）

    A. 2 年　　　　　　　　B. 3 年　　　　　　　　C. 4 年

    D. 5 年　　　　　　　　E. 6 年

3. 质量标准、工艺规程、操作规程、稳定性考察、确认、验证、变更等其他重要文件保存期限应当是（　　）

    A. 保存药品有效期后 1 年　　B. 2 年　　　　　　　　C. 3 年

    D. 5 年　　　　　　　　　　E. 长期保存

4. 药品生产的岗位操作记录应由（　　）

    A. 监控员填写　　　　　B. 车间技术人员填写　　　C. 岗位操作人员填写

    D. 班长填写　　　　　　E. 车间主任

5. 批生产记录如未规定药品失效期，则至少保存（　　）年

    A. 2　　　　　　　　　B. 3　　　　　　　　　C. 4

    D. 5　　　　　　　　　E. 各企业自定

（二）多项选择题

1. 药品企业应当长期保存的重要文件和记录有（　　）

    A. 质量标准　　　　　　B. 操作规程　　　　　　　C. 设备运行记录

    D. 稳定性考察报告　　　E. 交接班记录

2. 下列说法正确的有（　　）

    A. 进入洁净生产区的人员可以化妆和佩戴饰物

    B. 检定菌应当有适当的标识，内容至少包括菌种名称、编号、代次、传代日期、传代操作人

    C. 生产区内可设中间控制区域，但中间控制操作不得给药品带来质量风险

    D. 各部门负责人应当确保所有人员正确执行生产工艺、质量标准、检验方法和操作规程，防

止偏差的产生

  E. 厂房、设备、物料、文件和记录应当有编号(或代码),并制定编制编号(或代码)的操作规程,确保编号(或代码)的唯一性

3. 批生产记录的每一页应当标注产品的(　　)

  A. 规格   B. 数量   C. 英文名

  D. 批号   E. 名称

4. 文件管理是指包括文件的(　　)以及文件变更等一系列过程的管理活动

  A. 设计   B. 制订   C. 审核

  D. 批准   E. 执行

5. 物料的质量标准一般应当包括(　　)

  A. 内部使用的物料代码 B. 经批准的供应商 C. 取样方法

  D. 贮存条件   E. 物料名称

6. 文件的生命周期包括(　　)

  A. 文件的起草   B. 文件的修订   C. 文件的销毁

  D. 文件的存档   E. 文件的审核

7. 文件的分类为(　　)

  A. 记录   B. 凭证   C. 标准

  D. 制度   E. 指南

8. 生产处方包括(　　)

  A. 产品名称   B. 产品剂型、规格 C. 原辅料清单

  D. 包料清单   E. 产品批号

9. 批记录包括(　　)

  A. 批生产记录   B. 批包装记录   C. 批检验记录

  D. 批销售记录   E. 批审核记录

10. 记录的信息应(　　)

  A. 及时   B. 真实   C. 干净

  D. 清晰   E. 准确

二、简答题

1. 药品的批记录中包括哪些记录?

2. 批记录应当由企业的哪个部门管理,保存期限是多长时间?

3. 企业的哪些文件应长期保存?

4. 对记录的更改,GMP 是如何要求的?

三、实例分析

  某药品生产企业生产的两批板蓝根颗粒剂的颗粒颜色有明显差异,在半成品检验时,判定第二

批颗粒性状不合格。

经调查两批产品所用同一批板蓝根浸膏和同一批辅料,板蓝根浸膏半成品检验和辅料检验均合格,且为同一制粒、干燥设备生产设备生产,生产记录无异常,进一步调查发现,生产该批产品的热风循环烘箱温度控制失灵,烘干温度过高,导致颗粒颜色加深,造成产品不合格。

请运用所学过的本章知识对案件进行分析。

（张　静）

第七章

验证与确认

导学情景

情景描述：

1971 年 3 月第一周内，美国 7 个州的 8 所医院发生了 150 起败血症病例。一周后，败血症病例激增至 350 人。四周后，总数达到 405 个病例。美国药品监督管理局（FDA）在对静脉注射剂受细菌污染的跟踪调查中发现，这些药品的检验结果及其中间体的抽样检验情况均符合规定标准，但其中大部分产品不能提供生产和控制各环节始终能保证产品质量的佐证资料。验证是 FDA 对污染输液药品所致药害事件调查后采取的重要举措。

学前导语：

验证是药品 GMP 的基本组成部分，其指导思想是"通过验证确立控制生产过程的运行标准，通过对已验证状态的监控，控制整个工艺规程，确保质量"。本章我们将带领同学们学习有关验证、确认的定义与分类，验证、确认工作的基本内容，验证工作基本程序的基本知识和基本操作，确保产品质量。

　　GMP（1998 版）第五十七条规定：药品生产验证应包括厂房、设施及设备安装确认、运行确认、性能确认和产品验证。其中"确认"只是作为验证中的一个组成部分存在。GMP（2010 版）对验证进行了重新的定义，并将"确认"细化为一个独立的概念从验证中分离出来。其中规定：验证是有文件证明任何操作规程（或方法）、检验方法、生产工艺或系统能达到预期结果的一系列活动。确认是有文件证明厂房、设施、设备和检验仪器能正确运行并可达到预期结果的一系列活动。

　　验证主要考察生产工艺、操作规程、检验方法和清洁方法等。GMP（2010 版）对计算机化系统进行了定义，其中虽未明确规定验证的要求，但在制药行业中通常认为计算机化系统也属于验证的范畴。而确认主要针对厂房、设施、设备和检验仪器。其中厂房和设施主要指药品生产所需的建筑物以及与工艺配套的空调系统、水处理系统、压缩空气系统等公用工程；生产、包装、清洁、灭菌所用的设备以及用于质量控制（包括用于中间过程控制）的检测设备、分析仪器等也都是确认的考察对象。

　　除了定义方面的更新，GMP（2010 版）还将验证和确认的范围进行了扩展。在确认中引入了设计确认的概念，从而将开发过程也列入了确认的范围。验证的范围也从单纯针对产品的生产验证扩展为包含所有的生产工艺、操作规程和检验方法，并且新增加了清洁程序验证的内容。此外，GMP（2010 版）还规定确认或验证的范围和程度应经过风险评估来确定，这一点也与近几年在国际制药行业中广泛应用的质量风险管理的概念相一致。

GMP(2010版)第七章"确认与验证"中对企业确认和验证工作进行了较详细的规定,这些与欧美法规中的要求基本一致。其中包括了确认和验证的对象、目的、文件的要求、计划和实施以及对确认和验证状态的维护。

第一节　验证的分类

在"GMP(2010版)实施指南"中,将验证分为:前验证(也可被称为前瞻性验证或预验证)、同步验证、回顾性验证和再验证。每种类型的验证活动均有其特定的适用条件。

一、前验证

前验证通常指一项工艺、一个过程、一个单位、一个设备在投入使用前必须完成并达到设定要求的验证。这一方式通常用于产品要求高,但没有历史资料或缺乏历史资料,靠生产控制及成品检查不足以确保重现性及产品质量的生产工艺或过程。主要针对新的生产工艺或当工艺发生重大变化时所进行的工艺验证应采用前验证的方式,在验证成功结束之后才可以放行产品。工艺验证中所生产的产品批量应与最终上市的产品批量相同。通常,工艺验证要求进行连续3个成功批次的生产。

无菌产品生产中所采用的灭菌工艺,如蒸汽灭菌、干热灭菌以及无菌过滤和无菌灌装应当进行前验证,因为药品的无菌不能只靠最终成品无菌检查的结果来判断。对最终灭菌产品而言,我国药典和世界其他国家的药典一样,把成品的染菌率不得超过百万分之一作为标准。对不能最终灭菌的产品而言,当置信限设在95%时,产品污染的水平必须控制在千分之一以下。这类工艺过程是否达到设定的标准,必须通过前验证——以物理试验及生物指示剂试验来验证。

新生产工艺的引入应采用前验证的方式,不管新品属于哪一类剂型。前验证的成功是实现新工艺从开发部门向生产部门转移的必要条件,它是一个新品开发计划的终点,也是常规生产的起点。对于一个新品及新工艺来说,应注意采用前验证方式的一些特殊条件。由于前验证的目标主要是考察并确认工艺的重现性及可靠性,而不是优选工艺条件,更不是优选处方,因此,前验证前必须有比较充分和完整的产品和工艺的开发资料。从现有资料的审查中应能确信:①配方的设计、筛选及优选确已完成;②中试性生产已经完成,关键的工艺及工艺变量已经确定,相应参数的控制限已经摸清;③已有生产工艺方面的详细技术资料,包括有文件记载的产品稳定性考察资料;④即使是比较简单的工艺,也必须至少完成了一个批号的试生产。

此外,从中试放大至试生产中应无明显的"数据偏差"或"工艺过程的因果关系发生畸变"现象。为了使前验证达到预期的效果,生产及质量管理人员在前验证之前必须进行必要的培训,熟悉验证方案的内容,清楚了解所需验证的工艺及其要求,消除盲目性,否则前验证只是流于形式了。前验证工作流程见图7-1。

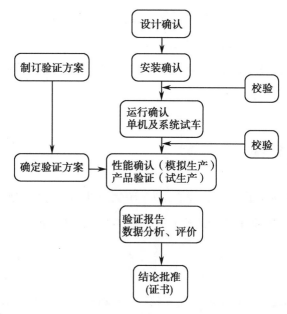

图 7-1 前验证工作流程

二、同步验证

同步验证系指在工艺常规运行的同时进行的验证，即从工艺实际运行过程中获得的数据来确立文件的依据，以证明某项工艺达到预计要求的活动。

在某些非常特殊的情况下也可以接受通过同步验证的方式进行工艺验证，即在常规生产过程中进行验证。同步验证中生产的产品如果符合所有验证方案中规定的要求，可以在最终验证报告完成之前放行。进行同步验证的决定必须合理、有文件记录并且经过质量部门批准。

以水系统的验证为例，人们很难制造一个原水污染变化的环境条件来考察水系统的处理能力并根据原水污染程度来确定系统运行参数的调控范围。又如，泡腾片的生产往往需要低于20%的相对湿度，而相对湿度受外界温度及湿度的影响，空调净化系统是否符合设定的要求，需要经过雨季的考验。这种条件下，需要选择同步验证。如果同步验证的方式用于某种非无菌制剂生产工艺的验证，通常有以下先决条件：①有完善的取样计划，即生产及工艺条件的监控比较充分；②有经过验证的检验方法，方法的灵敏度及选择性等比较好；③对所验证的产品或工艺过程已有相当的经验及把握。

在这种情况下，工艺验证的实际概念即是特殊监控条件下的试生产，而在试生产性的工艺验证过程中，可以同时获得两方面的结果：一是合格的产品；二是验证的结果，即"工艺重现性及可靠性"的证据。验证的客观结果往往能证实工艺条件的控制达到了预计的要求。专家们对这种验证方式的应用曾有过争议，争议的焦点是在什么条件下可以采用这种验证方式。在无菌药品生产工艺中采用这种验证方式风险太大，口服制剂中一些新品及新工艺也比较复杂，采用这种验证方式也会存在质量的风险。

三、回顾性验证

当有充分的历史数据可以利用时，可以采用回顾性验证的方式进行验证。同前验证的几个批次或一个短时间运行获得的数据相比,回顾性验证所依托的积累资料比较丰富;从对大量历史数据的回顾分析可以看出工艺控制状况的全貌,因而其可靠性也更好些。

同步验证、回顾性验证通常用于非无菌工艺的验证,一定条件下两者可结合使用。在移植一个现成的非无菌产品时,如已有一定的生产类似产品的经验,则可以同步验证作为起点,运行一段时间,然后转入回顾性验证阶段。经过一个阶段的正常生产后,将生产中的各种数据汇总起来,进行统计及趋势分析。

回顾性验证应具备若干必要的条件:

1. 通常要求有 10~30 个连续批号的数据,如回顾性验证的批次过少,应有充分理由并对进行回顾性验证的有效性作出评价。

2. 检验方法经过验证,检验的结果可以用数值表示并可用于统计分析。

3. 批记录符合 GMP 的要求,记录中有明确的工艺条件。

4. 有关的工艺变量必须是标准化的,并一直处于控制状态,如原料标准、生产工艺的洁净级别、分析方法、微生物控制等。

回顾性验证的数据来源包括以下内容:

(1)批生产记录和批包装记录;

(2)各种检验记录(成品、中间产品、包装材料及水质检测记录等);

(3)各种变更控制记录及偏差调查报告。

回顾性验证工作流程见图 7-2。

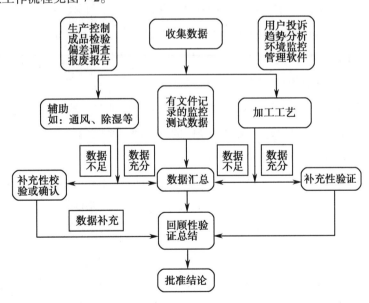

图 7-2 回顾性验证工作流程

系统的回顾及趋势分析常常可以揭示工艺运行的"最差条件",预示可能的"故障"前景。回顾性工艺验证还可能导致"再验证"方案的制订及实施。回顾性工艺验证通常不需要预先制订验证方案,但需要一个比较完整的生产及质量监控计划,以便能够收集足够的资料和数据对生产和质量进行回顾性总结。

四、再验证

所谓再验证,系指一项生产工艺、一个系统或设备或者一种原材料经过验证并在使用一个阶段以后,旨在证实其"验证状态"没有发生漂移而进行的验证。根据再验证的原因,可以将再验证分为下述 3 种类型:①药监部门或法规要求的强制性再验证;②发生变更时的改变性再验证;③每隔一段时间进行的定期再验证。

1. 强制性再验证和检定 强制性再验证、检定包括下述几种情况:

(1)无菌操作的培养基灌装试验(WHO 的 GMP 指南的要求)。

(2)计量器具的强制检定,包括:计量标准,用于贸易结算、监测方面并列入国家强制检定目录的工作计量器具;安全防护、医疗卫生、环境监测方面并列入国家强制检定目录的工作计量器具。

此外,1 年 1 次的高效过滤器检漏也正在成为验证的必查项目。

2. 变更性再验证 药品生产过程中,由于各种主观及客观的原因,需要对设备、系统、材料及管理或操作规程做某种变更。有些情况下,变更可能对产品质量造成重要的影响,因此,需要进行验证,这类验证称为变更性再验证。例如:

(1)原料、包装材料质量标准的改变或产品包装形式(如将铝塑包装改为瓶装)的改变。

(2)工艺参数的改变或工艺路线的变更。

(3)设备的改变。

(4)生产处方的修改或批量数量级的改变。

(5)常规检测表明系统存在着影响质量的变迁迹象。

上述条件下,应根据运行和变更情况以及对质量影响的大小确定再验证对象,并对原来的验证方案进行回顾和修订,以确定再验证的范围、项目及合格标准等。重大变更条件下的再验证犹如前验证,不同之处是前者有现成的验证资料可供参考。

3. 定期再验证 由于有些关键设备和关键工艺对产品的质量和安全性起着决定性的作用,如无菌药品生产过程中使用的灭菌设备、关键洁净区的空调净化系统等。因此,即使是在设备及规程没有变更的情况下也应定期进行再验证。

验证是一项技术性很强的工作,人员的素质及设备条件将直接影响验证的结果和可靠性。什么条件下采用何种验证方式,企业须根据自己的实际情况做出适当的选择。重要的问题是在制订验证方案并实施验证时,应当特别注意这种验证方式的先决条件,分析主客观的情况并预计验证结果对保证质量可靠性的风险程度。

GMP(2010 版)规定:确认和验证不是一次性的行为。首次确认或验证后,应当根据产品质量回顾分析情况进行再确认或再验证。关键的生产工艺和操作规程应当定期进行再验证,确保其能够达到预期结果。

第二节 验证、确认工作的基本内容

确认工作按照项目主要包括:厂房与设施的确认、设备确认。验证工作按照项目主要包括:工艺验证、清洁验证、检验方法验证和计算机系统验证等。

一、厂房与设施的确认

药品生产企业的厂房与设施,是指制剂、原料药、药用辅料和直接与药品接触的包装材料生产中,所需的建筑物以及与工艺配套的空气净化、水处理等公用工程。确认包括设计确认(design qualification,DQ)、安装确认(install qualification,IQ)、运行确认(operatio qualification,OQ)和性能确认(performance qualification,PQ)4个阶段。

1. **厂房确认** 厂房确认主要指厂房的性能认定。药品生产过程中的各个工序都有不同的厂房要求,例如生产无菌产品的房间内表面是否易于清洁、人流和物流是否避免交叉、工艺设备与建筑结合部位缝隙是否密封等都需要进行认定。

2. **公用设施的确认** 公用设施确认的重点是净化空调系统和工艺用水系统。如净化空调系统的能力认定,可用光散射粒子计数器来监测高效过滤器的泄漏。制药用水系统应对原水水质、纯化水与注射用水的制备过程、贮存及输送系统进行确认。此外,惰性气体、压缩空气等也需要进行确认。

以空气净化系统(HVAC)为例:洁净区的洁净度主要是靠空气净化系统来维持,所以洁净区的确认首先就是空气净化系统的确认。用于HVAC系统的确认、监控等的测量仪器仪表的校准必须在设备确认及环境监控前完成,并记录在案,以证实测量数据的准确性。

(1)HVAC系统设计确认(DQ):主要内容是对空气净化系统的选型和订购设备的技术规格、参数和指标适用性的审查,审核工程设计文件是否符合预定的设计标准和GMP要求,同时选择合适的供应商。

(2)HVAC系统安装确认(IQ):主要内容有空气处理设备的安装确认,风管制作、安装的确认,风管及空调设备清洁的确认,空调设备所用的仪表及测试仪器的一览表及检定报告,空气净化系统操作手册、标准操作规程(SOP)及控制标准,高效过滤器的检漏试验等。

(3)HVAC系统运行确认(OQ):证明系统是否达到设计要求及生产工艺要求而进行的实际实验。主要内容有空调设备的测试,高效过滤器的风速及气流流向测定,空调调试和空气平衡,悬浮粒子和微生物的预测定。

(4)HVAC系统性能确认(PQ):洁净度主要进行悬浮粒子和微生物的测定。

(5)HVAC系统日常监控与再验证:HVAC系统验证合格,投入正常使用后,应进行监控。系统的使用、维护保养都不得影响已验证的状态。

HVAC系统日常应监控温湿度、压差、初中效过滤器压差数据及清洗更换频率、空调机组温湿度调节控制、风机运行频率控制、系统消毒频率,并定期监测照度、风速风量、尘埃粒子、沉降菌。HVAC系统在无任何变更的情况下,应定期进行再验证。

HVAC系统如增加了高级别的洁净度房间或系统设备,参数进行了变更,应组织对变更进行评估,确定是否进行再验证。

▶ 课堂活动

如何进行空气净化系统确认?

二、设备确认

设备确认是指对生产设备的设计,选型安装及运行的正确性以及工艺适应性的测试和评估,证实该设备能达到设计要求及规定的技术指标。设备确认的程序如下:

ER-7-1

设备验证管理规程

1. **设计确认** 是对设备的设计与选型的确认。通常对拟购设备的技术指标适用性的认定及对供应厂商的选定。该阶段应考察设备的性能、材质、结构、设备的标准化程度以及是否便于日后的操作及维修保养等内容,目的是确保设备的设计符合用户所提出的各方面需求。经过批准的设计确认是后续确认(如安装确认、运行确认、性能确认)的基础。设计确认包括以下项目:

(1)用户需求说明文件(URS):用户需求文件是从用户角度对设备提出的要求,其中需考虑以下内容:①法规方面的要求(GMP要求、法规要求等);②安装方面的要求(尺寸、洁净级别等);③功能方面的要求;④文件方面的要求(供应商所提供的文件,如图纸、使用说明、备件清单等)。

(2)技术规格说明文件(TS):技术规格说明应根据用户需求说明文件中的文件准备。

(3)对比说明:用表格的方式将用户需求条款与设计条款逐条对比,并对对比的结果进行记录。

(4)风险分析:通过风险分析确定后续确认工作的范围和程度,并制订降低风险的措施。这些措施执行情况需在后续的确认活动中进行检查。

2. **安装确认** 主要确认内容为安装的地点,安装的完整性,与药品直接接触的设备材质类型和表面的光洁程度,设备上的计量仪表的准确性和精确度,设备与提供的工程服务系统是否符合要求,设备的规格是否符合设计要求等。在确认过程中测得的数据可用来制订设备的校正、维护保养、清洗及运行的书面规程,即设备的相关SOP草案。

3. **运行确认** 根据SOP草案对设备的每一部分及整体进行模拟试验。通过试验考察SOP草案的适用性、设备运行参数的波动情况、仪表的可靠性以及设备运行的稳定性,以确保设备能在要求范围内正确运行并达到规定的技术指标,达到模拟生产试运行的能力。

4. **性能确认** 为模拟生产工艺要求的试生产,可与工艺验证同时进行,以确定工艺符合工艺要求,在确认过程中应对运行确认中的各项因素进一步确认,并考查产品的内在外观质量,由此证明设备能否适合生产工艺的需要。通常模拟生产或工艺验证至少重复3次。性能确认可以使用与实际生产相同的物料,也可以使用有代表性的替代物料(如空白剂),测试应包含"最差条件",如在设备最高速度进行测试。

知识链接

以某制粒机为例来说明性能确认

制粒机最大负荷量为每批40kg,在最大负荷量测定。将配好的物料倒入制粒机,启动搅拌桨,启动制粒刀,调至核定的搅拌桨速度,加入黏合剂。分别在搅拌桨至中高速后,180秒、270秒、360秒、

450秒、540秒后，按不同位置的取样点取样测其含量，以检查是否将物料混匀，每批取5次，连续验证3批。要求各点含量均一，相对标准差≤0.5%。如实验结果符合可接受标准，该制粒机性能确认合格；如实验结果不符合可接受标准，应找出原因并采取处理措施。

三、工艺验证

工艺验证是证明工艺参数条件、操作等能适合该产品的常规生产，并证明在使用规定的原辅料、设备的条件下，按照制定的相关标准操作规程生产、检验，始终能生产出符合预定的质量标准要求的产品，且具有良好的重现性和可靠性。GMP对工艺验证的要求包括：①工艺验证应证明一个生产工艺在规定的工艺参数下能持续有效地生产出符合预定的用途、符合药品注册批准或规定的要求和质量标准的产品。②采

ER-7-2

工艺验证管理规程

用新的生产处方或生产工艺前，应验证其对常规生产的适用性。生产工艺在使用规定的原辅料和设备条件下，应能始终生产出符合预定的用途、符合药品注册批准或规定的要求和质量标准的产品。③当影响产品质量的主要因素，如原辅料、与药品直接接触的包装材料、生产设备、生产环境（或厂房）、生产工艺、检验方法及其他因素发生变更时，应进行确认或验证，必要时，还应经过药品监督管理部门的批准。

1. 工艺过程验证的前提　工艺过程验证的前提条件包括：

（1）在生产工艺验证前，所有参与验证的设施、设备、系统（包括计算机化系统）都必须完成设备确认。可能影响工艺验证的支持性程序（如设备清洁、过滤、检查和灭菌）都须事先经过确认或验证及关键仪表的校准。

（2）终产品、过程中间控制检测、原料和组成成分都应该具备经过批准的标准，购买、储存并批准工艺验证所需的原料和组成成分，使用经过验证的检验方法。

（3）已经批准的主生产处方、基准批记录（mster batch record，原版空白批记录）以及相关的SOP。基准批记录的建立应基于组方和工艺规程，它应该带有专门、详细的生产指导和细则，须建立于验证方案起草之前，并在工艺过程验证开始前得到批准。基准批记录中需规定主要的工艺参数，例如：活性原料和辅料的量，包括造粒和包衣过程需要溶液的量。

（4）确定关键工艺过程参数以及参数范围。

（5）参加验证的人员须在工作前进行培训，并将培训记录存档。

2. 工艺验证的主要考察内容　工艺验证应对可能影响产品质量的关键因素进行考查，这些因素应通过风险评估进行确定，其中包括：

（1）起始物料：应对产品配方中的所有起始物料进行评估，以决定其关键性。应尽可能在工艺验证的不同批次中使用不同批的关键起始物料。

（2）工艺变量：如果工艺变量的波动可能对产品质量产生显著影响，则被认为是关键的工艺变量。在验证方案中，应对每一个关键变量设置特定的接受标准。关键工艺变量应通过风险评估进行

确定,整个生产过程从起始物料开始,到成品结束都需要包含在风险评估中。

(3)成品质量测试:产品质量标准中所有的检测项目都需要在验证过程中进行检测。测试结果必须符合相关的质量标准或产品的放行标准。

(4)稳定性研究:所有验证的批次都应通过风险分析评估是否需执行稳定性考察,以及确定稳定性考察的类型和范围。

(5)取样计划:工艺验证过程中所涉及的取样应按照书面的取样计划执行,其中应包括取样时间、方法、人员、工具、取样位置、取样数量等。通常,工艺验证应采用比常规生产更严格的取样计划。

(6)设备:在验证开始之前应确定工艺过程中所有涉及的设备,以及关键设备参数的设定范围。验证范围应包含"最差条件",即最有可能产生产品质量问题的参数设定条件。

3. 工艺验证文件 最差条件:包括生产参数的上限和下限以及生产环境(包括标准操作程序的上下限值范围)的组合条件。这些条件与理想条件比,生产过程发生故障或产品不合格的机会可能增加,但最差状况的条件并不一定会引起产品不合格或生产过程发生故障。

(1)验证方案内容:将要使用的验证方法的描述(如:预验证、回顾性验证、同步性验证)并带有对所选方法的理由说明。

1)产品描述,包括产品名称、剂型、适用剂量和待验证基准批记录的版本。

2)过程流程图表,说明关键过程步骤以及监控的关键过程参数。

3)原料列表,包括参考标准和物料代码(如物料清单)。

4)参与验证的设备和设施列表,以及是否经过确认。

5)所有用于验证的测试设备仪表都应该在校验有效期内。

6)产品的定义:终产品的标准;中间过程控制标准;已有药品的相等性。

7)关键过程参数和操作范围,包括对其范围的理由说明或包含理由说明的其他参考文件。

8)可接受标准。

9)取样计划,包括形式、量和样品数,附特殊取样及操作要求。

10)稳定性测试要求。

11)记录和评估结果的方法(如:统计分析)。

12)对均匀性研究的要求或现行研究的参考。

13)验证方案须清楚定义试验条件并且说明在验证中如何达到这些条件。

(2)验证报告内容

1)题目、批准日期和文件编号。

2)验证目标和范围。

3)实验实施的描述。

4)结果总结。

5)结果分析。

6)结论。

7)偏差和解决方法。

8）附件（包括原始数据）。

9）参考资料（包括验证方案号和版本号）。

10）对需要纠正缺陷的建议。

▶▶ **课堂活动**

能否用最终产品的检验代替产品的工艺验证，为什么？

四、清洁验证

清洁验证是通过文件证明清洁程序有效性的活动，它的目的是确保产品不会受到来自于同一设备上生产的其他产品的残留物、清洁剂以及微生物污染。

GMP对清洁验证的要求：清洁方法应经过验证，证实其清洁的效果，以有效防止污染和交叉污染。清洁验证应综合考虑设备使用情况、所使用的清洁剂和消毒剂、取样方法和位置以及相应的取样回收率、残留物的性质和限度、残留物检验方法的灵敏度等因素。清洁验证的内容如下：

（一）清洁程序和残留物限度的标准

1. 清洁程序的建立　应根据产品的性质、设备特点、生产工艺等因素拟定清洁方法并制定清洁标准操作规程，对清洁人员进行培训。

2. 残留限度的标准　一般基于以下原则：

（1）分析方法所能达到的灵敏度能力，如残留物浓度限度标准（10×10^{-6}）。

（2）生物学活性的限度，如最低日治疗剂量的1/1000。

（3）以目检为依据的限度，如不得有可见的残留物等。

（二）取样点的选择和取样方法验证

1. 取样点的选择　取样点包括各类最难清洁部位，凡是死角、清洁剂不易接触的部位如带密封垫圈的管道连接处，压力、流速迅速变化的部位如有歧管或岔管处，管径由小变大处，容易吸附残留物的部位如内表面不光滑处等，都应视为最难清洁的部位。

2. 取样方法验证　通过回收率试验验证取样过程的回收率和重现性。

清洁验证的取样方法通常有2种：

（1）直接擦拭取样：确定使用的取样材料类型和对测试数据产生的影响，因为取样材料可以妨碍测试。例如，发现药签上黏合剂会干扰样品的分析。因此，在早期的确认程序中，应必须保证取样媒介和溶剂（用于从媒介中萃取）的符合性，确保它们可以被使用。直接擦拭取样的好处是可以评估难以清洗和相当容易接近的区域，使得可确定每个给出的表面区域的污染物或残留物的级别。另外，不能溶解的残留物可以通过物理切除的方法来取样。直接擦拭取样示意图见图7-3。

（2）淋洗溶液：使用淋洗溶液的两个好处是可以大面积的取样，而且可以对人为达不到或常规不能拆卸的系统进行取样和评估。淋洗溶液的缺点是，残留物或污染物可能不溶解或堵塞在设备中，从而产生一种类似"脏罐"的状态。在评价对不干净的药罐的清洗时，特别是有干块残留物的，不应该只看冲洗水是否干净，而应该看药罐是否干净。

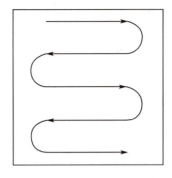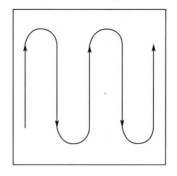

图 7-3　直接擦拭取样示意图

（三）分析方法的验证

检验方法对被检测物质应有足够的专属性和灵敏度。检验方法可以采用药典的方法或是经过验证的其他方法。

（四）已清洁设备存放效期的确认

通过对已清洁设备进行存放,存放期间不得污染,存放一定时间后,再取样检测,以确定设备的存放有效期。

（五）清洁验证批次及再验证

1. 清洁验证批次　设备清洁验证包含不少于连续 3 个生产批次。验证的结果未达到标准,则需查找原因,重新修订程序和验证,直至结果合格。否则不得投入生产使用。

2. 再验证

（1）清洁剂改变、清洁程序做重要修改。

（2）生产的产品质量有所改变或增加生产相对更难清洁的产品。

（3）设备有重大变更。

（4）清洁规程有定期再验证的要求。

确认和验证不应视为一次性的行为,首次确认和验证后应根据产品质量回顾分析情况进行再验证。关键的生产工艺和操作规程应定期进行再验证,确保其能够达到预期结果。

点滴积累 ∨

1. 药品生产企业的厂房与设施,是指制剂、原料药、药用辅料和直接与药品接触的包装材料生产中,所需的建筑物以及与工艺配套的空气净化、水处理等公用工程。

2. 设备确认是指对生产设备的设计,选型安装及运行的正确性以及工艺适应性的测试和评估,证实该设备能达到设计要求及规定的技术指标。

3. 工艺验证是证明工艺参数条件、操作等能适合该产品的常规生产,并证明在使用规定的原辅料、设备的条件下,按照制定的相关标准操作规程生产、检验,始终能生产出符合预定的质量标准要求的产品,且具有良好的重现性和可靠性。

4. 清洁验证是通过文件证明清洁程序有效性的活动,它的目的是确保产品不会受到来自于同一设备上生产的其他产品的残留物、清洁剂以及微生物污染。

第三节　验证工作基本程序

一、建立验证管理文件

为了保证验证的顺利执行,首先应该在质量管理体系中建立验证管理文件,如《验证管理规程》和《工艺验证管理规程》等,明确验证管理的组织结构和管理流程。

验证文件在验证活动中起着十分重要的作用,它是实施验证的指导文件,也是完成验证及确立生产运行各种标准的客观证据。

二、建立验证机构

企业应指定专职机构或职能部门负责验证工作的日常工作。比较常见的是组建验证委员会,领导企业内部的验证管理工作。具体验证工作由验证指导委员会下设的验证部进行组织,根据不同的验证对象,验证部下分别建立相关专业人员组成的验证小组。验证组织机构受企业验证负责人领导。常设验证组织机构见图7-4。

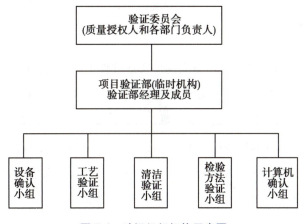

图 7-4　验证组织机构示意图

1. 验证委员会职责　验证委员会从宏观上进行领导、在技术上指导本企业的验证工作。主要负责验证的总体策划与协调、验证文件的审批,并为验证提供足够的资源。

2. 验证部职责　验证部主要负责验证的日常管理工作。验证管理及操作规程的制订与修订,日常验证计划、验证方案的制订和监督实施,日常验证活动的组织、协调,验证的文件管理等。

3. 各验证小组的职责　验证项目的实施由数个验证子项目组成,由数个验证小组共同实施完成。不同的验证小组按照经过批准的验证方案,承担不同的子系统或设备的验证实施、验证资料收集工作。

三、提出验证项目

验证项目由有关部门如生产、质保、质控、工程部门或验证办公室提出申请,经验证委员会批准后立项。验证管理部门根据验证管理制度结合验证项目制订验证总计划。验证总计划是验证活动实施内容、计划及其组织机构的概述。其核心是验证项目及计划方案。其作用是使各部门明确所需验证项目、验证项目应实施的时间、验证所涉及人员及验证程序等,同时使验证小组成员了解验证项目的必要性,自己的任务和责任。

验证管理规程

四、制订验证方案

验证方案的起草是设计、检查及试验方案的过程,因此它是实施验证的工作依据,也是重要的技术标准。验证的每个阶段,如 IQ、OQ、PQ 等都应有各自的验证方案,实施验证活动以前,必须制订好相应的验证方案。制订验证方案有 2 种方式:一种方式是由设计单位或委托的咨询单位提供草案,经验证指导委员会讨论、修改后会签。另一种是由提出验证项目的部门起草,由质量保证部门及项目相关部门会签。验证方案应遵循“谁用谁起草”的原则,但在形式上,方案一般由验证小组起草,并由主管部门经理审核,必要时组织有关职能部门进行会审。验证方案只有经批准后才能正式执行。与产品质量相关的验证方案均需质量经理批准,其他情况下可采用相关部门经理批准,质量部门会签的办法。方案的主要内容包括验证对象、验证的目标和范围、验证的要求与内容、所需的文件、质量标准与测试方法以及时间进度,并应附有所需的原始记录和表格,明确实验的批次数。

五、验证的实施

验证方案批准后,由验证小组组织力量实施。实施过程可以按安装确认、运行确认、性能确认、工艺验证、产品验证等阶段进行,某一系统的所有验证活动完成后,应同时完成相应的验证报告。验证小组负责收集、整理验证的记录与数据,起草确认或验证报告。但有时在实施验证计划过程中,会出现需要对验证方案进行补充和修改的情况。在这种情况下,比较妥善的办法是起草并批准一个补充性验证方案而不必将整个的验证方案重新改写。在补充性验证方案中,应说明修改或补充验证的具体内容及理由。此方案应由批准原验证方案的人审批后实施。

六、验证报告及其批准

验证各个阶段的工作完成后,验证小组成员分别按各自分工写出验证报告草案,由验证小组长组织汇总,完成正式验证报告。对各验证工作作出评价,说明验证完成的情况、主要偏差、措施及综合评估意见。

验证委员会组织各专业人员对验证报告进行审核评价,全体通过后,交由质量管理部门评价批准。

点滴积累 ∨ ···

验证工作基本程序包括建立验证管理文件,建立验证机构,提出验证项目,制订验证方案,验证的实施,以及验证报告及其批准。

复习导图

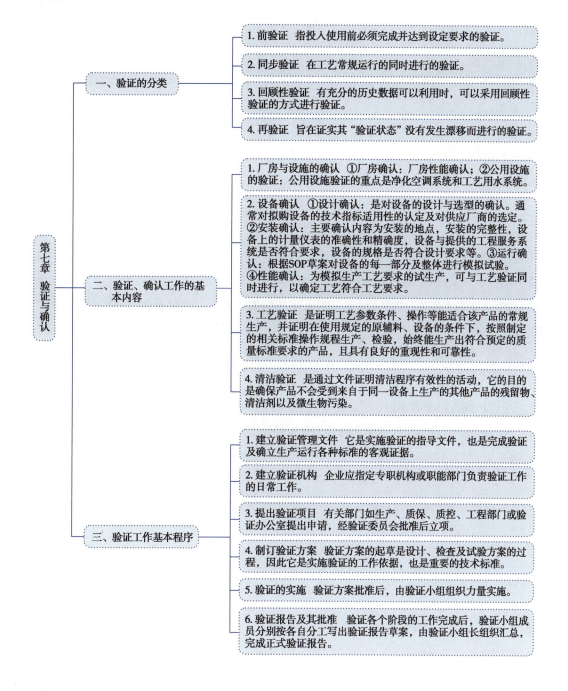

一、验证的分类

1. 前验证　指投入使用前必须完成并达到设定要求的验证。

2. 同步验证　在工艺常规运行的同时进行的验证。

3. 回顾性验证　有充分的历史数据可以利用时，可以采用回顾性验证的方式进行验证。

4. 再验证　旨在证实其"验证状态"没有发生漂移而进行的验证。

第七章　验证与确认

二、验证、确认工作的基本内容

1. 厂房与设施的确认　①厂房确认：厂房性能确认；②公用设施的验证：公用设施验证的重点是净化空调系统和工艺用水系统。

2. 设备确认　①设计确认：是对设备的设计与选型的确认。通常对拟购设备的技术指标适用性的认定及对供应厂商的选定。②安装确认：主要确认内容为安装的地点，安装的完整性，设备上的计量仪表的准确性和精确度，设备与提供的工程服务系统是否符合要求，设备的规格是否符合设计要求等。③运行确认：根据SOP草案对设备的每一部分及整体进行模拟试验。④性能确认：为模拟生产工艺要求的试生产，可与工艺验证同时进行，以确定工艺符合工艺要求。

3. 工艺验证　是证明工艺参数条件、操作等能适合该产品的常规生产，并证明在使用规定的原辅料、设备的条件下，按照制定的相关标准操作规程生产、检验，始终能生产出符合预定的质量标准要求的产品，且具有良好的重现性和可靠性。

4. 清洁验证　是通过文件证明清洁程序有效性的活动，它的目的是确保产品不会受到来自于同一设备上生产的其他产品的残留物、清洁剂以及微生物污染。

三、验证工作基本程序

1. 建立验证管理文件　它是实施验证的指导文件，也是完成验证及确立生产运行各种标准的客观证据。

2. 建立验证机构　企业应指定专职机构或职能部门负责验证工作的日常工作。

3. 提出验证项目　有关部门如生产、质保、质控、工程部门或验证办公室提出申请，经验证委员会批准后立项。

4. 制订验证方案　验证方案的起草是设计、检查及试验方案的过程，因此它是实施验证的工作依据，也是重要的技术标准。

5. 验证的实施　验证方案批准后，由验证小组组织力量实施。

6. 验证报告及其批准　验证各个阶段的工作完成后，验证小组成员分别按各自分工写出验证报告草案，由验证小组长组织汇总，完成正式验证报告。

实训项目十四　设施、设备系统的验证

一、实训目的

1. 熟练掌握设备设施系统的验证分类。

2. 掌握设备设施验证方案和报告所包含的各部分内容。

二、实训内容

模拟购买一台压片机,学习 GMP 中对压片机作为主要设备所必须做的验证。具体步骤为:

1. 准备购买

2. 招标

3. 采购

4. 安装确认

5. 运行确认

6. 性能确认

三、实训注意

1. 按照 DQ 的程序完成 DQ 的一般程序。

2. 注意 IQ、OQ、PQ 方案中不要漏掉方案所必需的项目。

3. 按照验证方案实施过程中,注意是否出现与原来方案不一致的偏差,在验证报告中应予以说明。

四、实训检测

1. DQ(设计确认)能否不做?

2. 安装确认、运行确认、性能确认的目的分别是什么?

五、实训报告

学生应能够熟练地说出设备确认各个步骤的目的,并能按要求写出压片机验证方案的大纲。

六、实训评价

从以下几方面对实训进行评价:

1. 实训前资料搜集情况。

2. 独立操作、动手及编写能力。

3. 实训操作的正确性。

4. 实训的纪律性。

5. 实训报告。

实训项目十五 清洁效果验证

一、实训目的

1. 掌握清洁验证的方法以及清洁验证的一般程序。

2. 熟悉清洁验证的内容。

二、实训内容

假定某原料药采用专用设备进行周期性生产,模拟完成该检验方法验证方案,具体步骤为:

1. 检查清洁 SOP

2. 确定仪器的 IQ、OQ、PQ

3. 完成检验方法的验证方案

三、实训注意

1. 清洁验证关键在于清洁标准的验证,可以参考《药品生产验证指南》(化学工业出版社,2003)。

2. 清洁验证取样可以采用擦拭法和直接检测淋洗液方法,应注意采用擦拭法时必须对样品擦拭后的回收率进行验证。同时,应对检验方法进行验证。

3. 专用设备在每批生产后可以不必彻底清洁,但在生产一定批次或一定周期后,必须进行彻底清洁(应对清洁周期进行验证),2 种清洁方法可以不同。

四、实训检测

1. 清洁验证的方法有几种?

2. 清洁验证的目的是什么?

3. 清洁验证的清洁标准如何建立?

五、实训报告

按要求写出清洁验证方案,并说明采用的方法。

六、实训评价

从以下几方面对实训进行评价:

1. 实训前资料搜集情况。

2. 独立操作及动手能力。

3. 实训操作的正确性。

4. 实训的纪律性。

5. 实训报告。

目标检测

一、选择题

（一）单项选择题

1. 1976 年 6 月 1 日发布了一个规程，首次将验证以文件的形式载入 GMP 史册，成为 GMP 发展史上新的里程碑，这个规程是（　　）

    A. GMP

    B.《FDA 工艺验证指南》

    C.《大容量注射剂 GMP（2010 版）规程（草案）》

    D.《食品药品化妆品法》

    E.《GMP（2010 版）验证指南》

2. 以下工艺应当进行前验证的是（　　）

    A. 无菌工艺 　　　　　　　　　　　　B. 设备确认

    C. 常年生产的口服固体制剂 　　　　　D. 注射液的灌封

    E. 清洁验证

3. 采用同步验证的方式包含不少于连续（　　）个生产批次

    A. 2 　　　　　　　　　B. 3 　　　　　　　　　C. 4

    D. 5 　　　　　　　　　E. 10

4. 清洁验证的目的是（　　）

    A. 证明设备已经被清洁 　　　　　　　B. 证明设备污染物残留符合要求

    C. 证明设备清洁方法科学可靠 　　　　D. 证明产品不会产生交叉污染

    E. 证明产品工艺可行

5. 验证组织机构一般由验证委员会、验证部和（　　）组成

    A. 验证小组 　　　　　B. 质量保证部 　　　　C. 生产部门

    D. 设备部门 　　　　　E. 技术人员

6. 验证指导委员会的职责不包括（　　）

    A. 验证的总体策划与协调 　　　　　　B. 在技术上进行指导

    C. 进行验证方案的制订 　　　　　　　D. 验证文件的审批

    E. 提供足够的资源

7. 下面有关工艺验证的阐述不正确的是（　　）

    A. 采用新的工艺前应进行工艺验证 　　B. 当主要设备发生变更时应进行工艺验证

    C. 改变主要原辅料时应进行工艺验证 　D. 改变药品处方时应进行工艺验证

    E. 停产一段时间后应进行工艺验证

8. 清洁验证的残留物限度标准不包括（　　）

    A. 分析方法所能达到的灵敏度能力 　　B. 生物学活性限度要求

C. 企业自定标准   D. 前批次生产药品主药含量的 1/1000

E. 以目检为依据

9. 验证报告最终由(　　)进行批准

A. 验证小组   B. 质量保证部   C. 生产部

D. 设备部   E. 负责人

10. 清洁验证的批次不少于连续(　　)次

A. 2   B. 3   C. 4

D. 5   E. 10

（二）多项选择题

1. 根据再验证的原因,可以将再验证分为以下(　　)类型

A. 药监部门或法规要求的强制性再验证

B. 发生变更时的改变性再验证

C. 回顾性验证

D. 每隔一段时间进行的定期再验证

E. 年度质量分析

2. 药品生产企业的厂房与设施一般包括以下(　　)阶段

A. 设计确认(DQ)   B. 安装确认(IQ)   C. 运行确认(OQ)

D. 性能确认(PQ)   E. 维护确认(MQ)

3. 验证工作按照项目主要包括(　　)

A. 厂房与设施的验证   B. 设备确认   C. 工艺验证

D. 检验方法验证   E. 计算机系统验证

4. 在《GMP(2010版)实施指南》中,将验证分为(　　)

A. 前验证   B. 回顾性验证   C. 再验证

D. 同步验证   E. 产品验证

5. 下面关于回顾性验证的阐述正确的是(　　)

A. 有 10~30 批连续的数据   B. 检验方法经过验证

C. 批记录符合 GMP 要求   D. 有关工艺变量必须是标准化的

E. 检验结果可以用于统计分析

二、简答题

1. 什么是验证? 验证与确认在内容上有什么区别?

2. 验证工作基本程序是什么?

3. 设备确认的基本内容是什么?

三、实例分析

某企业大容量注射剂生产车间为了提高生产效率,新更换一水浴灭菌柜,该灭菌安装完成后即

用于某批药品的生产,灭菌后的产品经化验室抽检,抽检产品全部符合药典要求。该批产品投入市场1个月后,陆续出现微生物现象。

请运用所学过的验证与确认方面的知识对案件进行分析。

ER-07章习题

（周永丹）

下 篇

岗位技能篇

第八章

生产管理岗位必备的知识与技能

导学情景 ∨

情景描述：

国家药品监督管理部门检查某制药企业时，其正在生产诺氟沙星胶囊，投料 100 万粒，批号为 160506，压塑时将其中 40 万粒作 10 粒包装，批号定位 1605061，其余 60 万粒作 12 粒包装，批号定为 1605062，这样划分批号是否正确？

学前导语：

本案例中描述的批号规则符合要求，批记录应具有可追溯性，应确保不同包装规格（批号）的产品与待包装产品的关联性，保证通过相关记录能追溯到相应的待包装产品的批号和生产信息；本章我们将带领同学们学习药品生产管理、批号管理及批号的划分方面的知识，为将来走向工作岗位打基础。

第一节　GMP 对生产管理的要求

一、生产管理及其任务

药品质量是设计和生产出来的，药品质量源于设计，但实现于制造过程，生产管理是保证药品形成的关键过程。

生产管理是一个输入转换为输出的过程，即投入一定的资源、行为、方法、操作等，经过一系列的转换，最终以某种形式提供产出的过程。对生产运行过程所进行的规划、设计、组织和控制的活动，就是生产管理。

生产管理是产品的各项技术标准及管理标准在生产过程中的具体实施，是药品质量保证体系中的关键环节。通过生产管理措施的实施，确保生产过程中使用的物料经过严格检验，确认符合产品的质量标准，并由经过培训符合上岗标准的人员，一丝不苟地按照生产部门下达的生产作业指令、批生产记录及标准操作程序从事药品生产并认真做好记录，确保生产出来的产品质量符合规定标准，安全有效。

生产管理涉及的范围非常广泛，药品 GMP 涉及的主要是与质量形成有关的问题。药品的生产制造过程同其他商品一样，都是以工序生产为基本单元，而生产工序中某些因素发生变化，如环境、设施、设备、物料、控制、程序等，必然要引起生产过程及成品的质量波动。因此，不仅药品（成品）要符合质量标准,而且药品的生产全过程也必须符合GMP的要求。只有同时符合这2个条件的药品才是完全合格的药品,这是现代药品质量的概念,也是解决药品质量不稳定的根本办法。

生产过程是药品制造全过程中决定药品质量的最关键和最复杂的环节之一。药品生产过程实际上包含2种情况同时发生的过程,既是物料的生产过程,又是文件记录的传递过程。生产过程是物料投入,目标产物的生成以及后续处理的过程;文件记录传递过程是指由生产部门发出生产指令,确定批号和签发(发放批生产记录由质量管理部门或者授权生产部门来进行),并在生产过程中由操作人员完成各种批生产记录,批包装记录以及其他辅助记录(设备使用记录,清洁记录等),中间由检验人员完成检验记录,原料药检验人员完成成品检验记录。该记录经部门负责人或者授权人员审核并归档。质量管理人员对这些记录审核,作为批放行的一部分。

生产管理的目的是通过周密的生产计划、有效的生产组织和生产过程管理以及生产信息的适时反馈,保证生产前有一个良好的人员、设备、物料、场地、资金的准备和配合,将生产过程中可能出现的障碍消除在生产前,使生产开始后,一切都能按照顺利、有序、高效的节奏进行,实现生产的有效协调和监督,保证工序的生产严格按照生产作业指令、批生产记录及标准操作程序进行,确保生产出来的产品质量符合规定标准,安全有效。

生产管理的任务:①按照生产计划及作业指令严格进行生产;②做好生产前的准备工作;③按规定的生产作业指令内容保质保量完成生产任务;④做好生产结束后的清场和交接班工作;⑤做好(工序生产、设备运行等)记录。

二、GMP对生产管理的要求

(一) GMP对生产管理的基本要求

1. 所有药品的生产和包装均应当按照批准的工艺规程和操作规程进行操作并有相关记录,以确保药品达到规定的质量标准,并符合药品生产许可和注册批准的要求。

2. 生产过程中应当尽可能采取有效措施,最大限度减少污染、交叉污染以及混淆、差错的风险。

3. 药品生产和监控过程应能确保持续稳定地生产出符合预定用途和注册要求的药品。

(二) GMP对生产管理的原则

1. **必须严格按照批准的工艺规程和操作规程进行生产操作**　GMP(2010版)第一百八十四条规定:所有药品的生产和包装均应当按照批准的工艺规程和操作规程进行操作并有相关记录,以确保药品达到规定的质量标准,并符合药品生产许可和注册批准的要求。

2. **建立划分产品生产批次的操作规程**　GMP(2010版)第一百八十五条规定:应当建立划分产品生产批次的操作规程,生产批次的划分应当能够确保同一批次产品质量和特性的均一性。

3. **建立编制药品批号和确定生产日期的操作规程**　GMP(2010版)第一百八十六条规定:应当建立编制药品批号和确定生产日期的操作规程。每批药品均应当编制唯一的批号。除另有法定要求外,生产日期不得迟于产品成型或灌装(封)前经最后混合的操作开始日期,不得以产品包装日期作为生产日期。

4. **应检查产量和物料平衡**　GMP(2010版)第一百八十七条规定:每批产品应当检查产量和物

料平衡,确保物料平衡符合设定的限度。如有差异,必须查明原因,确认无潜在质量风险后,方可按照正常产品处理。

5. 不得在同一操作间同时进行不同品种和规格药品的生产操作　GMP(2010版)第一百八十八条规定:不得在同一生产操作间同时进行不同品种和规格药品的生产操作,除非没有发生混淆或交叉污染的可能。

企业应有文件明确规定,不同品种、规格的生产操作不得在同一操作间同时进行;若有同时生产操作的情况,应有足够的措施避免发生混淆或交叉污染的可能(如密闭转移系统及可靠的管理手段),并应确保制定的措施合理且经过评估。

对于以下2种特殊情况,则可以在同一操作间内进行:①同一品种,同一规格的产品,不同生产工序(物料状态不同)可以在同一操作间内进行;②同品种,同规格但不同批号的药品可以在同一生产操作间同时进行。

6. 预防产品及物料不受微生物的污染　GMP(2010版)第一百八十九条规定:在生产的每一阶段,应当保护产品和物料免受微生物和其他污染。

生产是指从物料的传递、加工、包装、贴签、质量控制、放行、储存、销售发放等一系列相关的控制活动,因此生产的各个阶段均应采取措施保护产品和物料免受污染。对无菌制剂而言,重点是在于无菌保证、细菌内毒素和微粒污染的控制。

企业应根据生产品种的剂型特点制定相应的操作规程,对生产的各个阶段采取措施,以保护产品和物料避免微生物和其他污染。

(1)生产前物料或产品的转运应有防止污染和交叉污染的措施,如:待加工物料或产品质量及储存条件、储存期限应符合生产工艺要求;生产用的设备、容器应清洁或消毒,在规定的条件下储存、在清洁和消毒效期内使用;车间洁净级别应符合生产工艺要求,生产车间清场应符合要求;环境监控应符合要求,不会对物料或产品造成不良影响。

(2)操作规程中应明确药品生产过程中,物料、中间产品在流转过程中应采取的避免混淆和污染的措施(如人员更衣、人员操作行为、密闭转移控制等)。必要时应明确关键工序的操作时间。

(3)操作过程中应明确生产结束后产品和物料在更衣要求的条件下储存,储存条件应经过验证确认。

7. 防止粉尘的产生和扩散　GMP(2010版)第一百九十条规定:在干燥物料或产品,尤其是高活性、高毒性或高致敏性物料或产品的生产过程中,应当采取特殊措施,防止粉尘的产生和扩散。

对于生产高活性、高毒性或高致敏性物料或产品及易产尘的干燥物料或产品,企业应制定操作规程,明确高活性、高毒性或高致敏性物料或产品及易产尘的干燥物料或产品的防止粉尘的产生和扩散的措施。并能有效地避免操作人员受到不良影响,避免对环境造成污染。

8. 对生产期间标识的要求　GMP(2010版)第一百九十一条规定:生产期间使用的所有物料、中间产品或待包装产品的容器及主要设备、必要的操作室应当贴签标识或以其他方式标明生产中的产品或物料名称、规格和批号,如有必要,还应当标明生产工序。

标识管理是药品生产管理的手段之一,便于物料和产品的追溯,能够有效防止差错和混淆的发生。标识的形式应以不发生差错为前提,企业应根据产品的特点和生产工艺要求明确标识的内容、样式。

通过计算机控制系统对物料进行限制使用或冻结操作的,可以不使用贴签标识,但系统的相关质量状态控制功能应经过测试证明可靠。

对于无菌制剂,应当有明确区分已灭菌产品和待灭菌产品的方法,每一车(盘或其他装载设备)产品或物料均应贴签,清晰地注明品名、批号并标明是否已经灭菌。必要时,可用湿热灭菌指示带加以区分。同时应有措施防止已辐射物品与未辐射物品的混淆,在每个包装上均应有辐射后能产生颜色变化的辐射指示片。

对于原料药,如将物料分装后用于生产的,应当使用适当的分装容器,分装容器应当有标识并标明物料的名称或代码、接收批号或流水号、分装容器中物料的重量或数量、必要时标明复验或重新评估日期。

9. **容器、设备或设施所用标识应当清晰明了**　GMP(2010 版)第一百九十二条规定:容器、设备或设施所用标识应当清晰明了,标识的格式应当经企业相关部门批准。除在标识上使用文字说明外,还可采用不同的颜色区分被标识物的状态(如待验、合格、不合格或已清洁等)。

药品 GMP 的三大目标要素之一,就是防止混淆和差错的产生。为此,生产期间所有使用的容器、主要设备及设施应进行标识,标识应清晰明了。

药品生产离不开设备,因此所有与设备有关的活动均应进行控制和记录。所用容器、设备应当有明显的状态标识,标明容器、设备的编号和内容物(如品名、规格、批号等),无内容物的应标明设备状态及清洁状态(设备是否完好、清洁日期、合格效期、小清场生产次数等)。

10. **确保管道和其他设备的连接正确无误**　GMP(2010 版)第一百九十三条规定:应当检查产品从一个区域输送至另一个区域的管道和其他设备连接,确保连接正确无误。

11. **每次生产结束后的清场**　GMP(2010 版)第一百九十四条规定:每次生产结束后应当进行清场,确保设备和工作场所没有遗留与本次生产有关的物料、产品和文件。下次生产开始前,应当对前次清场情况进行确认。

12. **对偏差的处理**　GMP(2010 版)第一百九十五条规定:应当尽可能避免出现任何偏离工艺规程或操作规程的偏差。一旦出现偏差,应当按照偏差处理操作规程执行。

企业应当采取措施尽量避免出现上述偏差,包括操作人员的充分培训、生产设施设备的确认与维护、生产环境的监控、生产过程中物料和产品的管理、工艺过程控制和记录等。

13. **生产厂房的人员出入**　GMP(2010 版)第一百九十六条规定:生产厂房应当仅限于经批准的人员出入。

企业应有文件明确规定人员限制进入的要求及措施,对于无菌药品的生产企业,洁净区内的人数应当严加控制,检查和监督应当尽可能在无菌生产的洁净区外进行。

点滴积累 ∨

1. 生产管理的任务：①按照生产计划及作业指令严格进行生产；②做好生产前的准备工作；③按规定的生产作业指令内容保质保量完成生产任务；④做好生产结束后的清场和交接班工作；⑤做好（工序生产、设备运行等）记录。

2. 所有药品的生产和包装均应当按照批准的工艺规程和操作规程进行操作并有相关记录，以确保药品达到规定的质量标准，并符合药品生产许可和注册批准的要求。

3. 生产过程中应当尽可能采取有效措施，最大限度减少污染、交叉污染以及混淆、差错的风险。

4. 药品生产和监控过程应能确保持续稳定地生产出符合预定用途和注册要求的药品。

第二节　生产计划的编制与组织

在生产管理中，计划工作十分重要。因为生产计划编制是否合理、可控将直接影响到生产的整个过程。

▶ **课堂活动**

请同学们编制一个下学期学习计划大纲，并说明编制依据。

一、生产计划的编制

生产计划是公司生产系统总体的行动纲领，它反映的是生产在计划期内应完成的产品品种、质量、产量和产值等生产方面的指标，并在时间上对产品产出进度进行的总体安排，生产部是生产计划编制、执行、检查和考核的职能部门，生产计划一经下达，各部门都应该全力保证实施。

（一）生产计划的分类

不同的企业根据其品种情况生产计划会有不同的分类，一般分为3类：年度生产计划、月度生产计划、周紧急生产计划。

（二）生产计划的编制

编制生产计划工作首先要预测计划期的市场需求，核算生产能力，确定生产计划提供的外部需要和内部可能，然后要根据生产需要、充分利用各种资源和提高经济效益的原则，在综合平衡的基础上，确定和优化生产计划指标，再次要妥善安排产品的生产计划进度，既要从时间上保证生产指标的实现，保证产销衔接，又能保证生产秩序和工作秩序的稳定。

1. **年度生产计划**　应由生产管理部计划专员根据公司本年度规划，结合上一年度销售量及库存量进行编制，并经生产管理部经理、生产计划调度主管审批确认后，方可发布与执行。

2. **月度生产计划**　参照月市场销售情况、成品库存量，综合考量后下达月生产计划。月度计划一般于每月25号下达下一月生产计划，月末对计划执行情况进行分析、评价。

3. 周紧急生产计划 根据月生产计划及市场销售情况、成品库存量,下达周生产计划,周末进行计划反馈,向生产管理部经理提交计划落实情况,同时每周一组织召开由生产、质量、采购、仓储等部门参加的计划会。

4. 临时性计划 在日常生产过程中,偶尔会遇到临时性任务,同样由计划专员及时进行排产,并落实生产。

(三) 生产指令的编制

1. 批生产指令的内容 一般包括生产指令单号、物料编码、产品名称、批号、规格、生产批量、制表日期、制表人、审核人、审核日期、复核人、物料领用数量、预计开工日期、预计完工日期、生产日期、有效期、特殊说明。

2. 生产调度生产计划 按月、周、日有序排产并编制生产指令单,经双人复核后签字确认,落实到车间生产。车间内无生产指令不得进行生产。生产结束后按日、周、月反馈生产达成情况。

3. 生产指令的下发 生产调度根据生产计划编制生产指令,工艺员根据《生产指令》出具工艺卡,生产计划调度主管复核无误后,车间内勤发放空白生产记录并装订成册,装订好的批生产记录随《生产指令》由车间主任审核无误后下发至各岗位进行生产。

二、生产组织与开工准备

(一) 生产组织

生产组织是生产的保障,生产需要组织,需要把各种资源网罗协调到一起,然后由生产部门去进行指挥调度,最后使整个生产形成一个严密的系统,即整洁干净的生产现场,有条不紊的工作节奏,卓越优良的产品质量以及反应机敏的指挥机制。

1. 生产过程组织 生产过程组织是指为提高生产效率,缩短生产周期,对生产过程的各个组成部分从时间和空间上进行合理安排,使它们能够相互衔接、密切配合的设计与组织工作的系统。生产过程组织包括空间组织和时间组织两项基本内容。生产过程组织的目标是要使产品内在生产过程中的行程最短,时间最省,占用和耗费最少,效率最高,能取得最大的生产成果和经济效益。在企业中,任何生产过程的组织形式都是生产过程的空间组织与时间组织的结合。企业必须根据其生产目的和条件,将生产过程空间组织与时间组织有机地结合,采用适合自己生产特点的生产组织形式。

2. 生产过程管理 生产过程管理是一个多方位的系统管理,包括生产调度、生产进度控制、生产过程管理等 3 方面内容。

(1)生产调度:是指对生产作业过程中可能出现的偏差及时了解、掌握、预防和处理,保证整个生产活动协调进行。

(2)生产进度控制:是指从对原料投入生产到入库的全过程进行控制,如投入进度控制、产出进度控制、工序进度控制、降低制品数量、缩短生产周期和均衡生产等。

(3)生产过程管理:体现了药品质量在生产过程受控中形成的 GMP 精神。其中重要的环节包括生产前准备的管理、工艺技术管理、批号管理、包装管理、生产记录管理、不合格品管理、物料平衡检查和清场管理等。

3. 生产管理系统岗位群 各生产车间主任负责组织本部门各岗位的相关人员,按照生产指令要求进行生产。根据其加工单元操作的不同把岗位群主要归纳为:化学原料药生产岗位群、生产基本单元操作岗位群、口服固体制剂生产岗位群、液体类制剂生产岗位群、半固体制剂生产岗位群、生物制品生产岗位群、其他制剂生产岗位群等(表8-1)。

表 8-1　系统岗位群分类

岗位群	服务的岗位	操作内容
化学原料药生产岗位群	化学原料药的配料岗位、菌种培养岗位	中间体制备
	发酵(或化学合成)岗位	化学原料药发酵/合成
	化学原料药的提取岗位、提炼岗位	化学原料药的分离纯化
	化学原料药的精制岗位	化学原料药的精制
	烘干岗位、包装岗位	化学原料药烘干包装
生产基本单元操作岗位群	液体制剂、水针、输液、滴眼剂等制剂的制水操作岗位	制水
	水针、粉针、输液、滴眼剂及其他制剂的灭菌与无菌操作岗位	灭菌与无菌操作
	散剂、颗粒剂、片剂、硬胶囊剂和丸剂的前处理岗位	粉碎过筛混合生产基本单元操作
口服固体制剂生产岗位群	散剂的分剂量和质量检查岗位	散剂制备
	颗粒剂制粒和质量检查岗位、硬胶囊剂制粒岗位、片剂制粒岗位	颗粒制备
	素片制备和包衣片的片芯制备岗位及其质量检查岗位	压片
	片剂的包衣、质量检查岗位、小丸包衣岗位	包衣
	硬胶囊剂的填充、质量检查岗位	硬胶囊剂制备
	软胶囊剂的化胶、内容物的配制、制胶丸、干燥清洗、质量检查岗位	软胶囊剂制备
	丸剂的制丸、干燥、整丸、质量检查岗位、微丸制备岗位	丸剂、微丸制备
	滴丸剂的配液、制丸、干燥、整丸、质量检查岗位	滴丸剂制备
液体类制剂生产岗位群	溶液剂的配液、质量检查岗位	溶液剂制备
	糖浆剂的配制、质量检查岗位	糖浆剂制备
	高分子溶液剂的配制、质量检查岗位	高分子溶液剂制备
	水针的容器的处理、质量检查岗位	安瓿清洗
	水针的配液、质量检查岗位、口服液的配制岗位	配液
	水针的灌封、质量检查岗位	灌封
	输液的配液、容器的处理、灌封、质量检查岗位	输液制备
	滴眼剂的配液、容器的处理、灌装、封口、质量检查岗位	滴眼剂制备
	粉针的配液、容器的处理、无菌粉末分装、冷冻干燥、质量检查岗位	冻干粉制备
	汤剂、合剂、酒剂、酊剂、流浸膏剂、浸膏剂、煎膏剂的制备和质量检查岗位	液体制剂制备

续表

岗位群	服务的岗位	操作内容
半固体制剂生产岗位群	水性凝胶基质的配制岗位	水性凝胶配制
	溶胶剂的配制、质量检查岗位	溶胶剂制备
	混悬剂的配制、质量检查岗位	混悬剂制备
	乳剂的配制、质量检查岗位	乳剂制备
	软膏剂、糊剂的配制、质量检查岗位	软膏、糊剂制备
	眼膏剂的配制、质量检查岗位	眼膏剂制备
	凝胶剂的配制、质量检查岗位	凝胶剂制备
生物制品生产岗位群	生物制品细菌/细胞/病毒培养、原液制备岗位	培养、制备原液
	生物制品纯化岗位	纯化
	半成品制备岗位	半成品制备
	生物制品分、包装成品岗位	分、包装制剂
其他制剂生产岗位群	栓剂的配制、包装、质量检查岗位	栓剂制备
	气雾剂的配制、装配、质量检查岗位	气雾剂制备
	膜剂的配制、质量检查岗位	膜剂制备

4. 安全生产管理要求　①任何生产过程都要进行标准化，严格按标准 SOP 进行操作；②根据生产程序的可能性，列出每一个程序可能发生的事故，以及发生事故的先兆，培养员工对事故先兆的敏感性；③认识到安全生产的重要性，以及安全事故带来的巨大危害性。

在任何程序上一旦发现生产安全事故的隐患，要及时报告、及时排除。即使有一些小事故发生，可能是避免不了或者经常发生，也应引起足够的重视，要及时排除，只有安全，才是效益。坚持安全第一，预防为主。

案例分析

　　案例　某药品生产企业颗粒剂车间操作工，在物料混合过程中，以状态标识牌铲取物料，后状态标识牌落入混合机搅拌槽中，伸手取时被搅拌桨切断手掌。

　　分析　这是典型的违规操作造成的安全事故。该操作工未严格的按照混合岗位操作 SOP 进行操作，在设备正常运行时，就用非规范的工器具进行取样操作，酿成安全生产事故，教训惨痛。

（二）开工准备

1. 生产过程技术文件的准备　各工序在生产操作前，必须做好准备工作。应有该品种的批生产指令及相应的配套文件（如质量标准、工艺规程、工艺卡、岗位操作法或岗位 SOP、清洁规程、中间产品质量监控规程及记录等），并确认文件是现行文件。

ER-8-1

生产前检查操作规程

GMP（2010 版）第一百八十四条规定：所有药品的生产和包装均应当按照批准的

工艺规程和操作规程进行操作并有相关记录,以确保药品达到规定的质量标准,并符合药品生产许可和注册批准的要求。

其中主要包括:工艺规程、操作规程、批生产记录、批包装记录4类文件。

2. 物料的准备　本批生产所用原辅料与批生产指令相符并确认是合格物料。过程包括:①工艺员按生产指令单开具《领料单》,经车间主任复核签字后,交领料员按《领料标准操作程序》领料;②仓库管理员按《领料单》限额发料,双方核对无误后办理交接手续,无检验合格报告书拒收;③操作人员与领料员交接时,复核物料无误后收料。

3. 生产现场的准备　①生产现场应清洁,符合该区域清洁卫生要求;②无上次生产遗留物;③更换生产品种及规格前已进行清场,清场者、检查者均签字,并取得"清场合格证";④设备、用具等已清洁并有"合格"状态标识。

4. 生产前检查　GMP(2010版)第一百九十九条规定:生产开始前应当进行检查,确保设备和工作场所没有上批遗留的产品、文件或与本批产品生产无关的物料,设备处于已清洁及待用状态。检查结果应当有记录。

生产操作前,还应当核对物料或中间产品的名称、代码、批号和标识,确保生产所用物料或中间产品正确且符合要求。

(1)检查确认:①清场和清洁是否彻底,无生产无关物品,有"清场合格证"并在效期内;②设备是否清洁,是否在待用状态(清洁效期内、校验期内);③物料产品是否符合生产指令要求,状态标识是否明确,物料进入操作是否符合要求;④生产前现场检查应有记录,记录填写齐全,并有检查人签名。

(2)检查内容包括:生产现场无上批遗留的产品、文件或与本批产品生产无关的物料,房间清洁干燥,卫生符合要求,有"清场合格证"副本并在有效期内,现场整齐有序,无安全隐患。包括:①设备有"设备完好""已清洁"标识并在有效期内,设备、工具、容器清洗、灭菌是否符合工艺标准;②生产用容器具、计量器具、度量衡器及测试仪器、仪表进行必要的检查(或校正),应与称量范围相符,容器具有"已清洁"标识并在有效期内;计量器具有校验"合格证"并在有效期内;③物料包装完整,有物料卡,物料卡内容填写齐全,品名、规格、批号、数量与指令要求一致;④所使用的工器具已经消毒或灭菌,并在有效期内;⑤人员卫生:操作人员按照《人员进出生产区标准操作规程》进入操作间,工服穿戴应符合要求;⑥环境:房间压差、温度、湿度应符合该区域环境要求;⑦文件检查:生产指令、工艺规程、工艺卡、空白生产记录1份、岗位操作规程、设备操作规程、清洁规程以及相应的记录齐全;⑧物料和产品:操作人员凭生产指令和需料送料单在现场QA监督下从物料员处领料,逐一核对物料的品名、规格、批号、重量、件数等是否与生产指令和需料送料一致,确认无误后方可领料;⑨以上检查需符合要求,现场QA确认后方可进行生产,如有异常应纠正,必要时报告上级主管。

点滴积累 ▽ ··

> 1. 生产管理部门根据公司年度规划,结合上一年度销售量及库存量进行编制,并经生产管理部经理、生产计划调度主管审批确认后,方可发布与执行。

2. 各生产车间主任负责组织本部门各岗位的相关人员，按照生产指令要求进行生产。

3. 开工前应做好技术文件、物料、生产现场的准备，并生产前检查确认。

第三节　防止生产过程中的污染、交叉污染及混淆的措施

一、污染的来源

污染指原材料或成品被微生物或其他外来物所污染。按照污染的情况一般可分为3个方面，一是由微生物引起的污染；二是由原料或产品被另外的物料或产品引起的污染，如生产设备中的残留物，操作人员的服装引入或散发的尘埃、气体、雾状物等；三是由其他物质或异物等对药品造成的污染。造成污染的原因通常有以下几个方面：

1. 原辅料　购进原辅料本身质量不好，或在运输、贮存、检验取样、配料过程中造成污染。

2. 内包装材料　用于生产的直接接触药品的内包装材料，在使用前消毒不彻底或消毒后存放条件不符合卫生标准，放置时间过长等造成污染。

3. 设备与容器　设备与容器表面不光洁、平整，材质不稳定，选型与生产不配套，维修、保养不及时，生产结束后未进行清洗等造成污染。

4. 环境影响　生产环境如空气中生物粒子过多，车间地面、墙壁、天花板等不平整、易脱落、长霉，消毒不严格等，均有可能造成药品污染。

5. 人员　操作人员患有传染病、皮肤病等，未按要求穿戴工作服，未按工艺规程和岗位操作规则要求操作。

知识链接

人员及工作服穿戴对洁净室洁净度的影响

据测试，洁净室中人员手臂、头轻微动作，每分钟可产生 0.3~1 μm 的微粒 50 万个。穿白大衣式工作服时，人的发尘量为穿普通工作服时的 24%，而穿上下连套的整体式工作服发尘量只有穿普通工作服的 3%。因而，洁净室中应限制操作人数，操作人员应尽量减少活动，工作服以整体式为好。

---

6. 生产过程　生产中敞口生产，密闭不严，管道中有死角，生产周期过长，清场不彻底，操作不当等均有可能造成药品污染。

二、混淆的产生

混淆是指一种或一种以上的其他原材料或成品与已标明品名等的原材料或成品相混，通俗的说法称为"混药"。如原料与原料，成品与成品，标签与标签，有标志的与未标志的，已包装的与未包装的混淆等。产生混淆的原因主要有以下几种情况：

1. **厂房**　生产区域狭小、拥挤,同一区域有不同规格、品种、批号的药品同时生产;生产中物料流向不合理,生产线交叉;生产、运贮、仓贮无保证措施;非生产人员进入等造成无意或有意混淆事件等。

2. **设备**　生产中使用的设备、容器无状态标志,清场不彻底等。

3. **材料**　辅料、包装材料、中间产品、中间体等无明显标志,放置混乱,散装或放在易破损的包装中,印刷性包装材料管理不善等。

4. **人员**　生产人员未经培训上岗,工作责任心不强,压力过大,操作中随意性大等原因。

5. **制度**　管理制度不健全,或执行不力,无复核、统计、监督机制,发现问题未及时查找原因等。

案例分析

案例　1990 年 6 月,某药厂发生了把 880 多支氯化钾注射液印成葡萄糖注射液的事故。 氯化钾是强心剂,静脉输液浓度不能超过 0.3%,如果当成葡萄糖直接从静脉推注,将会严重抑制心肌,造成病人立即死亡。

分析　经查该企业车间印包工为新入职员工 GMP 意识淡薄,上岗前未经严格的岗前培训和考核就上岗,造成错印标签的重大事故。 由于发现及时,迅速查处,才没酿成大祸。

三、防止生产过程中的污染、交叉污染及混淆的措施

药品生产过程中,污染和混淆的危险主要来自于生产中所用的原料、设备、生产方法、生产环境、人员操作 5 个环节。生产过程中未能控制的灰尘、气体、喷洒物、生物散发出的微粒、设备中的残留物、操作者的错误等都可能造成药品的污染和混淆。为了防止药品的污染和混淆,除对以上 5 大因素进行控制以外,生产操作中还应采取相应的措施。

1. **工序衔接合理**　在药品生产中,工艺布局的合理与否是体现 GMP 的关键。工序衔接则是工艺布局合理与否的体现。

工序衔接应包括 2 个方面:一是生产流程应顺向布置,防止原材料、中间体和中间产品的污染;缩短生产区与原料、成品存放区的距离,避免因往返运输而污染;提供适当的原辅料、包装材料处理区,中间体、中间产品贮存区,不同净化级别的清洁区和通道等,减少人流混杂。二是缩短生产时间,减少微生物的污染。因此,不仅要求生产工艺流程布局合理,同时也要求生产过程时间衔接合理,传递迅速,避免物料在某一工序滞留时间过长,以防止物料的混淆、交叉污染和遗漏生产或检验。

2. **生产区域专一**　在同一生产区域包括相应的辅助生产区域,只能生产同一批号、同一规格的相同产品。在同一生产区域包括相应的辅助生产区域同时生产不同品种、规格或批号的药品是混淆产生的最主要的原因,必须坚决制止,以防止混淆和混批。特别是生物制品、毒性药材、高致敏药品等生产如果发生混淆,后果将非常严重。因此,生产区域要提供充分适当的原辅料、包装材料处理区,中间体、半成品贮存区,不同净化级别的清洁区和通道等,减少人物流的混杂。

案例分析

　　案例　药品监管部门在市场上的一次常规抽查检验中发现,某企业贴有甲肝疫苗标签的产品竟然是狂犬疫苗! 该企业旗下拥有多个疫苗品种,但生产区域面积小、设施陈旧,不同品种、规格的产品有时在同一操作间同时进行,也缺乏有效的隔离措施;检定时也未严格按国家药品标准进行鉴别试验,导致"张冠李戴"。

　　分析　GMP(2010版)的实施必须依托于大量硬件系统的投入、人员的管理、制度的保障等。 生产车间在同一生产区域包括相应的辅助生产区域,只能生产同一批号、同一规格的相同产品,做到生产区域专一,以防止混淆和混批。 生物制品不同于一般医用药品,国家近年来开始对疫苗类制品、血液制品、用于血源筛查的体外生物诊断试剂等生物制品实行批签发、驻厂监督员的制度,对生物制品严格管理,进一步避免了不合格药品流入市场。

　　GMP(2010版)第一百九十七条规定:生产过程中应当尽可能采取措施,防止污染和交叉污染,如:①在分隔的区生产不同品种的药品;②采用阶段性生产方式;③设置必要的气锁间和排风,空气洁净度级别不同的区域应当有压差控制;④应当降低未经处理或未经充分处理的空气再次进入生产区导致污染的风险;⑤在易产生交叉污染的生产区内,操作人员应当穿戴该区域专用的防护服;⑥采用经过验证或已知有效的清洁和去污染操作规程进行设备清洁;必要时,应当对与物料直接接触的设备表面的残留物进行检测;⑦采用密闭系统生产;⑧干燥设备的进风应当有空气过滤器,排风应当有防止空气倒流装置;⑨生产和清洁过程中应当避免使用易碎、易脱屑、易发霉器具,使用筛网时,应当有防止因筛网断裂而造成污染的措施;⑩液体制剂的配制、过滤、灌封、灭菌等工序应当在规定时间内完成;⑪软膏剂、乳膏剂、凝胶剂等半固体制剂以及栓剂的中间产品应当规定贮存期和贮存条件。

　　第一百九十八条规定:应当定期检查防止污染和交叉污染的措施并评估其适用性和有效性。

　　污染防护一般应依据生产工艺流程的设计,从建筑布局、建筑材料、空调系统、设备选型、材料等方面进行控制,在生产过程中应通过对生产管理系统的各个关键要素如人员操作、物料流转储存管理、厂房和设备清洁操作控制、生产环境监控等方面进行控制,减少或避免污染、交叉污染、混淆和差错的发生。

　　(1)对于无菌制剂,应同时考虑是否满足无菌制剂附录中对应条款的要求

　　1)生产的每个阶段(包括灭菌前的各阶段)应当采取措施降低污染。

　　2)应当采取措施保证验证不能对生产造成不良影响。

　　3)当无菌生产正在进行时,应当特别注意减少洁净区内的各种活动。应当减少人员走动,避免剧烈活动散发过多的微粒和微生物。由于所穿工作服的特性,环境的温湿度应当保证操作人员的舒适性。

　　4)应当尽可能减少物料的微生物污染程度。必要时,物料的质量标准中应当包括微生物限度、细菌内毒素或热原检查项目。

5)洁净区内应当避免使用易脱落纤维的容器和物料,在无菌生产的过程中,不得使用此类容器和物料。

6)应当采取各种措施减少最终产品的微粒污染。

7)最终清洗后包装材料、容器和设备的处理应当避免被再次污染。

8)应当尽可能缩短包装材料、容器和设备的清洗、干燥和灭菌的间隔时间以及灭菌至使用的间隔时间。应当建立规定贮存条件下的间隔时间控制标准。

9)应当尽可能缩短药液从开始配制到灭菌(或除菌过滤)的间隔时间。应当根据产品的特性及贮存条件建立相应的间隔时间控制标准。

10)应当有措施防止已灭菌产品或物品在冷却过程中被污染。除非能证明生产过程中可剔除任何渗漏的产品或物品,任何与产品或物品相接触的冷却用介质(液体或气体)应当经过灭菌或除菌处理。

11)除已密封的产品外,被灭菌物品应当用合适的材料适当包扎及包扎方式应当有利于空气排放、蒸汽穿透并在灭菌后能防止污染。在规定的温度和时间内,被灭菌物品所有部位均与灭菌介质充分接触。

12)干热灭菌时灭菌柜腔室内的空气应当循环并保持正压,阻止非无菌空气进入。进入腔室的空气应当经过高效过滤器过滤,高效过滤器应当经过完整性测试。

13)小瓶压塞后应当尽快完成轧盖,轧盖前离开无菌操作区或房间的,应当采取适当措施防止产品受到污染。

14)无菌药品包装容器的密封性应当经过验证,避免产品遭受污染,熔封的产品(如玻璃安瓿或塑料安瓿)应当作100%的检漏实验,其他包装容器的密封性应当根据操作规程进行抽样检查。

15)在抽真空状态下密封的产品包装容器,应当在预先确定的适当时间后,检查其真空度。

16)应当逐一对无菌药品的外部污染或其他缺陷进行检查,如采用灯检法,应当在符合要求的条件下进行检查,灯检人员连续灯检时间不宜过长,应当定期检查灯检人员的视力,如果采用其他检查方法,该方法应当经过验证,定期检查设备的性能并记录。

(2)对于原料药,应同时考虑是否满足"原料药"附录相关条款的要求

1)病毒的去除或灭活:①应当按照经验证的操作规程进行病毒去除和灭活。②应当采取必要的措施,防止病毒去除和灭活操作后可能的病毒污染。敞口操作区应当与其他操作区分开,并设独立的空调净化系统。③同一设备通常不得用于不同产品或同一产品不同阶段的纯化操作。如果使用同一设备,应当采取适当的清洁和消毒措施,防止病毒通过设备或环境由前次纯化操作带入后续纯化操作。

2)污染的控制:①同一中间产品或原料药的残留物带入后续数个批次中的,应当严格控制。带入的残留物不得引入降解物或微生物污染,也不得对原料药的杂质分布产生不利影响。②生产操作应当能够防止中间产品或原料药被其他物料污染。③原料药精制后的操作,应当特别注意防止污染。

(3)对于生物制品,应同时考虑是否满足"生物制品"附录项下相关条款的要求

1)向发酵罐或其他容器中加料或从中取样时,应当检查并确保管路连接正确,并在严格控制的条件下进行,确保不发生污染和差错。

2)应当对产品的离心或混合操作采取隔离措施,防止操作规程中产生的悬浮微粒导致的活性微生物扩散。

3)培养基宜在线灭菌。向发酵罐或反应罐中通气以及添加培养基、酸、碱、消泡剂等成分所使用的过滤器宜在线灭菌。

4)应当采用经过验证的工艺进行病毒去除或灭活处理,操作过程中应当采取措施防止已处理的产品被再次污染。

5)使用第一类病原微生物、第二类病原微生物进行生产时,对产生的污物和可疑污染物品应当在原位消毒,完全灭活后方可移出工作区。

6)不同产品的纯化应当分别使用专用的层析分离柱。不同批次之间,应当对层析分离柱进行清洁或灭菌。不得将同一层析分离柱用于生产的不同阶段。应当明确规定层析分离柱的合格标准、清洁或灭菌方法及使用寿命。层析分离柱的保存和再生应当经过验证。

7)对用于实验取样、检测或日常监测(如空气采样器)的用具和设备,应当制定严格的清洁和消毒操作规程,避免交叉污染。应当根据生产的风险程度对用具或设备进行评估,必要时做到专物专区专用。

(4)对于中药制剂,应同时考虑是否满足"中药制剂"附录相关条款的要求

1)在生产过程中应当采取以下措施防止微生物污染:①处理后的中药材不得直接接触地面,不得露天干燥,加工后的药材应使用洁净的容器存贮,放置专用仓库中,不得使用易造成污染的麻包等包装;毒性中药和贵细药材尤应如此。②应当使用流动的工艺用水洗涤拣选后的中药材,用过的水不得用于洗涤其他药材,不同的中药材不得同时在同一容器中洗涤。

2)毒性中药材和中药饮片的操作应当有防止污染和交叉污染的措施。

3)中药材洗涤、浸润、提取用水的质量标准不得低于饮用水标准,无菌制剂的提取用水应当采用纯化水。中药提取用溶剂需回收使用的,应当制定回收操作规程。

4)药材、饮片、中间体、成品等的灭菌可以采用现行的各种灭菌方法如微波、环氧乙烷、^{60}Co 射线照射、蒸汽熏蒸等,但不论采用何种方法,均不应改变药品的药效、质量。

5)为保证中成药的质量,特别是卫生学指标能达到要求,对直接入药的药材、中间体等在配料前,应检查微生物是否符合标准。这对于保证中成药的卫生学指标是很重要的。不得对产品造成交叉污染,不得对产品的质量和安全性有不利影响。

3. 生产前检查　每品种或每批号生产开始前,应认真检查设备、器械、容器等是否洁净或灭菌,以及是否有前次生产的遗留物,否则不能进行新的生产操作。

4. 状态标志明确　每一生产操作间、每一台生产设备、每一盛物容器均应有能够指明正在加工的产品或物料、批号及数量等的状态标志。在生产中无状态标志是造成混药事故的主要原因之一。

案例分析

案例 1987 年某药厂生产苯海索片剂后，剩下原料 15.83kg，与同为白色结晶性粉末、外包装一致的丙谷胺原料混放在车间。在生产丙谷胺片时，保管人员将苯海索原料当做丙谷胺原料发出配料，使生产的丙谷胺片中混入了苯海索，致使 30 多名患者服后，出现精神异常，又笑又哭，视物模糊等中毒症状，造成直接经济损失近 7 万元。

分析 这是一起典型的状态标识不明确造成严重的混药事件。投料剩余的原料，应按照规定做好标识密封后，出车间退回原料库保管或做好标识密封后交由车间中间站登记保管。在生产中物料和工序无状态标志是造成混药事故的主要原因，必须坚决杜绝。

因此，GMP 要求生产过程中绝不允许不明状态的情况存在，以防止由于标志不明造成药物混淆。药品生产中状态标志有 4 种情况：

（1）生产状态标志：标明正在生产的情况，内容包括正在生产的品名、规格、批号等。

（2）生产设备状态标志：运行的设备应标明正在加工何种物料，停运的设备应标明其性能状况、能用与否、待修或维修，对已损坏报废的设施，应从生产线上清除。

（3）容器状态标志：标明容器内容物的情况，如品名、规格、批号、状态（半成品、中间体、回收料等）。

（4）卫生状态：生产前后，生产线、设备、容器等均应有卫生状态标志，标明其卫生状况，如已清洁、已消毒、已清场等。

5. 及时清洗设施 药品生产过程中，残留在设施中的物质有些是极好的微生物培养基，有些极易对其他物质造成污染。因此，生产用的设备、容器、输送药液的管道等用后应立即清洗。用于无菌生产的设施清洗后应灭菌。

6. 严格控制洁净室人员 洁净室内发尘量，来自建筑表面的很少，一般占 10% 以下（经空气净化），发尘主要来自于人，约占 90% 左右。因此，进入 A 级、C 级洁净厂房的人数不得超过厂房设计时的限度。在服装材质的选择上，应以去静电纯尼龙为优，服装式样采用上下分装型或全罩型。操作人员的着装应符合卫生要求。在洁净室内减少幅度大的活动，以减少室内发尘量。

7. 建立洁净室监测制度 洁净室的效能不仅取决于设计和施工质量，还取决于维护和管理水平，因而必须建立严格的管理制度，定期作好洁净工程运行状态的各种性能测试，尤其是设备检修或更换后要及时检查和监测其滤效，使换气次数或层流风速符合要求，并做好各项记录。

点滴积累 ⋁

1. 药品生产过程中，污染和混淆的危险主要来自于生产中所用的原料、设备、生产方法、生产环境、人员操作 5 个环节。生产过程中未能控制的灰尘、气体、喷洒物、生物散发出的微粒、设备中的残留物、操作者的错误等都可能造成药品的污染和混淆。

2. 防止生产过程中的污染、交叉污染和混淆的措施有：工序衔接合理、生产区域专一、生产前检查、状态标志明确、及时清洗设施、严格控制洁净室人员、建立洁净室监测制度等。

第四节　生产过程的管理

生产出符合质量标准的产品取决于各项质量保证要素。保证顺利生产取决于各个环节都要满足 GMP 要求及质量标准,也就是说在符合各项标准要求下进行生产,从而使进行重复性生产成为可能。

传统的质量控制是通过中间产品或者最终产品的检测来达到控制质量的目标,随着近几年技术的发展,在线实时监测成为可能,人为因素造成的影响变得越来越小。先进的技术可以保证每批的加工过程控制及对加工过程中材料的适当样品进行检验或检查,以保证药品的一致性和完整性。

生产过程的管理控制建立在工艺设计的基础上,包括要掌握原辅料性质(须符合质量标准),生产过程取样、监控、物料传送、隔离及密闭技术,过程单元操作(配料、粉碎、过筛、混合、造粒、干燥、压片、包衣、胶囊灌装等)。剂型不同,所涉及的生产和过程控制的要求不同。但总的生产和过程控制原则是一致的,通常经过充分的设计和评估,应该考虑以下因素:①过程控制和设备首先要满足能够生产出符合质量标准产品;②人员卫生及生产卫生;③防尘,防漏,避免污染和交叉污染;④设备便于操作、清洁及维护;⑤建立清洁卫生制度;⑥环境监测;⑦标识;⑧贴签;⑨偏差;⑩保持生产的连续性,尽量减少生产中断时间。

一、工艺管理与工序关键控制点的监控

(一) 工艺管理

药品生产过程中出现问题或事故的主要因素有 2 个:一是没有标准的书面操作规程文件或指令,有的企业有这些文件和指令但不完善,或者是有文件和指令,但不执行或不严格执行;二是口头传达信息导致的信息传递失真。在生产操作中的主要规程和指令有生产工艺规程、操作规程,其合理性和可行性直接影响所生产药品的质量以及生产效率。

工艺规程和操作规程是药品生产和包装操作的依据,是确保产品质量的操作标准。

1. **工艺规程**　工艺规程是指为生产特定数量的成品而制定的一个或一套文件,包括生产处方、生产操作要求和包装操作要求,规定原辅料和包装材料的数量、工艺参数和条件、加工说明(包括中间控制)、注意事项等内容。

GMP(2010 版)第一百六十八条规定:每种药品的每个生产批量均应当有经企业批准的工艺规程,不同药品规格的每种包装形式均应当有各自的包装操作要求。工艺规程的制定应当以注册批准的工艺为依据。

第一百六十九条规定:工艺规程不得任意更改。如需更改,应当按照相关的操作规程修订、审核、批准。

所有药品的生产、包装应有工艺规程和操作规程。工艺规程和操作规程应按照批准的生产工艺进行编制,应经过验证,应得到质量管理部门的审核确认,规程内容应符合药品 GMP 规范"文件管

理"中第一百七十条要求。制定生产工艺规程的目的是为药品生产部门提供必须共同遵守的技术准则,以保证生产的批与批之间尽可能地与原设计吻合,保证每一药品在整个有效期内保持预定的质量。

对于无菌药品,必须严格按照精心设计并经验证的方法及规程进行,产品的无菌或其他质量特性绝不能只依赖于任何形式的最终处理或成品检验(包括无菌检查),灭菌工艺必须与注册批准的要求相一致,且应当经过验证。对于原料药,生产的起点及工序应当与注册批准的要求相一致;对于生物制品,种子批或细胞库和成品之间的传代数目(倍增次数、传代次数)应当与已批准注册资料中的规定一致,不应随生产规模变化而改变;对于中药制剂、中药材前处理,中药提取和中药制剂的生产,应当保持中药材来源相对稳定,注射剂生产所用中药材的产地应当与注册申报资料中的产地一致,并尽可能采用规范化生产的中药。应当对中药材和饮片的质量以及中药材前处理、中药提取工艺严格控制。

工艺规程是对产品设计、处方、工艺、质量规格标准、质量监控以及生产和包装的全面规定和描述,是生产管理和质量管理监控的基准性文件,是制定批生产指令、批生产记录、批包装指令的重要依据。①工艺规程的制定应当以注册批准工艺为依据并应经过验证确认,若有重大变更应符合注册法规要求并受控。②应制定有关于产品工艺规程的相关管理规程;明确起草、修订、审核、批准人员的职责;应按管理规程的规定制定或修订产品的工艺规程,并经审核、批准后执行。③工艺规程内容应涵盖规范的要求,与注册批准的工艺一致。④工艺规程应规定根据产品生产各种批量来编制和规定各自批量条件下工艺规程所规定的内容,应包含不同包装规格的操作要求。⑤工艺规程中关键的工艺参数应经过验证确认,与质量无关的参数(如与节能或设备使用相关控制的参数)无须列入工艺验证中。

2. 操作规程 操作规程是指经批准用来指导设备操作、维护与清洁、验证、环境控制、取样和检验等药品生产活动的通用性文件,也称标准操作规程,操作规程应涵盖药品生产和质量全过程。

GMP(2010版)第一百八十一条规定:操作规程的内容应当包括:题目、编号、版本号、颁发部门、生效日期、分发部门以及制定人、审核人、批准人的签名并注明日期,标题、正文及变更历史。

第一百八十二条规定:厂房、设备、物料、文件和记录应当有编号(或代码),并制定编制编号(或代码)的操作规程确保编号(或代码)的唯一性。

GMP对确认和验证,设备的装配和校准,厂房和设备的维护、清洁和消毒,培训、更衣及卫生等与人员相关的事宜,环境监测,虫害控制,变更控制,偏差处理,投诉,药品召回,退货等活动也规定应当有相应的操作规程,其过程和结果应当有记录。

3. 典型的固体制剂药品生产企业生产管理规程 见表8-2。

表 8-2　固体制剂药品生产企业典型的生产管理规程

序号	文件名称	序号	文件名称
1	工艺规程管理规程	15	药品包装拼箱管理规程
2	生产计划管理规程	16	生产车间不合格品管理规程
3	生产记录管理规程	17	领料标准操作规程
4	生产批号管理规程	18	粉碎过筛标准操作规程
5	生产过程的状态标志管理规程	19	称量配料标准操作规程
6	批生产指令管理规程	20	制粒干燥标准操作规程
7	批包装指令管理规程	21	整粒总混标准操作规程
8	批生产物料平衡管理规程	22	压片标准操作规程
9	生产过程偏差及异常情况处理管理规程	23	糖衣包衣标准操作规程
10	生产统计管理规程	24	胶囊填充标准操作规程
11	生产过程管理规程	25	内包装标准操作规程
12	生产安全管理规程	26	外包装标准操作规程
13	生产车间剩余物料管理规程	27	中间站标准操作规程
14	生产车间工序清场管理规程		

4. 生产操作规程和指令的管理　①宣传学习：任何有关生产操作的规程和指令在正式下达实施之前，都必须由企业生产技术管理、质量管理、人力资源部门组织操作人员和管理人员进行学习和培训，尤其是新员工，必须经考核合格后方能上岗。②贯彻实施：生产操作中的有关规程和指令一经批准实施，各级操作人员和管理人员都应严格执行，对不符合生产工艺规程、岗位操作规程的指令，操作人员应拒绝执行，对无批准手续变更操作的指令，操作人员应拒绝执行。生产技术管理、质量管理等部门应经常进行追踪随访，了解其执行情况，并给予必要的指导、帮助和纠正。对非正常情况下不能按岗位操作规则操作时，操作人员应做紧急处理并记录，及时上报，由生产技术管理、质量管理部门提出处理方案，经批准后方可继续生产。

（二）工序关键控制点的监控

不同的制剂，因其生产工艺不同，具体的操作则不同，工序关键控制点不同。比如固体制剂的单元操作分为配料、粉碎、过筛、混合、造粒、干燥、压片、包衣、胶囊填充与灌装等。剂型不同，所涉及的单元操作不同，但同一单元操作所遵循的基本规律是一样的。同一单元操作，也有不同的设备和方式可以选择，例如湿法制粒、干法制粒和粉末直接压片。

下面以固体制剂为例介绍工序关键控制点：

1. 配料　中央配料区域通常设置在靠近库房的区域，以减少装有物料的容器在 D 级洁净区域穿行。根据生产设施的产能，工厂可能需要一个或多个称量和配料单元。生产多种产品的工厂，可以设置不同产品专属的配料单元。

专属配料区应与生产区域相连接，使被配好的物料直接通过洁净走廊，供应生产使用。配料区域和其他后续工序的生产房间一样，也要按照 GMP 的要求建造和运行。由于在这个过程需要操作活性物质,所以密闭隔离、人员安全保护、员工暴露操作防护和可清洁性是配料设备和配料区域设计要考虑的关键因素。配料区所使用的密闭隔离装置和设备应根据物料的危险级别和配料方法设置。

虽然用于制备颗粒黏合剂和包衣物料的干粉物料可以在配料区称量,但是溶液的配制过程不推荐在配料区进行。

2. 制粒 控制制粒黏合剂加入速度等以控制最终颗粒粒径的分布和最终颗粒的含量均匀度。

3. 干燥 检测颗粒水分,因为不同颗粒水分可能对下一步压片或者灌装有较大的影响,应取样检测进行控制。

4. 整粒 通过控制整粒筛网和速度得到适当的颗粒粒径分布,并进行取样检测。

5. 混合 主要考察颗粒要有好的混合均匀度。

6. 压片 控制压片速度、压片压力、填料速度等得到目标产品,取样检测硬度,重量差异、崩解、脆碎度等,避免裂片、揭盖等现象发生。

7. 胶囊填充 控制填充速度,取样检测装量差异、崩解、脆碎度等,避免胶囊壳破裂、吸收水分等现象发生。

8. 包衣 规定好喷枪口径,包衣液浓度等控制包衣增重,而且对于特殊功能性包衣要特别注意控制好包衣增重等。

(三) 定置管理及状态标志

1. 定置管理的定义 定置管理是一种科学的现场管理方法和技术,是一个动态的整理、整顿体系,是在物流系统各工序实现人与物的最佳结合。

它以物料在存放区域的科学定置为前提,以完善的信息系统为媒介,以实现人和物的有效结合为目的,从而使生产现场管理科学化、规范化和标准化,从而优化企业物流系统,改善现场管理,建立起现场的文明秩序,使企业实现人尽其力,物尽其用,时进其效,达到高效、优质、安全的生产效果。

2. 定置管理的目的 以定置管理为中心的现场管理是企业取得利润的源泉之一。它可以使物料产品、生产用工具、容器量具等现场物品按动作经济原则摆放,防止混杂、污染、损毁和丢失,以保证产品质量,提高作业效率。

3. 定制管理的特点 定置管理的特点为结合性、目的性、针对性、系统性、有效性、艰巨性。

人与物的结合是定置管理的本质与主体,物与场所的结合是定置管理的前提和基础。

4. 药品生产车间的定置管理 药品生产车间应做到:①设备应按工艺流程合理布局,使加工物料按工艺流程顺序流转,避免重复往返,并不遗漏任何工序。②设备周围应有足够的空间放置待加工和已加工的产品,并且定位,有定置图或定位划线。定位应恰当,使平均占用面积或空间优化合理,不拥挤,便于加速物料流动,便于按规定用途进行操作,并使操作者体能消耗小;一些设备可按移动式或半固定安装,以便于清洗和维修。同一操作室内安装多台设备时,要考虑操作的方便和整体布局美观和合理。③每一生产操作间或生产用设备、容器应标明物料或产品名称、批号和数量等的状态标志。④设备状态可有运行、已清洁、待清洁、停用和闲置等状态标志。⑤容器状态可有运行、已清洁和待清洁等状态标志。⑥生产操作间状态可有运行、清洁和待清洁等状态标志。⑦应有文件规定各状态标志的颜色、状态词、含义等,全企业统一。

二、批次、批号与记录的管理

（一）批次的管理

GMP（2010版）第一百八十五条规定：应当建立划分产品生产批次的操作规程，生产批次的划分应当能够确保同一批次产品质量和特性的均一性。

▶ **课堂活动**

请同学想一下，我们喝的袋装牛奶和药品是否有生产日期和生产批号，生产批号和生产日期的关系是怎样的?

批次管理是药品生产控制的一种方法，通过合理的批次设定，便于对某一数量或某一时间段生产产品的过程和质量均一性进行控制。企业应考虑自身品种、设备特点和法规要求合理划分批次。可能有必要将一批产品分成若干亚批，最终合并成为一个均一的批，也可能若干合格小批混合形成一个混合批。

批是指经一个或若干加工过程生产的、具有预期均一质量和特性的一定数量的原辅料、包装材料或成品。为完成某些生产操作步骤，可能有必要将一批产品分成若干亚批，最终合并成为一个均一的批。在连续生产情况下，批必须与生产中具有预期均一特性的确定数量产品相对应，批量可以是固定数量或固定时间段内生产的产品量。

企业应制定划分产品生产批次的操作规程，并规定批次划分原则。批次划分可以考虑上述批的定义，但不限于以下原则：口服或外用的固体、半固体制剂在成型或分装前使用同一台混合设备一次混合所生产的均质产品为一批；口服或外用的液体制剂以灌装（封）前经最后混合的药液所生产的均质产品为一批。

1. 无菌制剂批次划分原则　应同时满足"无菌制剂"附录项下相关规定要求：

（1）大（小）容量注射剂以同一配液罐最终一次配制的药液所生产的均质产品为一批；同一批产品如用不同的灭菌设备或同一灭菌设备分次灭菌的，应当可以追溯。

（2）粉针剂以一批无菌原料药在同一连续生产周期内生产的均质产品为一批。

（3）冻干产品以同一批配制的药液使用同一台冻干设备在同一生产周期内生产的均质产品为一批。

（4）眼用制剂、软膏剂、乳剂和混悬剂等以同一配制罐最终一次配制所生产的均质产品为一批。

2. 原料药生产批次划分原则　应同时满足"原料药"附录项下相关规定要求：

（1）连续生产的原料药，在一定时间间隔内生产的在规定限度内的均质产品为一批。

（2）间歇生产的原料药，可由一定数量的产品经最后混合所得的在规定限度内的均质产品为一批。

3. 中药制剂生产批次划分原则　中药制剂生产一般包括中药前处理、中药提取、制剂生产3个环节。划分原则包括：

（1）根据本企业产品特点制定相应的中药前处理和中药提取批次划分原则。

（2）制剂生产环节批次划分应满足但不限于正文中规定的批次划分原则。

4. 生物制品生产批次划分原则　应同时满足"生物制品"附录项下相关规定要求：

（1）应按照《中国药典》中"生物制品分批规程"对生物制品分批并编制批号。

（2）成品批次划分原则应符合无菌制剂中批次划分原则（非同日或同次配制、混合、稀释、过滤的半成品不得作为一批）。

（3）制品的批及亚批编制应使整个工艺过程清晰并易于追溯，以最大限度保证每批制品被加工处理的过程是一致的。

（4）生物制品生产过程中单次收获物、原液半成品等批次划分应符合药典中生物制品术语及名词解释项下相关要求及相应品种的注册标准，确保各工序产品的可追溯性，如"亚批"：单一批号的亚批编制应仅限于以下允许制定亚批的几种情况：①半成品配制后，在分装至终容器之前，如分装至中间容器，应按中间容器划分为不同批或亚批；②半成品配制后，如采用不同过滤器过滤，应按滤器划分为不同批或亚批；③半成品配制后直接分装至终容器时，如采用不同分装机进行分装，应按分装机划分为不同批或亚批；④半成品配制后经同一台分装机分装至终容器，采用不同冻干机进行冻干，应按冻干机划分为不同批或亚批。

对于"成品批"，成品批号应在半成品配制后确定，成品批次划分原则应符合无菌制剂中批次划分原则。非同日或同次配制、混合、稀释、过滤的半成品不得作为一批。

（二）批号的管理

GMP（2010版）第一百八十六条规定：应当建立编制药品批号和确定生产日期的操作规程。每批药品均应当编制唯一的批号。除另有法定要求外，生产日期不得迟于产品成型或灌装（封）前经最后混合的操作开始日期，不得以产品包装日期作为生产日期。

1. 批号的概念　批号是用于识别一个特定批的具有唯一性的数字和（或）字母的组合。为便于追溯生产批次，企业应编制唯一、简单、易于识别的批号管理规程，明确各工序批号编制原则和管理记录要求。应根据剂型特点合理明确生产日期的确定原则。规程中应规范中间产品（包括细胞或病毒原液）、待包装产品或成品批号编制原则。产品批号一旦给定，必须严格按照给定的批号执行，不得任意修改。

药品的每一生产批次都有指定的永久、唯一的批号。药品的批号一旦确定，所有用于生产的原料、包装材料、中间品、待包装品及质量管理部的检验、放行都以此批号为准。根据产品批号，应能查明该批产品的生产时间及批生产记录，进而追溯该批药品的生产历史，批号应明显标于每份生产记录、标签和包装物上。

2. 批号编制方法

（1）按照全年生产批次的流水号作为该批产品的批号，产品批号为生产年份（后2位）+全年流水号。如："1200001"表示2012年生产的第一批产品。

（2）按照每月生产批次的流水号作为该批产品的批号，产品批号为生产年份（后2位）+月份+月度流水号。如："1203001"　表示2012年3月份生产的第一批产品。

3. 返工批号的编制原则　因故返工的产品，返工后原批号不变，只在原批号后加"R"以示区别。

4. 生产日期确定原则　①包装产品以最终制粒工序中总混的领料日期作为该批产品的生产日期；②对于回收处理后的产品按照回收处理中最早批次产品的生产日期确定为该批产品的生产日期；③液体产品以灌装(封)前经最后混合的操作开始日期，为该批产品的生产日期；④混合批次原料药的生产日期应为参与混合的最早批次产品的生产日期为该批产品的生产日期。

5. 生物制品批号制定和生产日期确定原则　按照《中国药典》(2015年版)三部的"生物制品分批规程"要求：生物制品批号和亚批号的编制应符合相应的要求；同一批号的制品，应来源一致、质量均一；同一制品的批号不得重复；同一制品不同规格不应采用同一批号；成品批号应在半成品配制后确定，配制日期即为生产日期。生物制品原液的生产日期应按照经批准的制造检定规程或《中国药典》(2015年版)三部中要求执行。

(三) 生产记录的管理

1. 批记录的概念　用于记述每批药品生产、质量检验和放行审核的所有文件和记录，可追溯所有与成品质量有关的历史信息。

批记录是每批药品生产各工序全过程的完整记录，可全面反映产品工艺规程的执行情况，具有生产数量及质量的可追溯性。

2. 批生产记录的管理　按照GMP的要求，每批产品均应当有相应的批生产记录，可追溯该批产品的生产历史以及与质量有关的情况。批生产记录应当依据现行批准的工艺规程的相关内容制定。记录的设计应当避免填写差错。批生产记录的每一页应当标注产品的名称、规格和批号。原版空白的批生产记录应当经生产管理负责人和质量管理负责人审核和批准。批生产记录的复制和发放均应当按照操作规程进行控制并有记录，每批产品的生产只能发放一份原版空白批生产记录的复制件。在生产过程中，进行每项操作时应当及时记录，操作结束后，应当由生产操作人员确认并签注姓名和日期。

药品的生产过程直接决定药品的质量，因此药品生产记录只有完整准确，才能真实反映药品生产全过程的实际情况，使药品生产的各个环节有效地受到监督和控制。生产记录的完整准确，是药品生产企业客观记录生产实际情况，同时也是企业保证生产药品质量、保护自身合法利益不受损害的重要措施。批生产记录是包括产品制造过程中使用的所有物料和进行的所有操作的文件。每批药品均应有一份反映各个生产环节实际情况的生产记录。

3. 批生产记录的内容

(1)产品名称、规格、批号；

(2)生产以及中间工序开始、结束的日期和时间；

(3)每一生产工序的负责人签名；

(4)生产步骤操作人员的签名，必要时，还应当有操作(如称量)复核人员的签名；

(5)每一原辅料的批号以及实际称量的数量(包括投入的回收或返工处理产品的批号及数量)；

(6)相关生产操作或活动、工艺参数及控制范围，以及所用主要生产设备的编号；

(7)中间控制结果的记录以及操作人员的签名；

(8)不同生产工序所得产量及必要时的物料平衡计算;

(9)对特殊问题或异常事件的记录,包括对偏离工艺规程的偏差情况的详细说明或调查报告,并经签字批准。

4. 批生产记录填写要求

(1)记录填写要求　①空白记录应按要求设计好,其纸张应完整无缺,不得有污点、皱折。②所有记录应用蓝色或墨色钢笔、圆珠笔、签字笔按要求逐项填写,同一页记录不得有2种颜色相同的笔迹。③批生产记录应及时填写、字迹清晰、内容真实、数据完整。④有空格无内容填写时,用"-"表示,不能留空或填写其他符号。⑤批生产记录要保持整洁、不得撕毁和任意涂改。若发现填写错误,应按规定程序更改,用"-"将该项划去,填上正确的记录,并在其旁签上姓名和日期,并使原数据仍可辨认。⑥每一页记录最多只允许有3项经更改的错误,超过3项应重新更换填写。⑦在记录填写过程中应保持页面整洁,不得有油污、斑点或其他与记录无关的符号。⑧由操作人及复核人签名,签名时应写全名、字体端正可认,不能简写、潦草而不可辨;日期格式:＊＊＊＊年＊＊月＊＊日。⑨记录内容要真实可靠,填写及时;不能过后编造或写回忆录。⑩记录填写计量单位、符号等符合法定计量单位和国家标准的规定。

(2)记录中数据处理　①数据的计算处理过程应在记录中明确反映,不能只有结果而无过程。②数据的保留位数应以实际情况决定,有效数字最多只能保留1个不定数。③计算过程中数据的取舍采用"四舍六入五成双"规则。即当尾数≤4时则舍,尾数≥6则入,尾数等于5时,若5前面为偶数时则舍,为奇数时则入,当5后面还有不是零的任何数时,无论5前面是偶或是奇皆入。④计算过程的有效数据保留位数,比计算前小数点后有效数字位数最少的多一位;计算结果有效数据保留位数,与计算前小数点后有效数字位数最少的相同。

5. 批生产记录的编制与修订

(1)批生产记录根据产品生产工艺规程、标准操作规程和技术参数等内容设计。

(2)批生产记录需具有产品质量的可跟踪性,通过批生产记录能了解产品生产全过程的质量情况。

(3)批生产记录按产品生产先后顺序依次进行编制。

(4)批生产记录先由相关车间技术负责人制订初稿,然后交生产部负责人审核,生产技术负责人负责批准,质量保证部负责人批准后方可印刷、使用。

(5)批生产记录的版本号排版与其他文件编码位置相同。

(6)批生产记录设计时应有足够的填写空间,但尽量无空格。

(7)批生产记录根据工艺规程、生产条件及标准操作规程的变动情况随时进行修订。

(8)批生产记录的修订程序与其制定程序相同。

(9)批生产记录一经修订、执行,其以前批生产记录即时作废,不得再度使用或在生产过程中出现。

6. 批生产记录的发放

(1)批生产记录批准后,原件由QA存档。生产部保留1份复印件作为基准样张。

(2)生产部在制定生产指令的同时,做好批记录发放,注明所有记录的名称、编码、页数、份数等。

7. 批生产记录的整理与保管

(1)生产结束后,由车间工艺员负责收集该批次产品的批生产记录,初审合格后交车间主任复核。

(2)生产部部长审核后交 QA 进行审核。

(3)所有工序已完成的完整的批生产记录由 QA 存档。

(4)产品批生产记录至少保存至该产品有效期后 1 年。

(5)批生产记录借阅范围为本生产车间、生产部、质量保证部,其他任何部门及个人不得随意借阅、调用,若需借阅必须由质量保证部部长批准。

8. 批生产记录的销毁　批生产记录销毁时报 QA 部长批准后,进行销毁(焚烧或撕毁),销毁现场有 2 人以上在场并由 QA 监督,销毁后应填写销毁记录。

9. GMP 检查中常发现的问题

(1)记录的修改,没有注明原因、签名或日期。

(2)用涂改液修改记录。

(3)用铅笔做记录。

(4)总是在同一时间做记录,记录时间没有偏差、波动。

(5)每天使用的都是同一支笔或同一种笔迹。

(6)24 小时之内,都是同一个操作工的签名。

(7)记录下的温度、湿度等参数没有任何变化。

(8)生产现场没有发现记录。

(9)老的数据记录在看似非常新的纸上。

(10)有原始数据记录的纸、空白记录没有管理控制。

10. 批包装记录　批包装记录的内容至少应包括:

批记录管理规程

(1)待包装产品名称、批号、规格,对同一品种不同规格剂量的药品应严格分开,避免混淆。

(2)印有批号的标签和使用说明书以及产品合格证:包装材料名称、代号和性状描述应予以记录。必要时要附有印有批号的包装样本和标签,另外还要有使用说明书。

(3)待包装产品和包装材料的领取数量及发(领)用人,应核对人签名。

(4)已包装产品的数量、已形成大小包装的产品,应记录数量,通过核对数量,可以发现是否漏装。

(5)前次包装操作的清场记录(副本)及本次包装清场记录(正本)。

(6)本次包装操作完成后的检验核对结果,核对人签名。

(7)生产操作负责人签名。批包装记录与批生产记录一起进行保管,保管时间应一致。

三、药品包装的管理

（一）标签、说明书、包装盒、包装箱的设计

1. 设计依据　国家药品监督管理局药品审评中心对该药的批准证书、申报资料。

2. 设计要求

（1）文字内容要完全符合国家的批准证书与标准。

（2）文字的排列、字体、大小、颜色要取得本公司市场业务部门的认同。

（3）书写内容和格式要符合《药品包装,标签和说明书管理规定》的要求。

（4）产品的装量、性质、作用均与标签、说明书、包装和所表示的相符。

（5）凡规定有效期或使用期限的药品,包装盒和标签上必须注明该药品的有效期或使用期限,如有效期是 3 年的药品,生产日期:2002 年 2 月 23 日,写成"有效期至 2005 年 1 月"。

3. 文字内容

（1）标签

1）内包装标签可根据其尺寸的大小,尽可能包含药品名称、适应证或者功能主治、用法用量、规格、贮藏、生产日期、生产批号、有效期、生产企业等标示内容,但必须标注药品名称、规格及生产批号。

2）中包装标签应注明药品名称、主要成分、性状、适应证或者功能主治、用法用量、不良反应、禁忌证、规格、贮藏、生产日期、生产批号、有效期、批准文号、生产企业等内容。

3）大包装标签应注明药品名称、规格、贮藏、生产日期、生产批号、有效期、批准文号、生产企业以及使用说明书规定以外的必要内容,包括包装数量、运输等注意事项或其他标记等。

4）标签上有效期具体表述形式应为:有效期至×年×月。

5）由于尺寸原因,中包装标签不能全部注明不良反应、禁忌证、注意事项的,均应注明"详见说明书"字样。

（2）药品说明书

1）说明书格式:按照国家药品监督管理部门下发的"国食药监注〔2006〕540 号"《关于印发非处方药说明书规范细则的通知》中"化学药品非处方药说明书规范细则""中成药非处方药说明书规范细则"和"国食药监注〔2006〕202 号"《化学药品和治疗用生物制品说明书规范细则》中"化学药品和治疗用生物制品说明书规范细则"和"预防用生物制品说明书规范细则"以及《总局关于发布中成药规格表述技术指导原则的通告（2017 年第 219 号)》"中成药规格表述技术指导原则"的格式和要求。

2）尺寸:标签纸张与包装盒、箱的尺寸应以容器的大小而决定。

（二）标签、说明书、包装盒、包装箱的设计审批程序

标签、说明书、包装盒、包装箱的外观设计由开发人员承担,内容的制订由质管部负责标准的人员承担。

设计好的标签、纸盒、纸箱的底稿依次按照技术标准的拟制、审核、确认、批准程序进行,但在负

责人批准前,应由质量保证部门负责审核文字内容和材质、版式是否符合国家相关规定,有 QA 部门的审核意见后,再交负责人签字。

标签、说明书、包装盒、包装箱的版本确定后,其制版和样本作为技术档案分别存于开发部门和质量部各一份。

已经废弃的版本必须收回并销毁,仅存底版于设计部门备案。

(三) 标签、说明书、包装盒、包装箱的印制

标签、说明书、包装盒、包装箱等印字包装材料在印制前必须经过质管部对所印制的内容、样式、数量与向主管部门上报批准的样本——核对无误,并有 QA 的审核批准,否则不可印制。

经批准后的标签、说明书、包装盒、包装箱的设计底稿,由供应部门协助设计人员联系印制厂家,提供印制样品,样品由设计人员依据底样审核,QA 人员确认无误后,正式通知厂家印刷。

标签、说明书、包装盒、包装箱的印刷数量由供应科依据不同品名、规格的药品的生产计划与厂家签订订单,分批分期印刷。

供应部门应与印制厂家签订合同,合同内容除了技术质量要求、印制数量、费用、盒交货期限、违约责任外,还须与厂家约定标签、说明书、包装盒、包装箱的照相制版不许转让其他企业与个人,一旦版本作废,厂家必须将照相制版交付本公司,不得复制。

(四) 标签、说明书、包装盒、包装箱的进厂验收

标签、说明书、包装盒、包装箱等印刷标示材料购入后,首先由仓库保管员对印制的标签、说明书、包装盒、包装箱品种规格数量进行确认和清点,然后按照物料入库、贮存、出库管理规程,将其放入待验区或贴待验标志,填写请验单。

质管部检验员接到物料请验单后,对标签、说明书、包装盒、包装箱等印刷标示材料进行抽样检验。

检验合格的标签、说明书、包装盒、包装箱等印刷标示材料,由质检部门发放合格证。仓库管理员接到检验合格报告后,办理入库单,即可将合格印刷标示材料放入包材库。

(五) 标签、说明书、包装盒、包装箱的贮存保管

标签、说明书要分类存放,专人专柜上锁保管。带有印字的内包装材料要和外包装材料分架或分库存放。

在贮存期间变质霉烂的印字包装材料要逐个清点数目,物料部门填写不合格品报损单。待质量管理部部长批准后,在 QA 的监督下销毁。

销毁印字包装材料必须通知 QA 人员参加,在 QA 的监督下销毁,并填写不合格品销毁记录,记录要由 QA 人员的签字。

(六) 标签、说明书、包装盒、包装箱的储存发放

标签、说明书、包装盒、包装箱的领料发放必须有生产部的包装指令,否则不予发放。

标签、说明书、包装盒、包装箱等印字包装材料领用发放时,领用人与发放人要依据包装指令逐一核对型号、规格、数量,双方确认无误后签字。

标签、包装盒的发放和领用要填写领用发放记录,保管员要按月统计标签、包装盒的发放数量,

并汇总上报。

（七）生产包装过程中印字包装材料的管理

生产部领用印刷标示材料时,须先将包装指令单交于仓库管理人员。领料后,印刷标示材料与包装命令单送至车间外包室。

负责人核对印刷标示材料后,依照包装指令单上注明的日期,即有效日期与制造批号让专人印在印刷标示材料上。印好的第一张标签、外盒须由 QA 人员核对无误,签章后才可继续印刷。印刷完成后,清点数量,在包装命令单上填写使用数量、报损数量、退回数量。

包装人员贴标签和防伪标签时,质管 QA 检查员应检查其标贴的程序是否符合规定,并抽查外盒和标签印刷是否正确。

包装完成后,将剩余完好的印刷标示材料,清点数量并填写退料单,退回物料仓库管理人员。

损坏的印刷标示材料和印有批号的印刷标示材料不得退回仓库,必须清点数目,集中销毁。

标签等印刷标示材料的销毁应由物料部门填写不合格品报损单,待质量管理部部长批准后,在 QA 的监督下销毁,并作不合格品销毁记录。记录要由 QA 人员的签字。

总之,药品说明书的设计、印刷、接收、取样、检验、发放等都要严格按照规程办理。药品说明书与包装材料、标签一样,应由专人领取、计数发放、领发并均应签字。包装和贴签后,应核对包装材料、标签、说明书的实用数字与领用数是否符合。

（八）标签和说明书的管理

企业所用的标签和说明书,应符合国家药品监督管理局24号令《药品说明书和标签管理规定》的要求。

药品说明书和标签由国家食品药品监督管理总局予以核准。

药品的标签应当以说明书为依据,其内容不得超出说明书的范围,不得印有暗示疗效、误导使用和不适当宣传产品的文字和标识。

药品包装必须按照规定印有或者贴有标签,不得夹带其他任何介绍或者宣传产品、企业的文字、音像及其他资料。

药品生产企业生产供上市销售的最小包装必须附有说明书。

药品说明书和标签的文字表述应当科学、规范、准确。非处方药说明书还应当使用容易理解的文字表述,以便患者自行判断、选择和使用。

药品说明书和标签中的文字应当清晰易辨,标识应当清楚醒目,不得有印字脱落或者粘贴不牢等现象,不得以粘贴、剪切、涂改等方式进行修改或者补充。

药品说明书和标签应当使用国家语言文字工作委员会公布的规范化汉字,增加其他文字对照的,应当以汉字表述为准。对标签与说明书的管理包括:

1. 标签、说明书印刷的包装材料的文字内容应与药品监督管理部门批准的内容相一致。

2. 标签、说明书等印刷包装材料进厂后,由库房保管员与质量管理部批准的样张标准核对后填写验收记录。

3. 保管员填写"请验单"交质量管理部检验员检验,将标签放入待验柜(区)内。

4. 检验合格的标签、说明书等印刷包装材料必须按规格分类,专库或专柜存放,并上锁专人管理。

5. 各种规格标签应按计划由车间专职人员领取,仓储管理员按生产管理部门发放的"生产指令单"限额发放,并填写标签发放记录,领发料人均应在"领料单"上签字。

6. 标签打印岗位人员根据"批生产指令单"打印标签。

7. 工段长依据"生产指令单"核对标签的品名、规格、数量、打印质量,交于车间物料员负责保管,做好"物料进出台账"。

8. 各种标签由车间物料员按批包装指令限额计数发放,领用人、核对人按批包装指令核对品名、规格、批号、数量无误后,发放人、领用人、QA 分别在"标签发放记录"上签字。

9. 包装结束后,包装工序班长应做好"标签使用记录"并进行标签使用的物料平衡计算,做到标签使用数与残损数及剩余数之和与领用数量相一致。

10. 在生产过程中产生的不合格标签包括残损标签或印有批号的剩余标签,由包装工清点数量,核对无误后,及时进行销毁,并做好记,现场 QA 在签字。

11. 标签不得改作他用或涂改后再用。

12. 车间或贴签工序剩余的印有批号的标签,不得退回仓库,应在现场 QA 的监督下销毁,并做好销毁记录。

13. 印有品名、商标等标识的包装材料,应视同标签,按标签管理执行。

14. 印刷药品标签的模版在未终止使用前,采购部门应采取严格防止标签外流措施,如模板要淘汰,采购部门应收回后交质量管理部,由质量管理部保管或监销。

四、物料平衡及偏差处理

GMP(2010 版)第一百八十七条规定:每批产品应当检查产量和物料平衡,确保物料平衡符合设定的限度。如有差异,必须查明原因,确认无潜在质量风险后,方可按照正常产品处理。

进行物料平衡控制是避免或及时发现差错或混淆的有效手段,在每个品种的关键生产和包装工序中应明确规定物料平衡的计算方法和合格限度要求。出现异常情况时应按照偏差处理程序进行调查分析。

物料平衡:是产品或物料的理论产量或理论用量与实际产量或用量之间的比值,并适当考虑可允许的正常偏差。物料平衡必须在批生产记录中反映出来。

收率:是一种反映生产过程中投入物料的利用程度的技术经济指标。在药品生产过程的适当阶段,计算实际收率和理论收率的百分比,能够有效避免或及时发现药品混淆事故,每批待包装品的理论收率应与实际收率进行核对。

理论收率(计算收率):指假设实际生产过程没有任何损失或失误,根据所用各种成分的数量,在药品的制造、加工或包装的任何阶段,应该获得的产量。

实际收率:指在某种药品的制造、加工或包装的任何阶段实际获得产量。

生产中影响产品的收率的因素很多,但是生产中各种原因造成的损失,在生产的实际收率和理论收率之间存在一定的比值。药品生产企业根据生产实际情况、产品工艺验证、生产消耗确定适当的百分比范围。如生产中发现这一比值超出了合理的范围，有显著的差异，必须查明原因，再得出合理的解释，确认无潜在质量事故后，经批准方可按正常产品处理或继续下一步的生产。在计算总产量时，应考虑到生产过程中是否有回收的物料。药品生产过程中，计算收率的阶段往往由企业自行决定，但每批待包装品的收率则必须进行实际值与理论值的比率计算。

各工序的物料平衡原则上不许超过规定的平衡范围，凡超过均按生产过程偏差处理管理规程进行处理，并将处理记录附入批生产记录中。各关键工序都必须明确收率的计算方法，根据验证结果确定收率的合格范围。

产量是衡量工艺稳定性的一个重要手段，应根据验证结果明确产量范围，当超出设定范围时应进行偏差调查。根据所生产剂型的特点，计算成品率或收率，用以反映工艺的稳定性和控制成本。

在实际生产中应按照规定要求进行产量和物料平衡计算。每个品种工艺规程或批生产记录中应对每个品种各关键生产工序明确物料平衡的计算方法及限度要求，物料平衡限度制订应合理并有依据（如源于工艺验证、产品质量回顾）。

对物料平衡的确认，应有质量管理部门或车间主管人员的审核。当物料平衡超出规定限度时应按照偏差处理程序对偏差情况进行处理、分析。

对于原料药、中药提取、生物制品原液制备等工序，一般以计算收率的方式，对生产过程进行控制；对于原料药应当将生产过程中指定步骤的实际收率与预期收率比较。预期收率的范围应当根据以前的实验室、中试或生产的数据来确定。应当对关键工艺步骤收率的偏差进行调查，确定偏差对相关批次产品质量的影响或潜在影响。

所有工序都应有物料平衡的计算公式，并制订接收的限度。公式见图8-1。

$$物料平衡\% = \frac{成品量+取样量+可收集的废弃量}{投料量} \times 100\%$$

图 8-1　物料平衡计算公式

知识链接

物料平衡计算中的成品量

根据物料平衡计算公式"（成品量+取样量+可收集的废弃量）／投料量"分析，物料中的成品量一般按实际称量重量进行计算。对于针剂、片剂、胶囊、栓剂等剂型可采用装量过程控制的整批次平均灌装量乘以成品数量的方式进行计算。

对于印有批号和生产日期及有效期的印字包材，在本批结束后必须做废品处理，并以撕毁或相当的方式保证不能被误用。离线打印批号和生产日期和有效期的印字包材需计数发放，数量平衡的限度应是100％。收率的计算见图8-2。

$$收率 = \frac{实际产出数量}{理论产量} \times 100\%$$

图8-2　收率的计算公式

点滴积累

1. 生产出符合质量标准的产品取决于各项质量保证要素。保证顺利生产取决于各个环节都要满足 GMP（2010 版）要求及质量标准，也就是说在符合各项标准要求下进行生产，从而使进行重复性生产成为可能。
2. 工艺规程和操作规程是药品生产和包装操作的依据，是确保产品质量的操作标准。
3. 企业应考虑自身品种、设备特点和法规要求合理划分批次。

第五节　清场管理

一、清场的基本要求

"清场"从字面上可以理解为清理场地和清洁场地，它不同于平常的清洁卫生，但又包括清洁卫生工作在内。这也是药品生产质量管理的一项重要内容。

为了防止药品生产中不同品种、规格、批号之间发生混淆和差错，更换品种、规格及批号前应彻底清理及检查工作场所和生产设备，清场的时间应安排在生产操作之后进行。

GMP（2010 版）第二百零一条规定：每批药品的每一生产阶段完成后必须由生产操作人员清场，并填写清场记录。清场记录内容包括：操作间编号、产品名称、批号、生产工序、清场日期、检查项目及结果、清场负责人及复核人签名。清场记录应当纳入批生产记录。

第一百九十四条规定：每次生产结束后应当进行清场，确保设备和工作场所没有遗留与本次生产有关的物料、产品和文件。下次生产开始前，应当对前次清场情况进行确认。

清场分为大清场和小清场，更换生产品种或某一产品连续生产一定批次后应进行大清场，确保所有前一批次生产所用物料、产品、文件、废品等全部移出，设备房间按照清洁操作规程要求进行彻底清洁。同产品批间清场及生产完工当日的清场为小清场，小清时应确保前一批次生产所用的物料、产品、文件、废品等全部移出，设备厂房清除表面粉尘，确保目视清洁。应通过验证确认可连续生产的最大批次数，并有适当方式进行记录。

（一）清场管理

清场是指在药品生产过程中，每一个生产阶段完成之后，由生产人员按规定的程序和方法对生产过程中所涉及的设施、设备、仪器、物料等进行清理，以便下一阶段的生产。清场的目的，是为了防止药品混淆、差错事故的发生，防止药品之间的交叉污染。

1. 清场的范围　应包括生产操作的所有区域和空间，包括生产区、辅助生产区，以及涉及的一切设施、设备、仪器和物料等。在药品生产过程中，就生产现场本身的清场工作一般不容易被忽视，但是和本场生产有关的辅助生产工作的清理，往往清理不彻底或者被忽视。

2. 清场的内容　①频次或时间:各生产工序在当日生产结束后,更换品种、规格或换批号以及停产检修结束后;②生产结束后,填好清洁状态标志,取下生产状态标志,挂上未清洁的"清洁状态标志";③无生产残留物,包括原辅料、中间产品、包装材料、成品、剩余的材料、散装品、印刷的标识物等;④无生产指令、生产记录等书面文字材料;⑤无生产状态标志、清洁状态标志挂牌正确;⑥地面无积尘、无结垢,门窗、室内照明灯、风管、墙面、开关箱外壳无积尘,室内不得放与生产无关的物品;⑦使用的工具、容器、清洁无异物、无前次产品的残留物;⑧设备内外无前次生产遗留的药品,无油垢;⑨非专用设备、管道、容器、工具应按规定进行清洗消毒或灭菌;⑩凡直接接触药品的机器、设备及管道、工具、容器应每天清洗。

3. 清场检查　清场结束后由质量保证部 QA 人员按上述要求检查,并在清场记录上注明检查结果,合格后发给"清场合格证"。此证作为下次生产(下一个班次、下一批产品、另一个品种或同一品种不同规格产品)的生产凭证,附入生产记录。未领得"清场合格证"不得进行另一个品种或同一品种不同规格的生产。

4. 清场注意事项　①清场范围应包括生产操作的整个区域、空间,包括生产线上、地面、辅助用房等。清场工作必须认真进行,清场彻底,不允许马马虎虎地走过场。②清场时,必须填写清场记录。清场记录内容应有:工序名称、产品名称、规格、生产批号、日期、清场人签名、清场结果、清场内容。③清场记录应纳入批生产记录保存。清场是对每批产品的每一个生产阶段完成以后的清理和小结工作,是药品生产和质量管理的一项重要工作内容。④清场工作不是随意的,必须按企业生产和质量管理部门根据企业生产的实际情况制定的清场工作规程进行。规程的主要内容包括:清场的目的、要求、时间、方法、检查、记录以及实施人、核对人和负责人签名等。这个规程应经过企业负责人批准,并形成正式文件下达,供生产操作和检查人员共同遵守。

（二）清场记录

每批药品的每一生产阶段完成后应由生产操作人员清场,填写清场记录。清场记录内容应包括:工序、品名、生产批号、清场日期、检查项目及结果、清场负责人及复查人签名。清场记录应纳入批生产记录。为了便于填写,清场记录应根据清场规程设计成合适的表格供有关人员填写。

二、设备、管道、工器具与容器的清洁

新购置的及生产过程中使用的设备、管道、工器具与容器均应进行清洁。清洁应当按照详细规定的操作规程进行。

生产设备清洁的操作规程应当规定具体而完整的清洁方法:清洁用设备或工具使用方法、清洁剂的名称和配制方法、去除前一次标识的方法、保护已清洁设备在使用前免受污染的方法、已清洁设备最长的保存时限、使用前检查设备清洁状况的方法,使操作者能以可重现的、有效的方式对各类设备进行清洁。

如需拆装设备,还应当规定设备拆装的顺序和方法;如需对设备消毒或灭菌,还应当规定消毒或灭菌的具体方法、消毒剂的名称和配制方法。必要时,还应当规定设备生产结束至清洁前所允许的

最长间隔时限。

已清洁的生产设备应当在清洁、干燥的条件下存放。

（一）对于原料药，应同时考虑的要求

1. 难以清洁的设备或部件应当专用。

2. 设备的清洁应当符合以下要求：

（1）同一设备连续生产同一原料药或阶段性生产连续数个批次时，宜间隔适当的时间对设备进行清洁，防止污染物（如降解产物、微生物）的累积。如有影响原料药质量的残留物，更换批次时，必须对设备进行彻底的清洁。

（2）非专用设备更换品种生产前，必须对设备（特别是从粗品精制开始的非专用设备）进行彻底的清洁，防止交叉污染。

（3）对残留物的可接受标准、清洁操作规程和清洁剂的选择，应当有明确规定并说明理由。

（二）对生物制品，应同时考虑的要求

1. 用于活生物体培养的设备应当能够防止培养物受到外源污染。

2. 管道系统、阀门和呼吸过滤器应当便于清洁和灭菌。宜采用在线清洁、在线灭菌系统。密闭容器（如发酵罐）的阀门应当能够用蒸汽灭菌。呼吸过滤器应为疏水性材质，且使用效期应当经验证。

3. 生产过程中被病原体污染的物品和设备应当与未使用的灭菌物品和设备分开，并有明显标志。

▶▶ **课堂活动**

请同学们想一想：清场与打扫卫生的区别。

三、操作间的清洁

每天生产结束后，应立即对每道工序进行清场，主要是对操作间内地面、墙、顶棚、门窗、送风、回风、地漏等按照标准操作规程进行清洁。下面以固体制剂为例进行介绍。

（一）清洁方法、清洁工具及清洁剂、消毒剂

清洁方法、清洁工具及清洁剂、消毒剂的使用见表8-3。

表8-3　清洁方法、清洁工具及清洁剂、消毒剂

清洁对象	清洁方法	清洁用工具、介质
地面	湿拖	拖布加消毒剂（75%乙醇、0.1%苯扎溴铵）
	擦洗	洁净拖布
墙、顶棚、内窗	擦洗	抹布加消毒剂（75%乙醇、0.1%苯扎溴铵）
洗手盆、洗涤槽	擦洗	抹布加消毒剂（75%乙醇、0.1%苯扎溴铵）
地漏	液封消毒剂	75%乙醇、0.1%苯扎溴铵
照明灯头、送风口、回风口	擦洗	洁净抹布

（二）清洁区域及清洁频率

清洁区域及清洁频率见表8-4。

表8-4　清洁区域及清洁频率

级别	区域	清洁频率	清洁对象
洁净区	备料间、称量配料间、制粒间、压片间、包衣间、胶囊填充间、合坨间、制丸间、内包装间、中间站等生产性房间	生产结束后	1. 废弃物贮器
			2. 门窗、地面、地漏
			3. 设备、工作台面
			4. 墙面污渍
			5. 顶棚、墙面、灯具
			6. 回送风口、管线、吸尘罩
		1次/每周	房间全面消毒（臭氧灭菌）
	器具清洗、存放间、卫生工具洗存间、化验室	1次/日	1. 洗手盆、台面、清洗槽
			2. 工作台、工作架
			3. 地面、地漏、门窗
			4. 墙面污渍
		1次/3天	1. 顶棚、墙面、灯具
			2. 回送风口、管线
		根据菌检情况	房间全面消毒（臭氧灭菌）
	更衣室、人员缓冲间、洁净走廊	1次/日	1. 门窗、地面、墙面污迹
			2. 手消毒器加满消毒液
		1次/日	1. 墙面、顶棚、灯具
			2. 回送风口、穿衣镜、衣柜
一般区	外包装间、炮制车间、提取车间、接发货区	1次/日	1. 废弃物贮器
			2. 门窗、地面、地漏
			3. 设备、工作台面
			4. 墙面污渍
		1次/3天	墙壁、顶棚、照明
	更衣室、洗涤室、办公室、物料走廊、机修、空调室	1次/日	地面、洗手槽、工作台、工作架
		1次/3天	顶棚、墙面、回送风口、管线
	大厅、人员走廊	1次/日	地面、台面、捕虫、捕鼠装置

清洁过程中需要注意以下几个问题：

1. 所用消毒剂每周日轮换1次。

2. 室内臭氧消毒也可根据室内菌检情况随时安排。

3. 每个区域清洁结束，及时填写清洁记录，经现场QA检查合格后，挂上清洁合格证。

（三）一般生产区厂房设施的清洁

1. 清洁周期　依生产品种情况而定，一般分为：小清洁和大清洁，小清洁每班1次；大清洁每3

天1次。

2. 清洁剂 一般用饮用水。

3. 常用的清洁工具 有吸尘器、抹布及拖把、专用毛刷、登高器材等。

4. 清洁方法 ①每班操作完毕,先按照清场标准操作规程进行遗留物的清场;②收集整理操作台面和地面,将废弃物收入废物贮器;③用饮用水湿润的白色抹布擦拭各操作台面和侧表面;④用专用拖布浸饮用水擦拭(必要时可先用饮用水冲洗,然后再擦拭)地板;⑤墙壁和门窗、顶棚用饮用水湿润蓝色抹布擦拭,自然干燥,必要时借助登高工具或用适宜工具擦拭;⑥地漏的清洁按照地漏清洁消毒 SOP 执行;⑦清洁完毕后,填写清洁记录。

5. 清洁标准 ①现场无任何废弃物、无上次生产遗留物。②废弃物贮器完好,外表清洁。③工作台面整洁,无肉眼可见污渍和尘埃。用净手触摸,无油污感,在工作光线下观察,手上不得染有油污和尘埃。④地面无杂物,无肉眼可见污渍,无积水。⑤墙面、捕虫装置无肉眼可见的尘埃、污渍和霉菌斑。墙角无蛛丝。用净手触摸,无油污感,在工作光线下观察,手上不得染有油污和尘埃,不得有肉眼可见的异物脱落。⑥天棚、门窗、照明器具等无肉眼可见的尘埃、污渍、霉菌斑和蛛丝,不得有肉眼可见异物脱落。

(四)洁净区厂房设施的清洁

执行一般生产区厂房设施清洁流程。具体为:①清洁操作间使用纯化水清洁,清洁顺序为从上到下、从里到外;②使用洁净拖把程之字形擦拭顶棚、墙壁,照明设施,无积灰,注意操作安全;③将各设备、容器、设施按照各自的相关操作规程清洁、消毒;④使用纯化水、洁净抹布擦拭地面,至地面无可见粉尘;⑤使用纯化水、洁净抹布擦拭门、门把手,至洁净;⑥使用纯化水、洁净抹布、刮水器清除玻璃窗上污渍至洁净;⑦清洁工具按照洁具清洁 SOP 清洁后,自然晾干,定置于洁具存放间待用;⑧清洁后,用75%的乙醇溶液或0.1%苯扎溴铵进行消毒;⑨按照车间消毒灭菌操作程序进行消毒灭菌。

四、清场的评价与合格证的发放

清场结束后,由质量保证部 QA 人员按上述要求对生产操作间、设备、管道、工器具及容器等逐项进行检查,在清场记录上注明检查结果,签字并进行评价。合格后发给"清场合格证"。

点滴积累 ∨ ··

1. 为了防止药品生产中不同品种、规格、批号之间发生混淆和差错,更换品种、规格及批号前应彻底清理及检查工作场所和生产设备。

2. 每批药品的每一生产阶段完成后应由生产操作人员清场,填写清场记录。

3. 清场结束后, QA 人员按清场要求对生产操作间、设备、管道、工器具及容器等逐项进行检查,在清场记录上注明检查结果,签字并进行评价。 合格后发给"清场合格证"。

复习导图

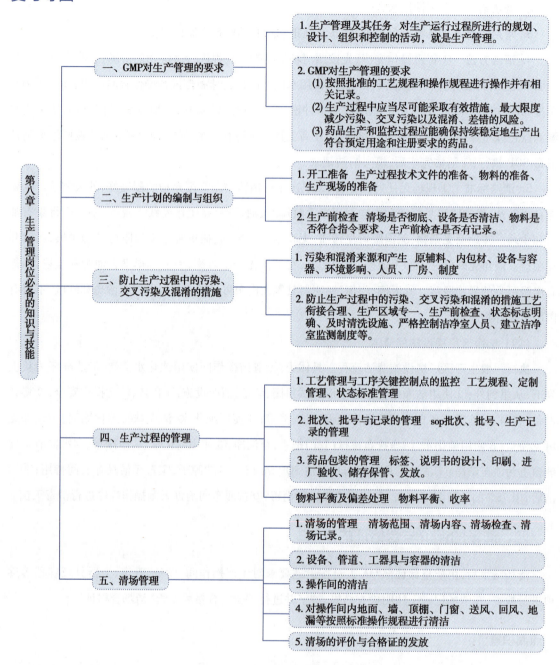

第八章 生产管理岗位必备的知识与技能

一、GMP对生产管理的要求

1. 生产管理及其任务 对生产运行过程所进行的规划、设计、组织和控制的活动，就是生产管理。

2. GMP对生产管理的要求
   (1) 按照批准的工艺规程和操作规程进行操作并有相关记录。
   (2) 生产过程中应当尽可能采取有效措施，最大限度减少污染、交叉污染以及混淆、差错的风险。
   (3) 药品生产和监控过程应能确保持续稳定地生产出符合预定用途和注册要求的药品。

二、生产计划的编制与组织

1. 开工准备 生产过程技术文件的准备、物料的准备、生产现场的准备

2. 生产前检查 清场是否彻底、设备是否清洁、物料是否符合指令要求、生产前检查是否有记录。

三、防止生产过程中的污染、交叉污染及混淆的措施

1. 污染和混淆来源和产生 原辅料、内包材、设备与容器、环境影响、人员、厂房、制度

2. 防止生产过程中的污染、交叉污染和混淆的措施 工艺衔接合理、生产区域专一、生产前检查、状态标志明确、及时清洗设施、严格控制洁净室人员、建立洁净室监测制度等。

四、生产过程的管理

1. 工艺管理与工序关键控制点的监控 工艺规程、定制管理、状态标准管理

2. 批次、批号与记录的管理 sop批次、批号、生产记录的管理

3. 药品包装的管理 标签、说明书的设计、印刷、进厂验收、储存保管、发放。

物料平衡及偏差处理 物料平衡、收率

五、清场管理

1. 清场的管理 清场范围、清场内容、清场检查、清场记录。

2. 设备、管道、工器具与容器的清洁

3. 操作间的清洁

4. 对操作间内地面、墙、顶棚、门窗、送风、回风、地漏等按照标准操作规程进行清洁

5. 清场的评价与合格证的发放

实训项目十六 生产前准备与检查练习

一、实训目的

1. 熟练掌握开工准备与生产前检查的主要内容。

2. 熟悉开工准备与生产前检查要求。

3. 学会开工准备与生产前检查。

二、实训内容

参观药品生产企业不同剂型的生产线,熟练掌握开工准备与生产前检查主要内容,具体步骤为:

1. 课前学生按照教师要求,搜集不同生产车间、不同剂型生产工序所必需的技术文件(工艺规程、操作规程、生产指令、批生产记录、批包装记录)、物料(原料、辅料、包装材料)、生产现场(车间、设备、工器具等)和相应状态标识(工序状态、物料状态、设备状态、清场合格证等)资料,作为实验素材。

2. 布置实验素材到实验现场。

3. 熟悉开工准备与生产前检查的主要内容和要求。

4. 分成两组,一组作为生产操作人员进行开工前准备,一组作为 QA 进行生产前检查和确认。

5. 两组轮换,互做点评。

三、实训提示

熟练掌握开工准备与生产前检查的主要内容,是实训顺利进行的重要前提,教师务必在开工准备与生产前检查之前进行提醒,特别是细节的核对和提醒如:领料单中物料名称、规格、数量、质量状态与生产指令一致性的核对,计量衡器量程、校验、有效期及清场合格证及其有效期的核对等。

四、实训检测

1. 对不同剂型生产工序开工前准备工作的主要内容进行检测。

2. 对不同剂型生产工序生产前检查的主要内容进行检测。

五、实训报告

学生能够正确的填写生产前检查记录和填写实训报告。

六、实训评价

从以下几方面对实训进行评价:

1. 实训前资料搜集情况。

2. 独立操作及动手及填写能力。

3. 实训操作的正确性。

4. 实训的纪律性。

5. 实训报告。

实训项目十七　填写批记录练习

一、实训目的

1. 熟悉批记录的内容。

2. 了解批记录的填写要求。

3. 学会批记录的正确填写。

二、实训内容

参观药品生产企业不同剂型的生产线,了解其批记录的内容,填写批生产记录,具体步骤为:

1. 课前学生按照教师要求,搜集不同剂型空白批记录至少 2~3 份,作为实验素材。

2. 走访参观企业不同的生产线,详细了解其生产过程及记录内容。

3. 按要求分别填写批生产记录。

4. 分组讨论批记录的符合性。

三、实训提示

掌握查找资料的技能,对不同剂型批记录的事前准备,是实训顺利进行的重要前提,教师务必在进行参观前要进行提醒。学生参观时应注意不同剂型批记录内容的不同。

四、实训检测

1. 对不同剂型批记录填写的不同内容进行检测。

2. 当填写出现错误时,如何进行修改?

五、实训报告

学生能够按照不同剂型正确填写批记录。

六、实训评价

从以下几方面对实训进行评价:

1. 实训前资料搜集情况。

2. 独立操作及动手及填写能力。

3. 实训操作的正确性。

4. 实训的纪律性。

5. 实训报告。

实训项目十八　清场的基本操作

一、实训目的

1. 熟悉清场的范围及内容。

2. 了解清场的目的与基本要求。

3. 学会清场的基本操作。

二、实训内容

参观药品生产企业,实地考察不同操作间清场的内容,学会清场的基本操作,具体步骤为:

1. 课前学生应了解不同操作间,清场所包含的内容与要求。

2. 参观企业不同的生产操作间,了解清场内容与步骤。

3. 分组按要求进行清场操作,不同组之间进行互检。

4. 教师进行点评与总结。

三、实训提示

在清场过程中,应重点提示清场的步骤,让学生知道清场合格的标准。

四、实训检测

1. 检查清场现场是否合格。

2. 查看清场过程。

五、实训报告

学生能够对不同操作间进行彻底清场。

六、实训评价

从以下几方面对实训进行评价:

1. 实训前资料搜集情况。

2. 独立操作及动手能力。

3. 实训操作的正确性。

4. 实训的纪律性。

5. 实训报告。

目标检测

一、选择题

（一）单项选择题

1. 除另有法定要求外,生产日期不得迟于产品(　　)的操作开始日期,不得以产品包装日期作为生产日期

    A. 灌封前经最后混合　　　　　　　　　B. 压片或灌封前经最后混合

    C. 成型或灌装封后　　　　　　　　　　D. 成型或灌封前经最后混合

    E. 灭菌后

2. 包装操作前,还应当检查所领用的包装材料正确无误,核对待包装产品和所用包装材料的名称、规格、数量、(　　),且与工艺规程相符

    A. 入库序号　　　　　　　B. 批号　　　　　　　C. 质量状态

    D. 物料编码　　　　　　　E. 包装

3. 中药材洗涤、浸润、提取用水的质量标准不得低于(　　)标准

    A. 自来水　　　　　　　　B. 饮用水　　　　　　C. 纯化水

    D. 蒸馏水　　　　　　　　E. 注射用水

4. 无菌制剂的提取用水应当采用(　　)

    A. 自来水　　　　　　　　B. 饮用水　　　　　　C. 纯化水

    D. 蒸馏水　　　　　　　　E. 注射用水

5. 根据国家药品监督管理局《药品说明书和标签管理规定》(局令第 24 号)规定,如药品标签中标注有效期至 2009 年 01 月,表示该药品可以使用到(　　)

    A. 2009 年 1 月 31 日　　　B. 2008 年 12 月 31 日　　C. 2009 年 1 月 1 日

    D. 2008 年 12 月 1 日　　　E. 2009 年 2 月 1 日

6. 根据国家药品监督管理局《药品说明书和标签管理规定》(局令第 24 号)规定,药品通用名称应当显著、突出,其字体、字号和颜色必须一致。对于横版标签,必须在上(　　)范围内显著位置标出

    A. 1/4　　　　　　　　　　B. 1/2　　　　　　　　C. 1/3

    D. 1/5　　　　　　　　　　E. 1/8

7. 药品生产企业生产供上市销售的最小包装必须附有(　　)

    A. 说明书　　　　　　　　B. 产品宣传册　　　　C. 企业简介

    D. 音像资料　　　　　　　E. 以上都有

8. 生产中、工作中的废弃物及垃圾放在(　　),放在指定的堆放地点,并及时清理

    A. 不妨碍工作的角落　　　B. 撮箕　　　　　　　C. 密封容器或袋中

    D. 就近的容器中　　　　　E. 走廊

9. 车间内使用的软管,在不用时搁置方法正确的是(　　)

A. 用完后放在地上　　　　　　　B. 用完后盘在地上

C. 用完清洁后挂起,管口用塞子堵住　　　D. 用完后在其他工段继续使用

E. 用完清洁后盘在地上

10. 清场不包括(　　　)操作

　A. 清文件　　　　　　　B. 清物料　　　　　　　C. 清状态标志

　D. 清洁　　　　　　　　E. 清病毒

(二) 多项选择题

1. 生产区、仓储区不可以存放(　　　)物品

　A. 食品　　　　　　　　B. 饮料　　　　　　　C. 烟

　D. 个人使用的药品　　　E. 岗位的 SOP

2. 在药品标签或说明书上应注明的是(　　　)

　A. 批准文号

　B. 广告审查批准文号

　C. 不良反应,禁忌和注意事项批准文号

　D. 注册商标图案

　E. 有效期、生产日期、产品批号

3. 为防止药品被污染和混淆,生产操作应采取以下措施(　　　)

　A. 生产前应确认无上次生产遗留物

　B. 应防止尘埃的产生和扩散

　C. 不同产品品种、规格的生产操作可在同一生产操作间同时进行

　D. 每一条生产操作间或生产用设备、容器应有所生产的产品或物料名称、数量、批号、数量
　　 等状态标志

　E. 生产前应确认物料的名称、数量、批号及质量状态

4. 生产期间使用的所有物料、中间产品或待包装产品的容器及主要设备、必要的操作室应当贴
　 签标识或以其他方式标明生产中的产品或物料的(　　　),如有必要,还应当标明生产工序

　A. 批号　　　　　　　　B. 规格　　　　　　　C. 物料编码

　D. 名称　　　　　　　　E. 检验报告

5. 生产开始前应当进行检查的项目为(　　　)

　A. 设备处于待用状态

　B. 检查记录

　C. 确保设备和工作场所没有上批遗留的产品、文件或与本批产品生产无关的物料

　D. 设备处于已清洁状态

　E. 本岗位所用物料或中间产品的名称、数量、批号及质量状态

二、简答题

1. 生产中一般采取哪些措施来防止污染和交叉污染?

2. 简述无菌制剂批次划分原则。

3. 生产前检查的内容有哪些？

三、实例分析

1.【事情经过】某厂在生产安瓿制剂时,灌装工段发现产量远远超过理论收率,因安瓿瓶是根据收率计算领取的,灌装时发现安瓿瓶全用完后仍有大量的药液未灌装,故立即向经理汇报并进行调查。

【调查】配制过程中,加水的阀门泄漏,加入水量远远超过了处方量。

【讨论】对上述事故有何感想？其根本原因是什么？能不能避免？如果可避免,应采取怎样的措施？

2.【事情经过】某药厂生产使用的高压蒸汽消毒器,由于安装不当,致使灭菌柜上下温度不均匀(底层温度仅 80℃左右),不能满足针剂灭菌的工艺要求,造成生产的天冬钾镁注射液、葡萄糖注射液、乳酸钠注射液等 20 个批号 250920 支针剂灭菌不彻底,无菌试验不合格,全部销毁报废。

【调查】由于安装不当,灭菌柜夹套、灭菌室的阻气器和上部排废管错误地合并成一根密封排液管,且有一段近似于 U 型的管道,导致柜内排气不畅。加上使用过程中发现远传式压力温度计升温缓慢时,未认真查找原因,而是违章地予以拆除。

【讨论】对上述事故有何感想？其根本原因是什么？能不能避免？如果可避免,应采取怎样的措施？

（李　洪、刘向东）

第九章

质量控制岗位必备的知识与技能

ER-09章PPT

导学情景 ∨

情景描述：

　　从2006年4月开始，广东省多名患者在使用黑龙江齐齐哈尔第二制药有限公司（简称"齐二药"）生产的亮菌甲素注射液过程中出现急性肾功能衰竭的临床症状，最终导致多名患者死亡。后经药品检验机构查明，此批问题药品中含有有毒有害物质二甘醇。

学前导语：

　　在此案例中，经查明，"齐二药"检验人员误将二甘醇判为丙二醇投料。检验人员明知该批假冒丙二醇的"相对密度"不合格，在没做"鉴别"检验项目的情况下，开具虚假的合格检验报告书，导致二甘醇被投料生产，质量控制环节有问题。质量控制是药品生产的重要环节，贯穿于整个药品生产过程，必须控制原料、中间产品和成品的质量。本章我们将带领同学们学习有关质量控制的基本知识和基本操作，把好药品生产的质量关。

　　质量控制（quality control，QC）是质量管理的一部分，强调的是质量要求。具体是指通过科学的分析手段，依据建立的实验室管理和各项检验规程，对生产过程的原料、辅料、包装材料、工艺用水、洁净环境、中间产品、成品等进行分析测试，根据分析测试得出的准确、真实、可靠的实验数据，对生产过程的质量状态做出符合性的判断。质量控制结论是产品放行的依据之一。质量控制的职能一般包括3个方面：检验（化验）职能、报告职能、预防职能。

> **知识链接**
>
> ### 质量控制和质量保证的关系
>
> 　　质量控制的责任是为质量保证提供法律依据和技术支持，质量控制着眼于影响产品质量的过程受控，其工作重点在产品。而质量保证则着眼于整个质量体系，是为系统提供证据从而取得信任的活动。两者都以保证质量为前提，没有质量控制就谈不上质量保证，反之质量保证能促进更有效的质量控制，质量保证包含了质量控制，质量控制是质量保证的基础，质量保证是质量管理的精髓。

　　GMP（2010版）对药品质量控制的基本要求：

　　1. 应当配备适当的设施、设备、仪器和经过培训的人员，有效、可靠地完成所有质量控制的相关活动。

2.应当有批准的操作规程,用于原辅料、包装材料、中间产品、待包装产品和成品的取样、检查、检验以及产品的稳定性考察,必要时进行环境监测,以确保符合本规范的要求。

3.由经授权的人员按照规定的方法对原辅料、包装材料、中间产品、待包装产品和成品取样。

4.检验方法应当经过验证或确认。

5.取样、检查、检验应当有记录,偏差应当经过调查并记录。

6.物料、中间产品、待包装产品和成品必须按照质量标准进行检查和检验,并有记录。

7.物料和最终包装的成品应当有足够的留样,以备必要的检查或检验;除最终包装容器过大的成品外,成品的留样包装应当与最终包装相同。

第一节　GMP 对实验室、检验仪器设备的要求

质量控制实验室是质量控制活动的载体和核心。应当配备适当的设施、设备、仪器和经过培训的人员,以保证有效、可靠地完成所有质量控制的相关活动。

一、质量控制实验室总体描述

(一)质量控制实验室的布局要求

质量控制实验室通常应与生产区分开,生物检定、微生物和放射性同位素的实验室还应彼此分开,无菌检查实验室、微生物限度检查实验室、抗生素效价测定实验室、阳性菌实验室也应彼此分开。

实验室的设计必须与药品生产规模、品种、检验要求相适应。必须有足够的空间避免混淆和交叉污染。同时还应有足够的区域用于样品处置、留样和稳定性考察样品的存放及记录保存。

必要时应设置专门的仪器室,使灵敏度高的仪器免受静电、震动、电磁波、潮湿等因素的干扰。

处理生物或放射性样品等特殊样品的实验室应符合特殊要求。

用于微生物检验的实验室有符合无菌检查法和微生物限度检查法要求的,用于具有开展无菌检查、微生物限度检查等检测活动的,需独立设置洁净区或隔离系统,并为上述检验配备相应的阳性菌实验室、培养室、实验结果观察区、培养基及实验用具准备区、标准菌种储存区、污物处理区等。

(二)质量控制实验室的工作内容

控制实验室的具体工作包括但不限于以下内容:

1.确保实验室安全运行,并符合 GMP 管理规范。

2.根据药典、申报标准,各种法规及企业内部要求制订原辅料、包材、工艺用水、产品过程控制、中间体及成品的质量标准及分析方法。

3.组织取样、检验、记录、报告等工作。

4.对于检验过程中发现的异常现象应及时向质量保证部及相关生产负责人通报,并调查是否为实验室原因。如确认不是或无可查明的实验室原因,应协助查找其他原因。

5.保留足够的起始物料和产品的样品(即留样),以便以后必要时对产品进行跟踪检测。

6.根据需要制订稳定性试验方案,并确保其具体实施。

7. 确保用有效的体系来确认、维护、维修和校验实验室仪器设备。

8. 参加与质量有关的客户审计。

9. 参加与质量有关的投诉调查。

10. 根据需要参与和支持生产工艺验证、清洁验证和环境监测工作。

二、检验仪器与设备

药品检验实验室一般分为几个部分：常规理化实验室、天平室、常规仪器分析室、精密仪器分析室、高温室、试剂室、留样观察室、微生物检测室等。配置的仪器与检验的药品品种和剂型有关，仪器与设备的选择可根据药品质量标准和《中国药典》的要求进行选择。

仪器设备的重量、数量、各种参数，应能满足所承担的药品检验、复核等的需要，应有必要的备品、备件和附件。仪器的量程、精度与分辨度等能覆盖被测药品标准技术指标的要求。

仪器应有专人管理，定期校验检定，对不合格、待修、待检的仪器，要有明显的状态标识，并应及时进行相应的处理。仪器使用人应经考核合格后方可操作仪器。

精密仪器设备应建立管理档案，其内容包括品名，型号，制造厂名，到货、验收及使用的日期、出厂合格证和检定合格证，操作维修说明书，使用情况，维修记录，附件情况等，进口设备的主要使用说明部分应附有中文译文。

精密仪器的使用应有使用登记制度。常用的仪器设备见表9-1。

表 9-1　常用的仪器设备

仪器	用途
分析天平	测定待测物质重量
酸度计	测 pH
电导率仪	测电解质溶液中电导率值
旋光仪	测待测物质旋光度，分析物质的浓度、纯度、含糖量
液相色谱仪	定性、定量分析
气相色谱仪	定性、定量分析
自动电位滴定仪	酸碱滴定、氧化还原滴定、沉淀滴定络合滴定
崩解时限测试仪	测定药品崩解时限
药物溶出度仪	测定药品溶解度
脆碎度测定仪	测试片剂抗震耐磨能力
熔点仪	测量待测物质的熔点
澄明度检测仪	观察溶液澄清程度，有否颗粒物
紫外可见分光光度计	测量待测物质对不同波长单色辐射的吸收程度，定量分析
可见分光光度计	测量待测物质对不同波长单色辐射的吸收程度，定量分析

续表

仪器	用途
微量进样器	液相气相色谱分析中使用
阿贝折射仪	测定透明、半透明液体或固体的折射率和平均色散
原子吸收分光光度计	根据待测元素的基态原子对特征辐射的吸收程度进行定量分析
荧光分光光度计	定量分析
手持式糖度计	测定溶液中糖度、含糖量
超纯水器	制超纯水
尘埃粒子计数器	测量洁净环境中单位体积内尘埃粒子数和粒径分布
永停滴定仪	根据电位变化指示滴定终点的滴定仪器
卡尔费休水分测定仪	测待测物质的含水量
薄层色谱仪	定性分析
傅里叶变换红外光谱仪	定性、定量分析
生物显微镜	观察透明或者半透明物体以及粉末、细小颗粒等物体
反渗透纯水机	制备超纯水

分析天平见图 9-1。

图 9-1 分析天平

崩解时限测试仪见图9-2。

澄明度测试仪见图9-3。

图9-2 崩解时限测试仪

图9-3 澄明度测试仪

三、试剂、标准品/对照品

(一) 定义和应用范围

试剂又称化学试剂或试药。主要是实现化学反应、分析检验、研究试验、教学实验、化学配方使用的纯净化学品。

标准品系指用于生物检定、抗生素或生化药品中含量或效价测定的标准物质,是通过特殊合成工艺单独合成或者是用正常流程生产的通过额外的提纯工艺得到的物质,按效价单位计,以国际标准品进行标化。对照品是指国家药品标准中用于鉴别、检查、含量测定、杂质和有关物质检查等的标准物质。对照品除另有规定外,均按干燥品(或无水物)进行计算后使用。企业可以选择相应的活性物质,使用法定标准品/对照品进行标化,标化后的物质作为企业自制工作标准品。

(二) 分类

试剂一般按用途分为通用试剂、高纯试剂、分析试剂、仪器分析试剂、临床诊断试剂、生化试剂、无机离子显色剂试剂等。有4种常用规格:优级纯或一级品(GR,精密分析和科学研究工作);分析纯或二级品(AR,重要分析和一般研究工作);化学纯或三级品(CP,工矿及学校一般化学实验);基准试剂(LP)。

知识链接

化学试剂的 4 种规格

一般常用的化学试剂分为基准试剂、优级纯、分析纯、化学纯 4 个等级。 基准试剂含量应该是 99.9% ~ 100.1% 。 定级的根据是试剂的纯度（即含量）、杂质含量、提纯的难易，以及各项物理性质。

基准试剂（JZ，绿标签）：作为基准物质，标定标准溶液。

优级纯（GR，绿标签）（一级品）：主成分含量很高、纯度很高，适用于精确分析和研究工作，有的可作为基准物质。

分析纯（AR，红标签）（二级品）：主成分含量很高、纯度较高，干扰杂质很低，适用于工业分析及化学实验。

化学纯（CP，蓝标签）（三级品）：主成分含量高、纯度较高，存在干扰杂质，适用于化学实验和合成制备。

（三）采购、接收和标志

标准品、对照品可以从中国食品药品检定研究院或国外法定认可机构采购。质量控制部门应安排有专人负责接收和管理标准品并建立标准品接收记录。接收标准品时对于有储存温度要求的标准品应该立即放到符合温度要求的环境中。标准品负责人在接收时应该检查标准品名称、批号、数量、有效期、说明书等信息并将其记录在标准品接收记录中。

试剂应从经过资质机构认可的厂家或供应商采购，必要时对供应商进行评估。试剂、试液应有相应的标示（应包括品名、来源、批号、生产日期、有效期）。实验室在接收试剂、试药时，应有接发记录。

（四）储存和使用

如果试剂瓶上有明确的储存条件要求，必须遵照执行，如果没有特别的规定，默认为室温保存。

使用单位应该有 SOP 对标准品、对照品的储存、处置和分发等流程进行规定。SOP 中应该规定有正确的处置方式、文件的处理，对于不在室温贮存的标准品还应规定从储存区域取出后恢复至室温的时间。首次开启者应该在标签上注明首次开启日期，并签名和签日期。

（五）试剂使用效期的管理

实验室用到的所有试剂和标准品、对照品，都应该有合理的有效期。对于采购的试剂，应该遵守生产厂家规定的有效期。对于生产厂家没有规定有效期的试剂，使用单位可以根据合理的科学依据规定试剂的有效期。一般来说，对于化学性质稳定的试剂自开瓶之日起最长推荐有效期不应超过 5 年（不得超过生产厂家规定的效期）。

（六）报废

试剂、标准品、对照品或对照品溶液应在有效期内使用，实验室应该制订相应的试剂、标准品、对照品报废处理流程，试剂、标准品、对照品或对照品溶液超过有效期按试剂、标准品、对照品报废处理流程进行报废处理。

点滴积累 ∨

1. 质量控制的职能一般包括 3 个方面：检验（化验）职能、报告职能、预防职能。

2. 质量控制实验室通常应与生产区分开，实验室的设计必须与药品生产规模、品种、检验要求相适应，必要时应设置专门的仪器室。

3. 检验仪器应有专人管理，定期校验检定，精密仪器设备应建立管理档案和使用登记制度。

第二节 质量管理文件与检验记录

一、质量管理文件

质量控制实验室的所有文件应受控管理，包括起草、修订、发放、存档、销毁等。质量控制实验室的文件应符合 GMP（2010 版）第八章《文件管理》的原则。大体可分为以下几类文件：

1. 质量标准及分析方法。

2. 取样操作规程和记录。

3. 实验室样品的管理规程。

4. 检验操作规程和记录、原始数据、超标结果的处理。

5. 检验报告或证书。

6. 环境监测操作规程、记录和报告。

7. 生产用水的监测操作规程和记录。

8. 检验方法验证方案、报告及记录。

9. 实验室分析仪器的校准和设备使用、清洁、维护的操作规程及记录。

10. 实验室试剂的管理规程及配制、使用记录等。

11. 标准品的管理规程及标定、使用记录等。

12. 菌毒种的管理规程及记录。

13. 实验室剧毒物品易制毒的管理规程及记录。

检验数据、环境监测数据、制药用水的微生物监测数据等数据宜采用便于趋势分析的方法保存。除与批记录相关的资料信息外，还应当保存其他原始资料或记录，以方便查阅。

二、检验记录

检验记录是反映检验结果的书面文件，是出具检验报告书的原始依据。药品检验应当有可追溯的记录并应当复核，确保结果与记录一致。所有计算均应当严格核对。每批药品的检验记录应当包括中间产品、待包装产品和成品的质量检验记录，可追溯该批药品所有相关的质量检验情况。

（一）检验记录应当至少包括以下内容

1. 产品或物料的名称、剂型、规格、批号或供货批号，必要时注明供应商和生产商（如不同）的名称或来源。

2. 依据的质量标准和检验操作规程。

3. 检验所用的仪器或设备的型号和编号。

4. 检验所用的试液和培养基的配制批号、对照品或标准品的来源和批号。

5. 检验所用动物的相关信息。

6. 检验过程,包括对照品溶液的配制、各项具体的检验操作、必要的环境温湿度。

7. 检验结果,包括观察情况、计算和图谱或曲线图,以及依据的检验报告编号。

8. 检验日期。

9. 检验人员的签名和日期。

10. 检验、计算复核人员的签名和日期。

（二）检验记录的基本要求

1. 原始检验记录应采用专用检验记录表格,并用蓝黑墨水或碳素笔书写。用电脑打印的数据和图谱,应贴在记录上,并由操作者签名,记录原始,数据真实、字迹清晰和资料完整。

2. 检验记录中,应写明检验的依据。按《中国药典》、部颁标准、地方药品标准或国外药典检验者,应列出标准名称、版本和页数。

3. 检验过程中,可按检验顺序依次记录各检验项目,内容包括:项目名称,检验日期,操作方法,实验条件,观察到的现象,实验数据,计算和结果判断。记录应及时、完整,严禁事后补记或转抄。发现记录有误,可用单线划去并保持原有的字迹可辨,不得随意涂改。并应在修改处签名或盖章。检验结果,无论成败,均应详细记录并保存。

4. 检验中使用的标准品及对照品,应记录其来源、批号和使用前的处理;用于含量测定的,应注明其含量和干燥失重。

5. 检验记录中,可按实验的先后,依次记录各检验项目,不强求与标准上的顺序一致。项目名称应按药品标准规范书写,不得采用习惯用语,如将片剂的"重量差异"记成"片重差异",或将"崩解时限"写成"崩解度"等。最后应对该项目的检验结果给出明确的单项结论。

6. 原始检验记录应按页编号,按规定归档保存。

（三）检验项目

1. **性状** 包括外观性状、溶解度、相对密度、熔点、旋光度、折光率、吸收系数、酸值、碘值、皂化值。

2. **鉴别** 包括中药材的经验鉴别,显微鉴别,呈色反应或沉淀反应,薄层色谱,纸色谱,气相色谱,液相色谱,紫外吸收光谱,红外吸收图谱,离子反应。

3. **检查** 包括结晶度、含氟量、含氮量、pH、溶液的澄清度与颜色、氯化物、硫酸盐、干燥失重、水分、炽灼残渣、重金属、硫化物、异常毒性、热原、无菌、乙醇含量、重量差异、崩解时限、含量均匀度、溶出度、澄明度、不溶性微粒、粒度、微生物限度。

4. **浸出物**

5. **含量测定** 包括容量分析法、重量分析法、紫外分光光度法、薄层扫描法、气相色谱法、高效液相色谱法、氨基酸分析、抗生素微生物检定法。

点滴积累 ∨

1. 每批药品的检验记录应当包括中间产品、待包装产品和成品的质量检验记录。
2. 药品检验应当有可追溯的记录并应当复核，确保结果与记录一致。所有计算均应当严格核对。
3. 检验项目包括性状、鉴别、检查、浸出物和含量测定。

第三节 取样

为确定药品或物料的质量是否符合预先制订的质量标准,需要根据制订的取样方案对药品或物料进行取样送检验,取样方案中应明确取样的方法、所用的取样器具,确定取样点、取样频率以及样品的数量和每个样品的重量,盛装样品用的容器等。取样是整个质量控制过程中非常重要的一个环节,对于从一批产品中取出的样品,虽然数量很小,但是对整批产品的质量来说却是具有代表性的。因此有必要非常仔细地制订取样计划、执行取样程序。

药品生产的各个环节都有可能需要取样进行质量检查,但是工艺验证、清洁验证和环境监测相关的取样不会在此论述,取样操作主要服务于以下生产阶段的质量控制:原材料(辅料、活性成分和包装材料),中间产品,中间过程控制的取样、成品(包括留样的取样)。

一、取样的基本要求

1. 取样人员应该接受相应的培训,使其熟悉取样方案和取样流程,他们必须掌握取样技术和取样工具的使用,必须意识到在取样过程中样品被污染的风险并采取相应的安全防范措施,同时应该在专业技术和个人领域得到持续的培训。

2. 应该根据要取的样品选择合适的取样器具,取样器具应该具有光滑表面,易于清洁和灭菌的特点。取样器具使用完后应该立即清洁,必须在清洁、干燥的状态下保存,再次使用前应进行消毒,用于微生物检验样品或无菌产品取样时必须先灭菌。

3. 取样间一般应在特殊房间或特别设计的房间(包括生产区间里的取样间),取样间的洁净级别应等同生产区域并有足够的空间进行取样操作。取样间的人流通道和物料通道要分开,要配备相应的更衣室和取样操作间,同时要考虑取样间的清洁需要配备相应的功能区域。

4. 取样原则和取样数量 取样时可以遵循基于每个物料供应商级别而制订取样原则。如果未对物料供应商进行分级管理,至少需要按照物料件数来取样。

(1)中药材和中药饮片:按照《中国药典》(2015年版)要求进行取样:

当总包件数不足5件时,逐件取样;

当5~99件时,随机抽5件取样;

当100~1000件时,按5%比例随机取样;

当超过1000件时,超过部分按1%比例增加取样;

贵重药材和饮片,不论包件多少均逐件取样;

同一包件应至少在 2~3 个不同部位分别取样 1 份;包件大的应从 10cm 以下深处不同部位分别取样;对破碎的、粉末状的或大小在 1cm 以下的药材和饮片,可用采样器(探子)抽取样品。对包件较大或个体较大的药材,可根据实际情况抽取有代表性的样品。每一包件的取样量:

一般药材和饮片抽取 100~500g;

粉末状药材和饮片抽取 25~50g;

贵重药材和饮片抽取 5~10g。

(2)原辅料、包装材料:按进货件数随机取样,设总数位 n。不同批号分别取样,相同批号不同时间到达也应分别取样。

当 $n \leqslant 3$ 时,逐件取样;

当 $3 < n \leqslant 300$ 时,按 $\sqrt{n}+1$ 取样;

当 $n > 300$ 件时,按 $\sqrt{n}/2+1$ 取样。

(3)成品取样:成品取样通常在外包装工序进行取样,非无菌制剂按照原辅料、包装材料的取样计划进行取样,取样量通常根据取样目的来确定。通常为全检三倍量,其中包括检验、复验、留样量。

二、取样程序(以原辅料、包装材料取样为例)

1. 原辅料、包装材料初检合格后,由仓库保管员填写"申请检验单",由各部门授权人员按规定频次填写"申请检验单""申请检验单",一式两联,第一联通知取样员取样,第二联留存。

2. 取样员接到"申请检验单"后,根据请验单的品名、规格、数量计算取样样本数、取样量(取样量至少为一次全检量的 3 倍),准备取样器具,到规定的地点取样。

3. 取样一般按照国家药品监督管理部门制定的《药品抽样指导原则》进行,《中国药典》和有关药品管理法规另有规定的,按相应规定抽样。

4. 取样器具的清洗、干燥、贮存按"取样器具的清洗"执行。

5. QA 取样完毕后,样品交 QC 负责人。

6. QC 负责人接到样品后及时安排监测。

7. 检验员按检验操作规程进行检验。

三、取样操作(以原辅料、包装材料取样为例)

1. 取样前应先进行现场核对

(1)核对物料状态标志:物料应置待验区,有黄色待验标记。

(2)请验单内容与实物标记应相符,内容为品名、批号、数量、规格、产地、来源,标记须清楚完整。进口原辅料应有口岸药检所的检验报告单。

(3)核对外包装的完整性,无破损、污染,密闭。如有铅封,扎印必须清楚,无启动痕迹。

（4）现场核对如不符合要求应拒绝取样,向请验部门询问清楚有关情况,并将情况报质量管理部负责人。

2. **抽取样本** 按取样原则随机抽取规定的样本件数,清洁外包装移至取样室内取样。

3. **取样程序** 开外包装,根据待取样品的状态和检验项目不同采取不同的取样方法:

（1）固体样品用洁净的探子在每一包件的不同部位取样,放在有盖玻璃瓶或无毒塑料瓶内,封口,做好标记(品名、规格、批号等)。

（2）液体样品摇匀后(个别品种除外)用洁净玻璃管或油提抽取,放在洁净的玻璃瓶中,封口、做好标记。

（3）微生物限度检查样品用已灭过菌的取样器在每一包件的不同部位按无菌操作法取样,封口,做好标记。

4. **取样结束**

（1）封好已打开的样品包件,每一包件上贴上取样证。

（2）填写取样记录。

（3）协助请验部门将样品包件送回库内待验区。

（4）按规定程序清洁取样室。

点滴积累 ╲┈┈

1. 取样程序 申请检验、准备取样器具、取样、取样器具的清洗、样品交质量保障部、检验。

2. 取样操作 现场核对、随机抽取规定的样本、取样、取样结束。

第四节 检验

每批物料和成品均需由质量控制部进行检验并出具检验报告书。检验报告书中的结论是物料和成品放行的依据之一。只有经质量管理部门批准放行并在有效期或复验期内的原辅料方可使用,成品只有在质量受权人批准放行后方可销售。

一、检验样品

根据相应的取样规程,对物料、中间产品或待包装产品、成品进行取样,并将检验样品在规定条件下贮存。

建立相应的检验书面操作规程,规定所用方法、仪器和设备,检验操作规程的内容应与经确认或验证的检验方法一致。

依据批准的质量标准和操作规程进行检验,检验过程中需关注人、机、料、法、环 5 个方面,并及时在检验记录和实验室日志上记录,并出具检验结果。

人,指检验人员,应当具有相关专业学历,并经过与所从事的检验操作相关的实践培训且通过考核。

机,指分析仪器包括容量分析用玻璃仪器,只有通过验证和校验且在校验周期内的分析仪器方可使用。

料,包括检验样品、试剂、试液、对照品以及培养基。在实验过程中应严格遵守相应的规程。

法,指检验方法。检验方法必须是批准的现行版本。

环,指环境。在实验过程中应严格遵守相关要求。如在天平使用过程中,应关闭防风罩避免气流的影响。

检验人员出具检验结果后,与质量标准中规定的接受标准进行比对,并做出该检验项目合格或不合格的评定。实验结束后,检验记录交由有资质的第二个人进行复核,确保结果与记录一致。如检验结果超标,应进行超标结果的调查,然后出具检验报告书。

二、检验流程及关键点

1. 取样 取样申请→取样准备→取样→送样。

关键点:样品是否有代表性。

2. 样品接收 到达→检查来样→接受或拒绝→登记。

关键点:来样是否符合要求(样品、数量、标志均应正确)。

3. 测试准备 实验项目和方法→样品分配给合格检验员→确认实验文件→确认仪器、试液、标准品等适用。

关键点:文件、仪器、试液、标准品是否适用。

4. 样品测试 开始→按照 SOP 操作→记录数据及结果→数据处理和计算→场地仪器清洁、登记使用台账→实验结束。

关键点:是否准确及时记录数据(含计算过程)。

5. 数据审核、评估和报告 质检人员审核实验报告(包括数据、现象、计算过程)→实验室主任审核报告→输出数据、结论。

关键点:数据是否符合要求,OOS 是否经过调查。

6. 分析后样品处置 实验结论及相应文件→确认实验结束→决定对多余样品的处置(保留或报废)→样品处置。

关键点:实验完全结束(测试数据和文件完整)才能处置多余样品和试液。

三、检验报告书的内容要求

应建立检验报告书的相关操作规程,包括检验报告书的内容、格式、准备、审核与批准、发放的相关程序。

物料检验报告书一般包括:物料的品名、生产日期、复检日期、检验依据、物料号、来源、批号、分析号、批量、供应商的检验报告号、实验项目、实验结果、实验要求、结论。为便于追溯和管理,可增加报告书的版本号。

产品检验报告书一般包括:产品的品名、批号、规格、生产日期、产品编号、有效期、包装形式、检验依据、批量、分析号、实验项目、实验要求、实验结果、结论。为便于追溯和管理,可增加报告书的版本号。

物料和成品完成全项检验后,使用批准的报告书模板依据检验记录和相关信息出具检验报告书;如委托外部实验室进行检验,应在检验报告中予以说明。

中间产品或待包装产品是否出具检验报告书可由企业根据自身管理模式确定,并应在相应规程中明确规定。

检验报告书只有经过质量控制部负责人或其授权人审核批准后方可发放。

1. 物料检验报告书 质量控制部可依据生产商的检验报告、物料包装完整性、密封性的检查情况和自己的检验结果出具检验报告书。在检验报告书上需标明符合要求或不符合要求的结论,经质量管理负责人或质量控制部负责人及其授权人签名批准放行后,物料可被放行使用。物料检验报告书是物料放行的重要依据。

2. 产品检验报告书 检验报告书经过质量控制部负责人或其授权人审核批准后,交给负责放行的部门。产品检验报告书具有一定的法律效力,因此报告书中的数据必须正确。

质量控制实验室检验基本流程见图9-4。

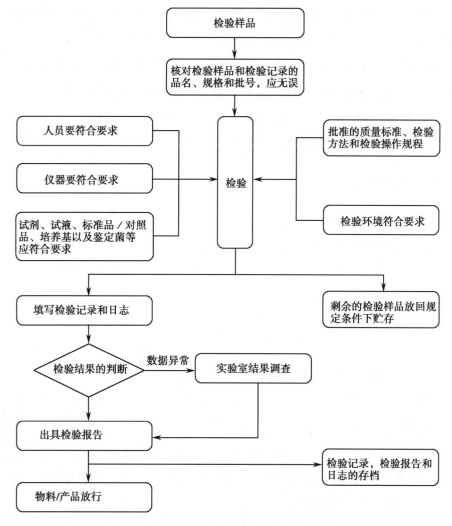

图9-4 质量控制实验室检验基本流程示意图

四、质量控制实验室人员的基本要求

1. 组织架构　设立独立的质量管理部门,履行质量保证和质量控制的职责。质量管理部门可以分别设立质量保证部门和质量控制部门。质量控制实验室可根据生产规模设立一个或几个实验室。

2. 资质要求　质量控制负责人是企业的构建人员,应当具有足够的管理实验室的资质和经验,熟悉法规和相应的药品标准。

质量控制实验室的检验人员至少应当具有相关专业中专或高中以上学历,并经过与所从事的检验操作相关的实践培训且通过考核。

质量控制实验室所有人员的职责应当书面规定。

3. 培训　有经质量管理负责人审核或批准的有关培训的 SOP、方案或计划,培训记录应保存。

应当由有资格的人员进行有计划的培训,内容至少包括员工所从事的特定操作及和其职能有关的 GMP 知识,并应对培训效果进行评估。进入洁净区域的人员需按规定进行相关培训。培训的分类:

(1)新化验员的培训:分配到实验室的新员工(包括转岗人员)应接受岗前培训,考核合格后方可进行独立操作。岗前培训的内容至少涵盖以下内容:部门统一的 GMP 管理培训、指定岗位的岗位职责、指定岗位应知应会的标准操作规程、质量标准和分析方法等。

(2)在岗化验员的再培训:应定期组织化验员进行 GMP、其他法规要求,以及专业技术知识、标准操作规程等的培训;应组织化验员对新发布的标准操作规程的学习;质量控制部负责人可以根据工作需要安排化验员参加权威机构或仪器供应商组织的专业知识培训;如有必要,质量控制部负责人或其授权的人员可定期组织进行化验员知识及技能的考核。

五、岗位 SOP

可以把岗位 SOP 看作组成岗位操作法的基础单元,同属于岗位操作规则,是对某项具体操作所做的书面知识情况说明并经批准的文件,即是经批准用来指导药品生产活动的通用性文件,如设备操作、维护与清洁、验证、环境控制、取样和检验等。SOP 是企业活动和决策的基础,确保每个人正确、及时地执行质量相关的活动和流程。

(一) 岗位 SOP 的管理

1. 岗位 SOP 由检验技术人员组织编写,经检验技术主管批准,报企业质量管理部门备案后执行。岗位 SOP 应有检验技术人员、检验技术主管签字及批准执行日期。

2. 岗位 SOP 的修订不超过 2 年。修订稿的编写、审查、批准程序与制订时相同。

(二) 岗位 SOP 的内容

SOP 根据企业的规定应该有相应的模板和编写要求,一般情况下,应包括以下内容:题目、编号、版本号、颁发部门、生效日期、分发部门以及制定人、审核人、批准人的签名并注明日期、标题、正文及变更历史。

ER-9-1

检验标准操作规程

六、仪器 SOP

仪器 SOP 是对某检验仪器具体操作所做的书面知识情况说明并经批准的文件,即是经批准用来指导药品仪器检验活动的通用性文件,如仪器操作、维护与清洁等。

(一)仪器 SOP 的管理

1. 仪器 SOP 由检验技术人员组织编写,经检验技术主管批准,报企业质量管理部门备案后执行。仪器标准操作规程应有检验技术人员、检验技术主管签字及批准执行日期。仪器标准操作规程编写、审查、批准程序同岗位 SOP。

2. 仪器 SOP 的修订不超过 2 年。修订稿的编写、审查、批准程序与制订时相同。

(二)仪器 SOP 的内容

SOP 根据企业的规定应该有相应的模板和编写要求,一般情况下,应包括以下内容:题目、编号、版本号、颁发部门、生效日期、分发部门以及制定人、审核人、批准人的签名并注明日期、标题、正文及变更历史。

▶▶ **课堂活动**

请制订一个仪器标准操作规程

JA1203 型电子天平标准操作规程

点滴积累 ∨

1. 检验流程　取样,样品接收,测试准备,样品测试,数据审核、评估和报告,分析后样品处置。

2. 质量控制实验室的检验人员至少应当具有相关专业中专或高中以上学历,并经过与所从事的检验操作相关的实践培训且通过考核。

3. SOP 根据企业的规定应该有相应的模板和编写要求,一般情况下,应包括以下内容:题目、编号、版本号、颁发部门、生效日期、分发部门以及制定人、审核人、批准人的签名并注明日期、标题、正文及变更历史。

复习导图

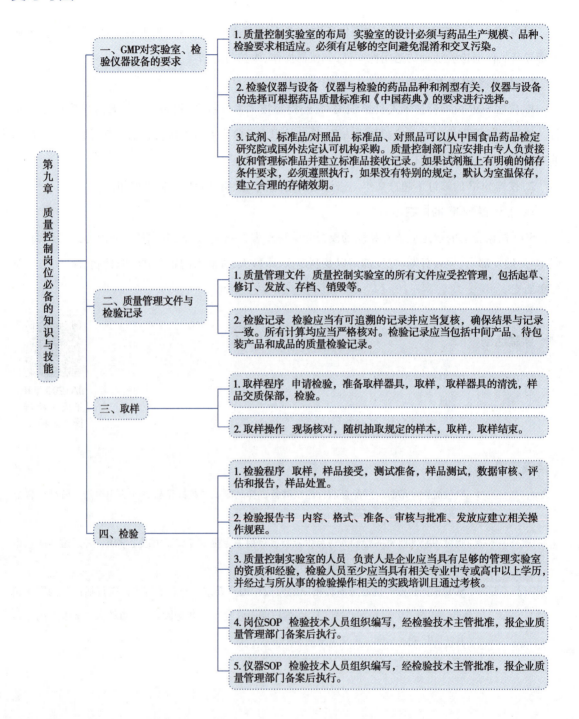

第九章　质量控制岗位必备的知识与技能

一、GMP对实验室、检验仪器设备的要求

1. 质量控制实验室的布局　实验室的设计必须与药品生产规模、品种、检验要求相适应。必须有足够的空间避免混淆和交叉污染。

2. 检验仪器与设备　仪器与检验的药品品种和剂型有关，仪器与设备的选择可根据药品质量标准和《中国药典》的要求进行选择。

3. 试剂、标准品/对照品　标准品、对照品可以从中国食品药品检定研究院或国外法定认可机构采购。质量控制部门应安排由专人负责接收和管理标准品并建立标准品接收记录。如果试剂瓶上有明确的储存条件要求，必须遵照执行，如果没有特别的规定，默认为室温保存，建立合理的存储效期。

二、质量管理文件与检验记录

1. 质量管理文件　质量控制实验室的所有文件应受控管理，包括起草、修订、发放、存档、销毁等。

2. 检验记录　检验应当有可追溯的记录并应当复核，确保结果与记录一致。所有计算均应当严格核对。检验记录应当包括中间产品、待包装产品和成品的质量检验记录。

三、取样

1. 取样程序　申请检验，准备取样器具，取样，取样器具的清洗，样品交质保部，检验。

2. 取样操作　现场核对，随机抽取规定的样本，取样，取样结束。

四、检验

1. 检验程序　取样，样品接受，测试准备，样品测试，数据审核、评估和报告，样品处置。

2. 检验报告书　内容、格式、准备、审核与批准、发放应建立相关操作规程。

3. 质量控制实验室的人员　负责人是企业应当具有足够的管理实验室的资质和经验，检验人员至少应当具有相关专业中专或高中以上学历，并经过与所从事的检验操作相关的实践培训且通过考核。

4. 岗位SOP　检验技术人员组织编写，经检验技术主管批准，报企业质量管理部门备案后执行。

5. 仪器SOP　检验技术人员组织编写，经检验技术主管批准，报企业质量管理部门备案后执行。

实训项目十九　取样

一、实训目的

1. 熟练掌握物料和产品取样程序和要点。

2. 熟悉物料和产品取样流程。

3. 学会物料和产品取样。

二、实训内容

学生利用网络或其他工具方法,收集物料和产品取样相关资料。

由学生分组,分别扮演物料和产品管理部门(仓储部门)和质量部门角色,模拟对物料和产品进行取样的整个流程。

具体步骤为:

1. 课前学生按照教师要求,收集物料和产品取样相关资料。

2. 学生分成两组,一组扮演物料和产品管理部门(仓储部门)进行物料、产品分类布置摆放和取样申请的提出以及取样后物料、产品的检查、归位。另一组扮演质量部门角色对物料、产品进行取样操作。

3. 两组交换角色,重新进行物料和产品进行取样操作。

4. 教师评判和总结。

三、实训注意

对物料和产品取样相关资料及物料、产品、请验单、取样证、取样器、样品盛装容器等物品的事前准备,是实训顺利进行的重要条件,教师在取样操作前务必对取样的注意点,如取样样品数量的计算、不同样品的取样方法、取样地点及取样证的贴放和物料及产品的密封等重点强调,并对物料、产品取样要点和技巧进行提醒和总结。

四、实训检测

1. 中药饮片样品分别是 5 件、50 件、100 件,取样数量分别为多少?

2. 对物料和产品取样前,应首先核对哪些信息?

3. 取样时如何防止对物料和产品的污染?

五、实训报告

1. 提供准确数量的物料和产品的样品以及取样记录。

2. 提供物料和产品的取样流程。

六、实训评价

从以下几方面对实训进行评价:

1. 实训前资料搜集情况。

2. 独立操作及动手能力。

3. 实训操作的正确性。

4. 实训的纪律性。

5. 实训报告。

实训项目二十　检验

一、实训目的

1. 熟练掌握样品检验程序和要点。

2. 熟悉样品检验流程。

3. 学会样品检验。

二、实训内容

学生利用网络或其他工具方法,收集样品检验相关资料。

由学生模拟对样品进行检验的整个流程。

具体步骤为:

1. 课前学生按照教师要求,收集样品称重检验相关资料。

2. 学生分成两组,一组扮演质量部门取样人员,一组扮演质量部门检验人员,取样人员将样品交给检验人员,检验人员按照电子天平标准操作规程,对样品进行称量。称量后记录样品重量,填写检验报告单,并对样品进行处理。

3. 两组交换角色,重新进行样品检验操作。

4. 教师评判和总结。

三、实训注意

样品按照检验 SOP 进行检验操作。检验记录的记载、检验报告单的填写,以及样品最后的处理都是检验操作中的重点。

四、实训检测

1. 样品称量后,检验报告单应填写哪些内容?

2. 样品称量后,不同样品应怎样处理?

五、实训报告

1. 提供样品检验记录。

2. 提供样品的检验流程。

六、实训评价

从以下几方面对实训进行评价:

1. 实训前资料搜集情况。

2. 独立操作及动手能力。

3. 实训操作的正确性。

4. 实训的纪律性。

5. 实训报告。

目标检测

一、选择题

（一）单项选择题

1. 以下为质量控制实验室应当有的文件（　　　）

　　A. 质量标准、取样操作规程和记录

　　B. 检验操作规程和记录（包括检验记录或实验室工作记事簿）

　　C. 必要的检验方法验证报告和记录

　　D. 检验报告或证书

　　E. 以上都是

2. 质量控制基本要求之一：由（　　　）人员按照规定的方法对原辅料、包装材料、中间品、待包装产品和成品取样

　　A. 库房管理员　　　　　　　　B. QC 检验员　　　　　　　C. 质量保证员

　　D. 经授权的人员　　　　　　　E. 生产人员

3. 质量控制实验室的检验人员至少应当具有相关专业（　　　），并经过与所从事的检验操作相关的实践培训且通过考核

　　A. 中专或高中以上学历　　　　B. 初中学历　　　　　　　C. 本科学历

　　D. 高中学历　　　　　　　　　E. 小学学历

4. 检验记录应采用专用检验记录表格，并用（　　　）书写

　　A. 蓝黑墨水或碳素笔　　　　　B. 蓝色墨水　　　　　　　C. 圆珠笔

　　D. 铅笔　　　　　　　　　　　E. 红色墨水

5. 检验记录有误时,（　　　）

　　A. 重新写

　　B. 可用单线划去并保持原有的自己可辨,不得随意涂改。并应在修改处签名或盖章

　　C. 可直接涂改

　　D. 可用单线划去并保持原有的自己可辨,不得随意涂改

　　E. 用红色笔修改

6. 检验员的取样量一般是（　　　）

　　A. 全检两倍量　　　　　　　　B. 全检三倍量　　　　　　C. 全检四倍量

　　D. 全检五倍量　　　　　　　　E. 全检一倍量

7. 检验流程(　　)

　　A. 取样→测试准备→样品接收→样品测试→分析后样品处置→数据审核、评估和报告

　　B. 取样→样品测试→测试准备→样品接收→数据审核、评估和报告→分析后样品处置

　　C. 取样→样品接收→测试准备→数据审核、评估和报告→样品测试→分析后样品处置

　　D. 取样→样品接收→测试准备→样品测试→数据审核、评估和报告→分析后样品处置

　　E. 取样→样品接收→测试准备→样品测试→分析后样品处置→数据审核、评估和报告

8. 产品检验报告书一般包括(　　)

　　A. 品名、批号、规格　　　　　　B. 生产日期、产品编号、有效期

　　C. 实验项目、实验要求　　　　　D. 实验结果、结论

　　E. 以上都是

9. 关于检验员培训不正确的是(　　)

　　A. 有经质量管理负责人审核或批准的有关培训的 SOP、方案或计划

　　B. 由有资格的人员进行有计划的培训

　　C. 内容至少包括员工所从事的特定操作及和其职能有关的 GMP 知识

　　D. 培训效果不需要评估

　　E. 实验室的新员工(包括转岗人员)应接受岗前培训

10. 关于仪器设备不正确的是(　　)

　　A. 仪器的量程、精度与分辨度等能覆盖被测药品标准技术指标的要求

　　B. 仪器应由专人管理

　　C. 定期校验检定

　　D. 精密仪器的使用应有使用登记制度

　　E. 进口设备只需要附有英文说明书

(二) 多项选择题

1. 检验记录应当至少包括以下内容(　　)

　　A. 产品或物料的名称、剂型、规格、批号或供货批号,必要时注明供应商和生产商(如不同)
　　　的名称或来源

　　B. 检验过程,包括对照品溶液的配制、各项具体的检验操作、必要的环境温湿度

　　C. 检验结果,包括观察情况、计算和图谱或曲线图,以及依据的检验报告编号

　　D. 检验日期

　　E. 检验人员的签名和日期

2. 检验项目包括(　　)

　　A. 鉴别　　　　　　　　B. 性状　　　　　　　　C. 浸出物

　　D. 检查　　　　　　　　E. 含量测定

3. 中药材和中药饮片的取样原则是(　　)

A. 当总包件数不足 5 件时,逐件取样

B. 当 5~99 件时,随机抽 5 件取样

C. 当 100~1000 件时,按 5% 比例随机取样

D. 当超过 1000 件时,超过部分按 1% 比例增加取样

E. 贵重药材和饮片,不论包件多少均逐件取样

4. 标准操作规程根据企业的规定应该有相应的模板和编写要求,一般情况下,应包括(　　)内容

A. 题目、编号

B. 版本号、颁发部门

C. 生效日期、分发部门以及制定人

D. 审核人、批准人的签名并注明日期

E. 正文及变更历史

5. 关于仪器标准操作规程,下列正确的是(　　)

A. 由检验技术人员组织编写

B. 经检验技术主管批准

C. 报企业质量管理部门备案后执行

D. 有检验技术人员、检验技术主管签字及批准执行日期

E. 批准程序同岗位 SOP

二、简答题

1. 质量控制实验室常用的检验仪器和设备有哪些?

2. 检验项目有哪些?

3. 检验的操作流程是什么?

三、实例分析

某药品企业 A 输液生产出来以后,经成品检验判定为降压物质不合格。经调查该产品生产用原料、辅料检验合格,进一步调查发现该产品原料、辅料质量标准中均无降压物质的检验项目和要求,经对原料、辅料的检测发现某原料降压物质超高。请运用所学过的本章知识对案件进行分析。

ER-09章习题

（张　芳）

第十章

质量管理岗位必备的知识与技能

ER-10章PPT

导学情景 Ⅴ

情景描述：

　　某公司违反委托合同，涉嫌使用山银花的非药用部位投料生产维C银翘片干浸膏，伪造生产记录和有关单据以达到规避监管的目的，手段隐蔽、影响恶劣，给公众用药安全带来隐患。

　　鉴于该公司存在上述违法违规行为，违反了药品管理法律法规的规定，情节十分严重，吊销其《药品生产许可证》，并将本案及有关线索移交公安机关，严肃追究有关当事人的刑事责任。

学前导语：

　　维C银翘片含毒案件给中药生产企业违法违规使用提取物、委托生产及非药用部位投料等重大质量问题敲响了警钟。本章同学们将会认识到质量管理岗位的重要性，特别是放行审核、偏差调查（OOS调查）、变更控制三大QA工作职能在实际工作的应用。

　　质量管理是指在质量方面指挥和控制组织协调的活动。在质量方面的指挥和控制活动，通常包括制订质量方针和质量目标，以及质量策划、质量控制、质量保证和质量改进。

　　药品质量管理体系适用于整个产品生命周期，包括：产品开发、技术转移、商业生产、产品终止等阶段。产品生命周期的不同阶段具有其相应的目标，企业应根据各产品阶段的具体目标，建立适合自身特点的质量管理体系。各阶段所设计的技术活动包括：

　　1. 产品开发阶段：主要在原料药及制剂产品开发过程中，针对处方的选择，分析方法的确定以及稳定性研究过程。

　　2. 产品/技术转移：着重于产品转移过程中的工艺过程监控，方法转移等。一般涵盖新产品从开发转移至生产规模不同的生产厂或实验室之间的转移。

　　3. 商业生产：重点指对原辅料、包装材料、中间产品、待包装产品和成品进行取样、检查、检验及产品的稳定性考察，以及必要时的环境监测。

　　4. 产品贮存/运输过程：根据产品的特性及稳定性研究数据确定不同的条件。

　　5. 产品在市期：持续的稳定性研究监控在市产品的质量。

　　6. 产品的退市期：包含产品留样的考察及相关文件/样品的处理。

　　建立、实施并维护一个有效的质量管理体系能够持续稳定地生产出符合满足顾客、法律法规等

方面所提出的质量要求如有效性、可靠性、安全性的产品,从而实现公众和个人的共同目标。具体掌握以下方面内容:

1. 及时放行合格的生产物料用于药品制造,为生产出合格的药品提供必备的前提条件。

2. 有效的药品生产过程的中间控制保证了各个阶段生产产物的正确性和质量符合性,准确的终产品的检验数据为产品最终放行提供了重要的质量依据。

3. 有效的稳定性数据和趋势分析指导企业确定药品正确的有效期、包装材料、运输/贮存条件等,并确保在市产品处于有效的质量保证状态。

通过有效质量管理,使质量系统始终处于受控状态,例如,通过试验数据证明对工艺运行和产品质量的有效监控,为工艺能力及其稳定性提供保障。

第一节 质量检查

质量控制与质量保证的活动包括设置质量管理组织机构、建立文件系统和取样、检验、产品批准放行等。其工作内容包括专业技术和管理技术 2 个方面,围绕产品质量形成全过程的各个环节,对影响工作质量的人、机、料、法、环 5 大因素进行质量检查和控制,并对质量活动的成果进行分阶段验证,以便及时发现问题,采取相应措施,防止不合格重复发生,尽可能地减少损失。因此,质量检查应贯彻预防为主与检验把关相结合的原则,必须对"干什么、为何干、怎么干、谁来干、何时干"等做出规定,并对实际质量活动进行监控。而且,因为产品质量要求是随时间的进展而在不断变化,为了满足新的质量要求,就要注意质量检查的动态性,要随工艺、技术、材料、设备的不断改进,研究新的检查方法。

一、质量过程的检查

质量检查涵盖药品生产、放行、市场质量反馈的全过程,负责原辅料、包装材料、工艺用水、中间体及成品的质量标准和分析方法的建立、取样和检验,以及产品的稳定性考察和市场不良反馈样品的复核工作。质量检查的职责也可涵盖产品过程控制。质量过程检查的具体工作包括但不限于以下内容:

1. 确保实验室安全运行,并符合 GMP 管理规范。

2. 根据《中国药典》、申报标准、各种法规及企业内部要求制订原辅料、包材、工艺用水、产品过程控制、中间体及成品的质量标准及分析方法。

3. 组织取样、检验、记录、报告等工作。

4. 对于检验过程中发现的异常现象应及时向质量保障部及相关生产负责人通报,并调查是否为实验室原因。如确认不是或无可查明的实验室原因,应协助查找其他原因。

5. 保留足够的起始物料和产品的样品(即留样),以便以后必要时对产品进行跟踪检测。

6. 根据需要制订稳定性试验方案,并确保其具体实施。

7. 确保用有效的体系来确认、维护、维修和校验实验室仪器设备。

8. 参加与质量有关的客户审计。

9. 参加与质量有关的投诉调查。

10. 根据需要参与和支持生产工艺验证、清洁验证和环境监测工作。

批产品制造及检定记录审核、归档管理程序

二、质量审核与放行

（一）定义

放行指质量管理部门的质量授权人(物料可由指定人员)对一批物料或产品进行质量评价,做出批准使用或准予投放市场或其他决定的判断的操作。

物料和产品的放行是在物料和产品管理的基础上所实施的行为。物料和产品的管理包括供应商筛选、购入、储存等环节上的过程管理,而物料和产品的放行是在以上基础上进行实质的质量评价后所进行的放行与否的管理,是关乎物料和产品质量最为关键的一环,因此,对物料和产品放行人员的素质能力要求极高。

（二）相关审核要求

1. 应分别建立物料和产品批准放行的操作规程,明确批准放行的标准、职责,并有相应的记录。

2. **物料的放行**

(1)物料的质量评价内容应至少包括供应商和生产商(如不同)的检验报告、物料包装完整性、密封性的检查情况和检验结果。

(2)物料的质量评价应有明确的结论,如批准放行、不合格或其他决定。

(3)物料的放行应由指定人员(可不同于质量授权人)签名批准放行。

3. **产品的放行**

(1)质量授权人在批准放行前,应对每批药品进行质量评价,保证药品及其生产应符合注册和GMP要求,并确认符合以下各项要求:①该批药品及其生产符合注册批准的要求和质量标准;②主要生产工艺和检验方法经过验证;③已完成所有必需的检查、检验,并综合考虑实际生产条件和生产记录;④任何变更或生产、质量控制方面的偏差已按照详细规定的报告系统告知质量授权人,需要经药品监督管理部门批准的变更已得到批准;⑤对变更或偏差已完成所有额外的取样、检查、检验和审核;⑥所有必需的生产和质量控制均已完成并由经相关主管人员签名;⑦所有与该批产品有关的偏差均已有明确的解释或说明,或者已经过彻底调查和适当处理,如偏差还涉及其他批次产品,应一并处理。

(2)药品的质量评价应有明确的结论,如批准放行、不合格或其他决定。

(3)每批经批准放行的药品均应有质量授权人签名的放行证书。

(4)生物制品和血液制品的放行还应符合《生物制品批签发管理办法》的要求。

（三）工作流程

1. **物料放行的批准**   在决定一个批次的物料是否放行之前,至少需要对6个方面的情况进行审查并做出评估。

(1)物料是否由有资质的供应商提供,关键物料的供应商是否经过企业现场审计合格。

（2）物料进库验收情况说明，包括品名、规格、批号、数量、有效期等内容与原厂检验报告单一致，包装完好且符合合同规定的内容。

（3）原厂检验报告单、送货单等随货凭证齐全，原厂检验报告单检验项目、检验结果符合本企业的内控采购标准。

（4）待检物料的贮存条件符合该物料贮存条件的要求。

（5）申请实验室入库检验程序正确，包括取样操作过程及取样环境符合取样 SOP 相关要求，取样的样品要求做到科学、合理且具有代表性（全批取样/部分取样）；取样数量能满足全检及留样的要求。

（6）检验项目齐全，检验结果符合企业内部物料质量标准的规定。

2. 成品放行的批准　在批准放行一个批次成品之前，授权人必须检查与生产相关的主要方面是符合规定的，授权人对成品批放行的审核工作，是建立在前期批生产记录审核和批检验记录审核基础之上，即授权人对相关记录的再评估审核工作完成后做出审核结论，决定一批产品是否可放行。

（1）QA 审核批生产记录、成品检验报告后，填写成品放行单，签名后，交给质量部经理（授权人）。

（2）质量部经理审核后，在成品放行单上签名并做出该批成品能否放行的结论。

（3）成品放行单盖上质量部"同意放行"专用章，复印一式 3 份，一份送交成品仓库作为该产品放行发货的依据，一份送交市场部，原件留在质量部档案室归入批记录。质量部根据装箱数，发"产品合格证"，贴在外包装纸箱上。成品放行的流程见图 10-1。

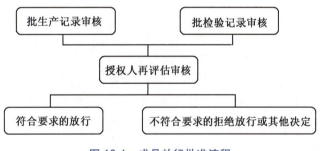

图 10-1　成品放行批准流程

点滴积累　ᐯ

1. 质量过程的检查　质量检查涵盖药品生产、放行、市场质量反馈的全过程。

2. 质量审核与放行　指质量管理部门对一批物料或产品进行质量评价，做出批准使用或其他决定的判断的操作。

3. 工作流程　包括物料放行的批准和成品放行的批准。

第二节　偏差管理

一、定义与分类

（一）定义

偏差（deviation）是指与批准的指令（生产工艺规程、岗位操作法和标准操作规程等）或规定的标准的偏离。是指在产品检验、生产、包装或存放过程中发生的任何偏离标准的规程、处方、质量标准、趋势、设备或参数的非计划性差异。

偏差管理（deviation management）是指对生产或检验过程中出现的或怀疑存在的可能会影响产品质量的偏差的处理程序。

偏差管理作为一种发现问题、分析问题、解决问题并持续改进质量管理体系的有效手段，对提升质量管理理念、提高质量改进的意义重大。

偏差管理的目的：出现偏差并不一定意味着产品要报废或返工，而是要对偏差进行调查，查明原因，判断偏差严重程度、是否会影响产品质量、影响程度，然后做出产品的处理决定。同时应提出整改及预防措施，以防下次出现同样的错误。

(二) 偏差分类

1. 根据偏差管理的范围分类　根据偏差管理的范围可将偏差分为实验室偏差和生产偏差（非实验室偏差）2类。

实验室偏差指由于任何与检验过程相关的因素所引起的检验结果偏差。包括取样、样品容器、存放条件、检验操作、计算过程等问题引起的偏差。实验室异常的检验结果包括超标结果（OOS）和非期望结果（OOE）。而超过趋势结果（OOT）作为非期望结果（OOE）的一种，广泛应用于稳定性研究和产品年度质量回顾中。

知识链接

OOS、OOE 与 OOT

OOS(out of specification)：超标结果，是指实验结果不符合法定质量标准或企业内控标准的结果，包括稳定性研究中产品在有效期内不符合质量标准的结果。

OOE (out of expectation)：非期望结果，是指实验结果超过历史的、预期的或先前趋势的一个或一系列结果。 这类结果并未超标。 以下类别的结果均称为非期望结果。

(1) 同一制备样品的重复检验结果或重复制备样品的检验结果显示不良的精密度。

(2) 基于对检验仪器、检验样品或检验方法的认识，实验结果超出正常的范围。

OOT (out of trends)：超趋势结果，是指随时间的变化，在质量标准限度内，但是超出历史的预期的或先前的一系列结果（比如稳定性降解产物的增加），形成一定的趋势。

非实验室偏差指在排除实验室偏差以外的由于其他任何因素所引起的对产品质量产生实际或潜在影响的偏差。非实验室偏差又可分为：

(1)非生产工艺偏差：指因操作工未按程序操作、设备故障、生产环境或错误投料等原因所引起的对产品质量产生实际或潜在的影响的偏差。

(2)生产工艺偏差：指因工艺本身缺陷引起对产品质量产生实际或潜在的影响的偏差，即使人员操作、设备和物料完全正确也不可避免。

2. 根据偏差对药品质量影响程度的大小分类 根据偏差对药品质量影响程度的大小分为次要偏差、主要偏差、重大偏差。

(1)次要偏差:属细小的对法规或程序的偏离,不足以影响产品质量,无须进行深入的调查,但必须立刻采取纠正措施,并立即记录在批生产记录或其他 GMP 受控文件中。

(2)主要偏差:属较重大的偏差,该类偏差可能对产品的质量产生实际或潜在的影响。必须进行深入的调查,查明原因,采取纠正措施进行整改。

(3)重大偏差:该类偏差可能对产品的质量、安全性或有效性产生严重的后果,或可能导致产品的报废。必须按规定的程序进行深入的调查,查明原因。除必须建立纠正措施外,还必须建立长期的预防性措施。

偏差处理标准操作规程

二、偏差处理流程

1. 超标结果(OOS)调查 超标结果(OOS)调查是偏差调查的一种类型。产生 OOS 结果可能是实验室原因导致,也可能是生产过程中的差错等原因导致的,所以 OOS 调查时首先应由实验室偏差调查后如有必要应扩展到生产全过程的调查,产生质量控制实验室应建立超标调查的书面程序,任何超标结果都必须按照书面规程进行完整的调查,并有相应的记录。

OOS 的识别和评估根据调查的情况可以分为两个阶段:实验室调查阶段和全面调查阶段。

第一阶段实验室分析错误得到确证后,检验结果无效。纠正分析错误(如使用正确的计算公式重新计算并报告结果,或修复仪器故障),必要时进行重新检验(如确认供试溶液稀释倍数错误,重新配制供试溶液进行检验)。实验室的分析错误应该是相对罕见的。频繁的错误可能表明检验员缺乏必要培训,或工作粗心,设备维护不佳或校准失当等。一旦确认了实验室分析错误,企业应该寻找错误的根源,采取相应的纠正预防措施并记录在案。没有经过记录在案的调查,不得假定 OOS 是分析错误造成的。

如果实验室调查无法证明分析错误的存在,检验结果看起来是准确的,也就是无法证明检验结果是无效的,企业应该按事先确定的程序开展全面的 OOS 调查。

OOS 调查记录表

第二阶段全面调查的目的在于确认 OOS 产生的根本原因,采取相应的纠正预防措施。全面的调查应该包括生产回顾、取样过程回顾,通常还会伴随着补充检验。这个阶段的调查还可能包括评估 OOS 对已放行销售批次的影响。

2. 超趋势结果(OOT) 超趋势分析应用于稳定性数据分析、验证数据分析、产品质量年度回顾和环境监测中。OOT 是指按照规定的检验方法和取样周期,结果在质量标准限度内,但是超出预期期望的一系列结果(比如稳定性降解产物的增加)。

3. 偏差管理流程 要坚持 3 个原则:一是发生偏差时应及时报告、调查并处理,二是要制订有效的预防措施,三是避免偏差的再次发生。最终目的是确保产品的质量和 GMP 符合,典型的偏差管理流程见图 10-2。

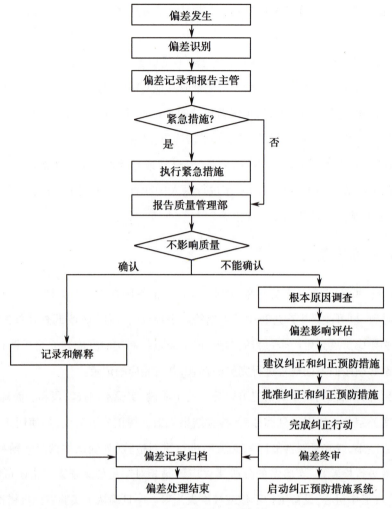

图 10-2　偏差管理流程图

4. 生产偏差处理程序　生产偏差处理程序适用于当实验室检验结果异常时,经上述偏差调查发现与实验室偏差相关性较低时,需要启动全面的偏差调查程序,主要涉及生产全过程的偏差调查;生产过程中发现的偏差,可能未引起检验结果的异常,但也需要报告、记录并开展相应的调查。

点滴积累　$\bigvee$

1. **偏差**　是指对批准的指令(生产工艺规程、岗位操作法和标准操作规程等)或规定的标准的偏离。根据偏差管理的范围可将偏差分为实验室偏差和生产偏差(非实验室偏差)2 类。

2. **超标结果(OOS)调查**　OOS 的识别和评估根据调查的情况可以分为两个阶段:实验室调查阶段和全面调查阶段。

3. **偏差管理流程 3 个原则**　一是发生偏差时应及时报告、调查并处理,二是要制订有效的预防措施,三是避免偏差的再次发生。

第三节　变更管理

一、定义与分类

1. **定义**　变更管理,又称变更控制,指当药品生产、质量控制、使用条件等诸多方面发生变化时,对这些变化在药品质量可控性、有效性和安全性等方面可能产生的影响进行评估,并采取相应措施,从而确保药品的质量和法规的符合性。

2. **适用范围**　可能影响产品质量或重现性的变更都必须得到有效控制,变更的类型包括但不限于如下所列:①原辅料的变更;②标签和包装材料的变更;③处方的变更、生产工艺的变更;④生产环境(或场所)的变更;⑤质量标准的变更;⑥检验方法的变更;⑦有效期、复检日期、贮存条件或稳定性方案的变更;⑧验证的计算机系统的变更;⑨厂房、设备及公用系统的变更;⑩ 清洁和消毒方法的变更。

3. **分类**　根据变更的性质、范围和对产品质量潜在的影响程度以及变更是否影响注册、变更时限等,可以有不同的分类方法,变更分类包括但不限于如下所列:

(1)主要变更:对产品关键质量特性可能有潜在的重大影响,并需要主要的开发工作(如:稳定性试验、对比试验和再验证等)以确定变更的合理性。

(2)次要变更:对产品的关键质量特性不大可能产生影响,亦不会使生产工艺发生漂移,因而无须主要的开发工作便可批准执行的变更。

(3)涉及注册的变更:超出目前注册文件的描述,需要报告或报送药品监督部门批准的变更。

(4)不涉及注册的内部变更:注册文件中无描述或在注册文件描述的范围内,无须报送药品监督部门批准的变更。

(5)永久变更:批准后将长期执行的变更。

(6)临时变更:因某种原因而做出的临时性的改变,但随后将恢复到现有状态。

二、变更管理流程

(一) Ⅰ级变更程序(不影响注册的内部变更程序)

任何变更都应该经过如下程序:变更申请→变更评估→变更批准→跟踪变更的执行→变更效果评估→变更关闭

(二) Ⅱ级变更程序(涉及注册的变更程序)

涉及注册的变更除需经过内部审批外,还需通过相关市场的药监部门的批准。

任何影响产品质量或注册的变更应通过正式的变更程序加以控制。变更控制系统应包括从变更申请到执行和效果评估的全过程。所有涉及注册的变更还应通过药品监督管理部门的批准。

(三) 变更的管理

1. 企业应建立变更控制系统,对所有影响产品质量的变更进行评估和管理。需要经药品监督管理部门批准的变更应在得到批准后方可实施。

2. 应建立操作规程规定原辅料、包装材料、质量标准、检验方法、操作规程、厂房、设施、设备、仪器、生产工艺和计算机软件变更的申请、评估、审核、批准和实施。质量管理部门应指定专人负责变更控制。

3. 任何申请的变更都应该评价其对产品质量的潜在影响。企业可以根据变更的性质、范围对产品质量潜在的影响程度将变更分类（如主要、次要变更）。判断变更所需的验证、额外的检验以及稳定性考察应有科学依据。

4. 任何与本规范有关的变更经申请部门提出后,应由质量管理部门评估、审核和批准,制订变更实施的计划,明确实施的职责分工,并监督实施。变更实施应有相应的完整记录。

5. 改变原辅料、与药品直接接触的包装材料、生产工艺、主要生产设备以及其他影响药品质量的主要因素时,还应对变更实施后最初至少 3 批次的药品质量进行评估。如果变更可能影响药品的有效期,则质量评估还应包括对变更实施后生产的药品进行稳定性考察。

6. 变更实施时,应确保与变更相关的文件均已修订。

7. 质量管理部门应保存所有变更的文件和记录。

（四）典型的变更申请流程

典型的变更申请流程见图 10-3。

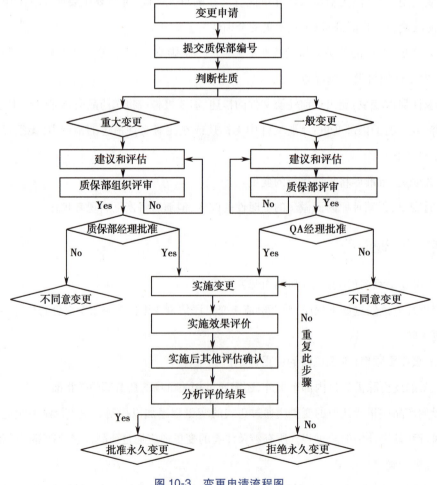

图 10-3　变更申请流程图

点滴积累　∨

变更管理，指当药品生产、质量控制、使用条件等诸多方面发生变化时，对这些变化在药品质量可控性、有效性和安全性等方面可能产生的影响进行评估，并采取相应措施，从而确保药品的质量和法规的符合性。

第四节　纠正和预防措施

一、术语与定义

纠正措施(corrective action)：为了消除导致已发生的不符合或其他不良状况的原因所采取的行动。

预防措施(preventive action)：为了消除可能导致潜在的不符合或其他不良状况的诱因所采取的行动。

纠正措施与预防措施的本质区别：纠正是用来防止事情的再发生而预防是用来防止事情的发生。

纠正措施和预防措施(CAPA)主要包括对具体问题的补救性整改措施；通过对问题根本原因的分析，解决偏差发生的深层次原因，并将采取有效措施预防类似问题的发生；对预防措施进行跟踪，评估实施效果。

建立 CAPA 系统的意义就是，针对质量活动中发生或发现的不符合事项或具有潜在的不符合趋势(包括：投诉、偏差、OOS、内外部审计发现的缺陷、趋势分析发现的潜在趋势等)，不仅要纠正某一个体性的缺陷，而且要找到导致缺陷的根本原因，采取预防措施，防止同类缺陷的重复发生。并且要对各种途径发现的单一缺陷进行统计、分析评估、采取主动性预防措施、追踪管理等一系列管理活动，从而防止类似缺陷在其他方面、不同产品线的重复出现。

▶▶ 课堂活动

请同学们回忆一下 PDCA 循环的内容，写出 PDCA 循环的 4 个阶段和 8 个步骤。

二、CAPA 程序的内容

1. **识别**　对来自于投诉、产品缺陷、召回、偏差、自检或外部检查结果、工艺性能和产品质量监测趋势等的数据信息进行分析，确定已存在和潜在的质量问题，必要时运用适当的统计学方法。

2. **评估**　通过评估确定问题的严重程度，及是否需要采取整改措施。若需要，根据风险评估等级确定措施级别。

3. **调查**　成立调查小组、制订完整的根本原因分析调查程序。

4. **原因分析**　对收集的数据资料进行分析,找出最有可能的原因。

5. **制订计划**　针对根本原因制订全面的、适当的纠正和预防性措施。

6. **执行**　根据批准的计划,CAPA整改小组和相关部门负责人共同确定行动计划的具体执行。

7. **CAPA的跟踪**　CAPA计划的跟踪。

8. **CAPA的关闭**　CAPA的完成不仅包括确认批准的整改措施已经全部完成,还包括评估和确认纠正及预防措施的合理性、有效性和充分性。

CAPA程序图,见图10-4。

ER-10-4

纠正和预防
措施控制
程序

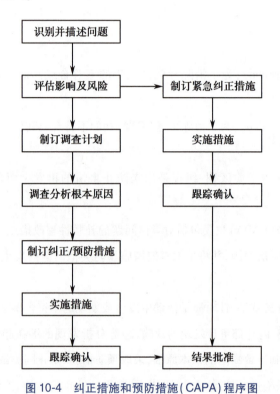

图 10-4　纠正措施和预防措施(CAPA)程序图

知识链接

纠正和预防措施的特点

1. 5S审核的继续　5S审核中出现的不合格现象都应该采取相应的纠正或预防措施;所有的纠正或预防措施都须得到验证;是作为实现5S内部审核目的的有效手段。

2. 目的　①力求彻底纠正所发现的不合格现象;②重在落实以预防为主的原则,对不满意的方面采取预防措施。

3. 跟踪的范围　跟踪的范围常因需要而扩大;对有效性的验证也因内部管理的需要而更为严格;在完成纠正措施并经验证以后,还可能对一些后续问题实施进一步的跟踪,因而延长跟踪的时间。

点滴积累 ∨

1. 纠正措施和预防措施(CAPA)主要包括对具体问题的补救性整改措施；通过对问题根本原因的分析，解决偏差发生的深层次原因，并将预防类似问题的发生；对预防措施进行跟踪，评估实施效果。

2. CAPA 程序的内容包括识别、评估、调查、原因分析、制订计划、执行、CAPA 的跟踪、CAPA 的关闭。

第五节　产品质量回顾

▶▶ 课堂活动

为什么要进行产品质量回顾？　产品质量回顾和产品质量分析会的关系是什么?

一、定义

产品质量回顾是指企业应按照操作规定,每年对所有生产的药品按品种进行产品质量回顾分析,以确认工艺稳定可靠,以及原辅料、成品现行质量标准的适用性,及时发现不良趋势,确定产品及工艺改进的方向。当有合理的科学依据时,可按产品的剂型分类进行质量回顾,如固体制剂、液体制剂和无菌制剂。

GMP 基本要求中引入了"产品质量回顾分析"的概念,要求企业必须每年定期对上一年度生产的每一种或每一类产品进行质量回顾和分析,详细说明所有生产批次的质量情况、不合格产品的批次及其调查、变更和偏差情况、稳定性考察情况、生产厂房、设施或设备确认情况等内容。这种新方法的引入可以有力地推动企业长期、时刻重视产品质量,关注每一种产品的质量和变更情况,特别是与注册批准的内容或要求不一致的情况,并定期加以汇总和评估。这与实施 GMP 的目的,即"确保持续稳定地生产出适用于预定用途、符合注册批准要求和质量标准的药品"是一致的。

通常产品质量回顾的范围包括药品生产企业及附属机构生产的所有医药产品以及委托生产所有医药产品,包括由本公司生产或为本公司生产的所有上市的(国内销售或出口的)原料药、药品以及医疗器械,涉及隔离和暂存、拒收的所有批次。同时药品生产企业也要结合以前的质量回顾结果,确认药品生产的各种趋势,并最终形成一份书面的报告。

原则上产品质量回顾应覆盖一年的时间,但不必与日历的一年相一致。但如果产品每年生产的批次少于 3 批,则质量回顾可以延期至有 2 ~ 3 批产品生产后再进行,除非法规部门对此有特殊要求。

通常企业的产品质量回顾应该在年度生产结束后 3 个月内全部完成,但企业应该在日常生产结束后即完成相关数据的采集、汇总,避免在年度生产结束后才统一进行数据的采集。

二、产品质量回顾的内容

产品年度质量回顾包括供应链的所有方面:原辅料、包装材料、工艺过程、工艺环境及成品等。按照 GMP 的要求,推荐产品年度质量回顾的内容如下:

1. **产品基本信息**　品名、编码、产品批号、包装规格、有效期等。

2. **回顾时间段**　通常为 1 年,例如:2016 年 5 月—2017 年 4 月。

3. **产品所用原辅料回顾**　包括原辅料的供应厂家,回顾周期中的到货批次,检验合格批次、不合格批次,不合格批次的项目、原因及物料的最终处理意见。

4. **回顾周期中每种产品所有生产批次的信息**　产品批号、生产日期、过程控制数据及趋势图、异常数据分析、成品收率统计及分析等。

5. **产品的成品检验结果回顾**　产品化学、微生物检验结果数据及趋势图、异常数据分析 OOS 分析。

6. **产品的质量信息**　产品相关不符合事件统计及分析(包括内容、原因、措施及结果)、不合格产品及返工产品(仅指重新包装)的统计及分析(包括原因、数量及处理结果)、返回产品统计及分析(包括原因、数量及处理结果)、产品召回统计及分析(召回的批次、数量、原因、措施及有效性)、产品相关客户投诉及不良反应的统计分析(包括原因、数量及处理措施及有效性)。

7. **产品的变更情况**　产品相关变更统计及分析(包括内容、申请时间及执行情况)、产品及其原辅料质量标准、内控标准及分析方法变更,产品相关的生产设施、设备、批量及工艺参数的变更,产品相关的原辅料、包装材料的变更。

8. **产品稳定性数据和趋势分析(回顾期间完成的稳定性试验数据)**　包括试验原因、含量趋势图、异常的分析、各检验项目趋势总结。

9. **验证情况回顾**　产品相关的工艺验证、清洁验证、分析方法验证,相关设备和设施,如空调净化系统、水系统、压缩空气等的确认状态。

10. **CAPA 的管理**　上年度回顾报告中的纠正预防措施执行结果确认。

11. **已批准或备案的药品注册所有变更**

12. **新批准和有变更的药品,按照注册要求上市后应完成的工作情况**

13. **委托生产和检验的技术合同履行情况**

14. **回顾分析的结果评估**　提出是否需要采取纠正和预防措施或进行再确认或再验证的评估意见及理由,并及时、有效地完成整改。

三、产品质量回顾的流程

（一）制订产品质量回顾计划并分派任务

依据企业的具体情况,企业质量管理部门建立产品质量回顾的管理程序,制订年度产品质量回顾计划,并按计划实施。根据年度产品质量回顾管理程序所述的工作职责,QA负责按产品年度质量问题的计划将任务分派到各职能部门,并规定时限。

（二）信息收集与报告编制

各相关职能部门按要求收集产品相关信息/数据,并按时交至QA。QA收集产品相关信息/数据后,按一定的格式进行汇总及整理,并进行趋势分析。QA负责召集专门的会议,组织相关人员对产品的相关信息/数据进行分析、讨论和评价,并对重大事项进行风险评估。

（三）报告审批

QA负责记录汇总会议的分析讨论结果并对产品本回顾年度的质量状况做出总结:产品本回顾年度的质量状态是否稳定可控;对上一年度提出的建议的落实情况,或改进措施的实际情况及改进效果进行总结;对本回顾年度出现的不良趋势提出建议(包括产品工艺改进、处方改进、分析方法改进、过程控制及成品质量标准改变、再验证需求、产品召回建议等),最终形成报告,并呈报企业药品质量受权人审批。

（四）报告分发

批准的年度回顾报告的复印件分发至相关部门,原件在质量部文件中心永久保存。

（五）CAPA的实施及跟踪

各相关部门按照年度产品质量问题回顾报告中的改进措施及完成时间,进行改进措施的实施。QA跟踪改进措施的实施并将其执行情况汇总在年度回顾报告中。产品质量回顾流程图与产品质量回顾工作的流程详见图10-5、图10-6。

图10-5　产品质量回顾流程图

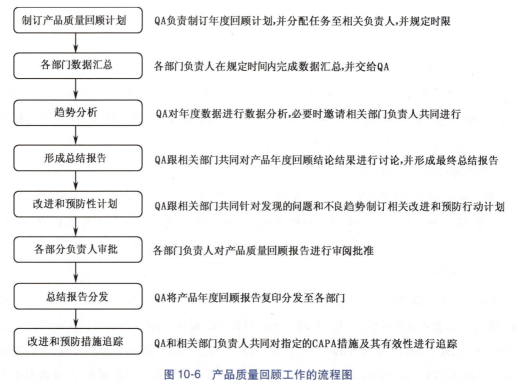

图 10-6　产品质量回顾工作的流程图

点滴积累 ╲⋯⋯⋯⋯⋯⋯⋯⋯⋯⋯⋯⋯⋯⋯⋯⋯⋯⋯⋯⋯⋯⋯⋯⋯⋯⋯⋯⋯⋯

1. 产品质量回顾是指企业应按照操作规定，每年对所有生产的药品按品种进行产品质量回顾
分析，以确认工艺稳定可靠，以及原辅料、成品现行质量标准的适用性，及时发现不良趋
势，确定产品及工艺改进的方向。
2. 企业必须每年定期对上一年度生产的每一种或每一类产品进行质量回顾和分析。

第六节　产品稳定性考察与不良反应监测

一、产品稳定性考察

（一）定义

药品的稳定性是指原料药及其制剂保持其物理、化学、生物学和微生物学性质的能力。

稳定性试验的目的是考察原料药、中间产品或制剂的性质在温度、湿度、光线等条件的影响下随
时间变化的规律，为药品的生产、包装、贮存、运输条件和有效期的确定提供科学依据，以保障临床用
药的安全有效。并且通过持续稳定性考察可以监测在有效期内药品的质量，并确定药品可以或预期
可以在标示的贮存条件下，符合质量标准的各项要求。

（二）应用范围

稳定性试验是药品质量控制研究的主要内容之一，与药品质量研究和质量标准的建立紧

密相关。其具有阶段性特点,贯穿原料药(API)、制剂产品及中间产物的药品研究与开发的全过程,一般始于药品的临床前研究,在药品临床研究期间和上市后还应继续进行稳定性监测和研究。

(三)原则

1. 研发阶段 应进行全面的稳定性试验,以得到注册所需所有数据。此数据用于证明环境因素对产品特性的影响,以确定包装、储存条件、复验周期(API 而言)和有效期。

2. 已上市阶段 产品上市后,应进行适当的持续稳定性考察,监测已上市药品的稳定性,以发现市售包装药品与生产相关的任何稳定性问题(如杂质含量或溶出度特性的变化);也用于考察产品上市后因变更对产品稳定性的影响。

(四)稳定性试验分类

按照《中国药典》(2015 年版)及法规要求,我国的稳定性研究可以分为影响因素实验、加速实验以及长期实验。

各公司根据需求及法规规定,还可以进行中间产品放置时间稳定性实验,批量放大及上市后变更(如生产设备变更、原辅料变更、工艺调整等)稳定性实验以及特殊目的稳定性实验,例如对偏差调查等的支持性实验。

(五)技术要点

1. 基本要求 稳定性试验应遵循具体问题具体分析的基本原则,其设计应根据不同的研究目的,结合原料药的理化性剂型的特点和具体的处方及工艺条件进行。参照《中国药典》(2015 年版),一般性要求为影响因素实验用 1 批原料药或 1 批制剂进行。加速实验和长期试验用 3 批供试品进行。

原料药供试品应是一定规模生产的。供试品量相当于制剂稳定性试验所要求的批量,原料药合成工艺路线方法、步骤应与大生产一致。药物制剂供试品应是放大试验的产品,其处方与工艺应与大生产一致。药物制剂如片剂、胶囊剂,每批放大试验的规模,片剂至少应为 10 000 片,胶囊剂至少应为 10 000 粒。大体积包装的制剂如静脉输液等,每批放大规模的数量至少应为各项试验所需总量的 10 倍。特殊品种、特殊剂型所需数量,根据情况另定。

供试品的质量标准应与临床前研究及临床试验和规模生产所使用的供试品质量标准一致。

加速试验与长期试验所用的供试品的包装与上市产品一致。

研究药物稳定性,要采用专属性强、准确、精密、灵敏的药物分析方法与有关物质(含降解产物及其他变化所生成的产物)的检查方法,并对方法进行验证,以保证药物稳定性结果的可靠性。在稳定性试验中,应重视降解产物的检查。

由于放大试验比规模生产的数量要小,故申报者应承诺在获得批准后,从放大试验转入规模生产时,对最初通过生产验证的 3 批规模生产的产品仍需进行加速试验和长期试验。

2. 样品储存

(1)标准储存条件:按照气候带不同区域有不同要求。

(2)包装:稳定性试验样品的包装应与拟上市产品的包装一致,应紧密,避光(如需要)。原料药可采用模拟小包装,所用材料和封装条件应与大包装一致。通常,对于原料药,水蒸气渗透性试验用于包材的分级,例如通过硅胶吸收水分的重量测定所得,试验条件为温度23℃,相对湿度75%下储存14天。

(3)样品的准备:①取样:稳定性样品取样应按照规定和需求进行,需要科学、合理、具有代表性。②样品量:通常应储存足够量的样品用于稳定性研究,如需要,应确保所有试验都可以重复进行。许多公司选择储存2~3倍的全检样品量。即使选择简化试验方案设计(例如括弧法和矩阵)时,也必须按照全面设计的方案储存所有的样品。③样品标识:储存于每个条件下的样品应作适当标示,反映出产品的名称、批号、储存条件和稳定性研究的初始时间等信息。

(4)设备要求:用于稳定性试验样品贮存的设备应按要求进行确认、校正及定期维护,保证处于稳定的状态。温度、湿度布点测定应建议与设备验证/再验证同步进行。

1)样品储存设备(恒温恒湿箱)必须进行监控(计算机系统自动监控或者手工记录等),维持温度和湿度水平位于规定的范围内。此监控检查必须正确记录。计算机系统自动监控应实行访问控制,相关人员须接受适当培训。设备应有报警系统提示,如发生控制系统故障失控,必须于紧急计划中规定后续行动,并对异常情况有及时的记录和调查。同时应考虑备用设备或其他应急措施。如:委托有资质的第三方负责样品的贮存,委托应严格按照法规和委托合同执行。

2)改变储存条件,如:温度40℃相对湿度在75%条件下样品逐步地转移至温度30℃相对湿度75%、温度30℃相对湿度65%、温度30℃环境自然湿度、温度25℃相对湿度60%、温度25℃环境自然湿度的条件下等。

(5)挑战性试验储存条件

1)影响因素试验:按照《中国药典》(2015年版)规定,分别用于原料药及制剂的影响因素的测定。当进行强度试验时,如产生过多降解产物时,试验条件可以适当调整。根据药品的性质,必要时可以设计其他试验,如考察pH、氧、低温、冻融等因素对药品稳定性的影响。

2)反复低温或冻融试验:对于易发生相分离、黏度减小、沉淀或聚集的药品须通过低温或冻融试验来验证其运输或使用过程中的稳定性,作为影响因素试验的一部分。具体方法如下:

低温试验应包括3次循环,每次循环应在2~8℃条件下2天,然后在40℃加速条件下考察2天,取样检测。

冻融试验应包括3次循环,每次应在-10~-20℃条件下2天,然后在40℃加速条件下考察2天,取样检测。

(6)特殊储存条件:除ICH标准储存条件以外,对于特定的产品,尚需测定进一步的储存条件下的质量稳定性。例如:半渗透包装产品的储存条件(包装于PE安瓿或PE瓶中的洗液、SVPs & LVPs、鼻喷剂、眼药等)可以参照表10-1。

如果药物制剂使用密闭容器(玻璃瓶、西林瓶、密封的玻璃安瓿)包装,环境湿度对此影响极小,则水分测定并不是必需的。在这种情况下,建议贮藏条件可以参照表10-2,一般来说,在这些试验中提供单独的设施进行考察并没有任何优势,相反,样品往往是储存在正常气候箱中。

表 10-1　半渗透包装的标准贮藏条件表

	温度	相对湿度
长期试验研究	25℃ ± 2℃	40%±5%
中间条件	30℃ ±2℃	35%±5%
加速试验研究	40℃ ±2℃	25%±5%

表 10-2　密闭包装贮藏条件表

	温度	相对湿度
长期试验研究	25℃ ± 2℃	试验环境
中间条件	30℃ ± 2℃	试验环境
加速试验研究	40℃ ± 2℃	试验环境

3. 样品提取

（1）原则：样品必须按照稳定性试验计划从恒温恒湿箱和其他储存条件下按时取出。样品可以在一个允许的时间偏差范围内取出。例如对于试验点间隔至少为 1 年,则偏差为 1 个月是可以接受的。对于短期试验点,允许的时间偏差应适当减少,并应予相应的 SOP 中予以规定。例如,在长期稳定性试验的第 3 个月的试验点,早于或晚于 2 周的预设时间是可以接受的。

对于加速试验条件,样品一般不推荐早于计划取样时间取出。另外,对于有效期月试验点的样品必须取出并进行检验。

任何附加于计划外的试验间隔点取样,必须经由责任受权人签字批准,并登记在册,必须保证有足够的样品用于余下的稳定性研究。

从恒温恒湿箱取出的稳定性试验样品应存放于适宜的贮存条件等待检验,并有明显标示。

样品取出后,应作标记,并登记于相应的记录中,进行检验。

（2）文件：①稳定性计划：按照要求,应准备每年的稳定性试验计划,并得到相应负责人的批准,以用于指导稳定性试验计划的实施。②稳定性试验样品记录：每次取出的样品数量必须记录。

（六）文件

1. 标准操作规程　必须建立标准操作规程去描述稳定性试验的程序和要求,复检期/有效期声明和推荐储存条件和转运条件的测定。

2. 稳定性试验草案　稳定性试验草案是稳定性研究的基本部分,应涵盖药品有效期,应至少包括以下内容：

（1）每种规格、每种生产批量药品的考察批次。

（2）相关的物理、化学、微生物和生物学检验方法,可考虑采用稳定性考察专属的检验方法。

（3）检验方法依据。

（4）合格标准。

（5）容器密封系统的描述。

（6）试验间隔时间（测试时间点）。

（7）贮存条件（应采用《中国药典》规定的与药品标示贮存条件相对应的长期稳定性试验标准条件）。

（8）检验项目，如检验项目少于成品质量标准所包含的项目，应说明理由。

所有的稳定性试验草案必须有责任受权人批准后执行，注册稳定性相关的试验草案须经由注册部相关责任人复核并批准。稳定性试验草案必须在稳定性研究启动之前得到相关责任人的批准。

如果在市产品的持续稳定性程序不同于初始的长期稳定性试验研究，则必须提交书面证明，作为上市批准档案的一部分。

3. 计划　每年的年末必须准备下一年的"年度稳定性计划"，一旦新的稳定性研究被启动，补充性的"年度稳定性计划"必须相应准备。如果需要，及时更新"年度稳定性计划"，添加补充性的计划内容。必须按照"年度稳定性计划"进行稳定性试验管理。

4. 记录　样品必须根据稳定性试验计划按时取出，并及时记录于相应的记录中。同时，样品必须转移至相关实验室进行登记及随后的分析试验，分析记录应及时出具。

5. 报告　稳定性报告应包含稳定性研究中收集的所有相关的数据，也包括对正在进行的或已完成的稳定性研究所得结果的科学的数据评估和结论。一般情况下，稳定性报告要按时撰写和更新。

稳定性报告须包括但不限于以下所列条款：

（1）所选的批次；

（2）产品性能的汇总介绍；

（3）产品有效期；

（4）批生产信息；

（5）分析试验和质量标准；

（6）试验结果；

（7）与稳定性试验草案的偏差（若适用）；

（8）结论；

（9）数据表；

（10）适当的趋势分析和统计分析；

（11）适当的统计分析图表。

稳定性试验报告应由责任分析师撰写/更新，并经由责任受权人批准。长期稳定性应定期报告汇总，建议每年至少以中期报告或数据汇总表的形式报告1次。所有稳定性研究完成后，应出具最终的稳定性报告。

6. 年度趋势分析与评估　在年度产品回顾的报告中，其回顾期限内从事的所有稳定性研究均需加以描述和评估，对于复验期/有效期的支持结论必须明确定义。

二、产品不良反应监测

几乎所有的药物都可引起不良反应，只是反应的程度和发生率不同。随着药品种类日益增多，药物不良反应的发生率也逐年增加。药物不良反应有时也可引起药源性疾病,除少数人自服药物外,药物不良反应主要由医生给药所引起,所以有些药源性疾病也属医源性疾病。虽然有些药物不良反应较难避免,但相当一部分是由于临床用药不合理所致,如阿司匹林是公认的比较安全的常用药物,但久服可引起胃肠道出血,诱发胃溃疡,使胃溃疡恶化,导致溃疡出血、穿孔,长期服用还可引起缺铁性贫血,少数病人可引起粒细胞及血小板减少。由于药物种类繁多,用药途径不同,体质又因人而异。因此,药物不良反应发生的原因也是复杂的。

药品不良反应监测是指药品不良反应的发现、报告、评价和控制的过程。常用的药物不良反应监测方法:

1. 自愿报告系统(SRS)　又称黄卡制度,这是一种自愿而有组织的报告制度,当医疗机构、药品生产和经营企业的相关人员发现可疑的药物不良反应时,就应当填写药物不良反应报告表,逐级上报。

2. 义务性监测　是在自愿报告制度的基础上,要求医师报告所发生的每一例不良反应。

3. 重点医院监测　是指定有条件的医院,报告药物的不良反应和对药品不良反应进行系统监测研究。

4. 重点药物监测　主要是对一部分新药进行上市后监测,以便及时发现一些未知或非预期的不良反应,并作为这类药品的早期预警系统。

5. 速报制度　上市后的药品发生严重药物不良反应要在 15 日之内向药品安全性监测机构报告,如果属于临床试验之中的药品发生药物不良反应要在 7 日之内报告。

目前,国家药品监督管理部门依据《药品不良反应报告和监测管理办法》主管全国药品不良反应监测工作,成立了国家药品不良反应监测中心以及辐射各省级/直辖市药品不良反应监测中心,以药品生产、经营和使用单位以及个人作为网底的监测网络。

三、产品投诉

理论上,产品质量可以通过生产过程的有效控制和放行前的产品质量检验来保证,但实际上并不能做到100%的保证产品质量。一方面,由于生产过程中通常包含一些不确定因素,这些因素无法通过大量的验证、生产过程的中间检查和最终的检查来排除;另一方面,由于产品在放行和销售前,只会抽取有限的一定数量的样品进行质量检验。因此,企业在实际管理过程中会不可避免地收到来自市场的关于产品质量缺陷的投诉。

建立和运行一个有效的投诉管理系统,不仅是针对制药行业的强制性要求,也是每一个追求客户满意、追求长期商业成功的企业的自然选择。制药企业应建立投诉程序、标准(例如投诉分类标准等)和相应的记录表格。应充分培训并运行该系统,及时有效地接收、调查和处理投诉。调查导致质量缺陷的原因,并采取措施,防止再次发生类似的质量缺陷,生成和保存相应的记录和报告。通过进行投诉趋势分析,推动公司产品质量和质量管理体系的持续改进。

(一) 投诉的分类

客户提出的对任何已经放行的产品有关安全性、有效性和质量(包括稳定性,产品性能,均一性），服务或产品性能不满的书面、电子或口头信息都视为投诉。根据投诉事件的性质可分为医学投诉、质量投诉和假药投诉。

（二）职责

公司应当统一规定投诉处理中相关部门的职责，包括投诉的接收、投诉的调查和整改、纠正措施和预防措施的批准和对客户的答复等。

（三）投诉流程

1. 投诉信息的接收　客户以来访、来信、传真、电话或其他形式投诉到企业联系人处（通常为销售部门）。对于口头形式的投诉，如有可能，应要求客户用书面形式予以确认，以避免沟通中的误解和（或）信息丢失。

由收到投诉的部门（通常为销售部门）填写客户投诉记录，如有必要连同其他相关信息（如传真件、邮件等）转交给投诉管理部门，或者在客户直接投诉到投诉管理部门而未到销售部门的情况下，由负责处理客户投诉的人员填写客户投诉记录，或者销售人员不在工厂（如出差）的情况下，他/她将投诉的信息通过传真件、邮件等转交给投诉管理部门后，投诉管理部门根据信息填写客户投诉记录，或者企业其他部门的所有员工在接到或了解到任何产品投诉后，在规定时间内将投诉转到投诉管理部门，投诉管理部门对投诉进行登记编号。企业应制订合理的投诉编号规则，以便于对投诉进行识别、沟通和统计分析。

企业在接收到投诉信息后，应尽快向客户提供初步反馈，内容包括但不限于：确认收到投诉信息、调查正在进行中、预计多长时间内给予进一步的反馈。

2. 信息的收集和分类　投诉接收部门和/或投诉管理部门应判断收到的投诉信息是否完整、是否清晰，是否足以据此展开有效的调查。现实中确实存在这种情况，有时客户的投诉语焉不详，信息非常零碎，甚至无法知道发生问题的具体批次或具体发生了什么问题，这时需要与客户直接联系的部门与客户沟通，获得基本的相关信息以便展开调查。假如需要索取更多的投诉相关信息，应尽量在初次反馈时向客户提出要求。应尽可能索取有用的信息，例如照片、图谱或其他检验数据。应由质量管理部门根据投诉的分类标准对具体投诉进行分类，投诉处理过程中如果需要对投诉的类型（例如医学投诉、质量投诉和假药投诉）进行重新判定，也应获得质量管理部门的批准。

3. 投诉调查和影响的评估　虽然并不总是适用，投诉调查的第一步常常是核实投诉信息，特别是针对贴签或检验问题时。核实投诉信息的常见方法包括检验留样，查看相关的生产、贴签、仓储记录等。也可能包括要求客户寄回样品供我公司进行分析检测，或者派出专业技术人员到现场拜访客户等核实投诉事实的真实性。企业应根据投诉的具体情况决定是否需要核实投诉信息，或者采取何种手段核实投诉信息。

确认已收到适当的投诉信息后，投诉管理部门将客户投诉记录及（或）有关信息转发给以下一个或多个相关部门，启动投诉调查。

各部门的投诉调查应当及时，这也是及时答复客户的前提。投诉处理的快慢，直接影响客户对企业的满意度。

4. 纠正措施和预防措施　在投诉调查部门的配合下（调查结果的评估，与客户投诉信息的对比),投诉管理部门对投诉进行评估,首先判定投诉是否合理。如果投诉判定为不合理的,则由投诉管理部门书写答复报告,答复客户。如果投诉判定为合理的,投诉处理的负责部门将与其他相关部门合作,决定产品是否需从投诉的客户处退回,及是否需要启动产品召回程序,从相关客户处召回相关产品。

5. 答复客户　不论是合理或不合理投诉,都应当将调查结果告知客户,通常书面的答复才是被认可的正式答复。

6. 投诉完成　通常需要得到客户对调查答复报告的满意答复后才能结束投诉(当然纠正措施和预防措施需要继续进行),但是对于一些不合理的投诉,或已经答复几次的合理投诉,客户不一定再会有反馈。这时,企业可以人为地确定一个时间,例如最终答复客户后 1 个月内无反馈则关闭投诉并将相关记录归档保存。

7. 文件和样品的保存　所有与投诉相关的必要的信息应当归档,一个投诉档案应当至少包括以下资料:客户的书面投诉通知(适用时)、投诉记录表、投诉调查报告及相应的附属资料、投诉的答复报告、客户对投诉最终答复报告的接受意见(适用时)、投诉样品等。

(四)时限规定

企业应根据其市场、业务和客户的具体情况设立合理的投诉处理时限。

(五)投诉的回顾和趋势分析

投诉应当定期进行回顾,以便及时发现需要引起注意的问题,以及可能需要从市场召回药品的特殊问题或重复出现的问题。回顾活动应总结同类型的投诉的发生频率和严重性,并对多次发生的投诉进行原因分析,提出纠正措施和预防措施。

投诉回顾应作为产品质量回顾的一部分,结合产品质量回顾的其他内容共同进行,以便企业获得该品种质量情况的全面信息。

点滴积累 ╲

1. 产品稳定性考察　稳定性研究的考察项目应选择在药品保存期内易于变化,并可能会影响到药品的质量、安全性和有效性的项目,以便客观、全面地反映药品的稳定性。

2. 药品不良反应报告和监测　是药品上市后监管的重要内容,是药品生产企业对其生产的药品进行全生命周期管理的主要内容和重要责任,是药品安全评价的重要依据。

3. 产品投诉　为建立和运行一个有效的投诉管理系统,制药企业应建立投诉程序、标准(例如投诉分类标准等)和相应的记录表格。

第七节　质量风险管理

一、概述

1. 风险　"风险"是危害发生的可能性和该危害严重性的组合。

2. 质量风险管理　质量风险管理(quality risk management，QRM)是在整个产品生命周期中采用前瞻或回顾的方式,对质量风险进行评估、控制、沟通和回顾的系统化过程。

> **知识链接**
>
> **药品生命周期**
>
> 　　药品生命周期是指从药品研发开始,到注册批准、生产批准、上市销售及通过后的监测和评价直到退市的整个过程,主要由研发阶段、生产阶段、流通阶段、使用阶段、上市后监测阶段组成。药品质量风险管理是指在以上的各个环节中都有各自的风险需要进行风险管理。

　　新版 GMP 提出了质量风险管理的基本要求,明确了质量风险管理的两个基本原则,即企业必须对药品整个生命周期根据科学知识及经验,对质量风险进行评估,并最终与保护患者的目标相关联。质量风险管理过程中,企业所采用的方法、措施、形式及形成的文件应当与存在的风险的级别相适应。

　　质量风险管理贯穿药品质量和生产管理的各个方面,其管理流程大致分为风险评估(包括风险识别、风险分析和风险评价),风险控制(把风险降低到可以接受的限度内),以及风险的定期审核。

　　基于风险的和科学的与产品质量有关的决策可以帮助企业保持受控状态和实现持续改进的目标。质量体系在医药工业中的重要性毋庸置疑,而质量风险管理显然正在成为一个有效的质量体系的重要组成部分。

二、质量风险评估的原则性要求

　　GMP 第十四条规定:"应当根据科学知识及经验对质量风险进行评估,以保证产品质量。"这一条明确了质量风险评估的原则性要求。新版 GMP 引入风险管理的理念,并相应增加了一系列新制度,如:供应商的审计和批准、变更控制、偏差管理、超标结果(OOS)调查、纠正和预防措施(CAPA)、持续稳定性考察计划、产品质量回顾分析等,分别从原辅料采购、生产工艺变更、操作中的偏差处理、发现问题的调查和纠正、上市后药品质量的持续监控等方面,对各个环节可能出现的风险进行管理和控制,促使生产企业建立全链条的、相应的制度,及时发现影响药品质量的不安全因素,主动防范质量事故的发生,以最大限度保证产品和上市药品的质量。

三、质量风险评估的流程

　　1. 质量风险管理模式图　质量风险管理的模式由风险评估(risk assessment)、风险控制(risk control)及风险审核(risk review)3 部分组成,见图 10-7。

　　2. 质量风险管理流程　根据质量风险管理的模式图,质量风险管理流程可以概括为以下基本步骤:风险识别→风险分析→风险评价→风险控制(包括风险降低和风险接受)→风险沟通→风险回顾。

　　3. 质量风险管理步骤的详细说明

　　(1)风险识别:①确定事件并启动质量风险管理;②确定风险评估的问题;③收集和组织信息。

　　在此阶段清楚地确定风险的问题或事件对 QRM 的结果有很重要的影响。通常需要考虑的风险包括对患者的风险、产品不符合标准要求的风险、法规不符合的风险等。在此阶段还需收集背景信息并确定 QRM 项目小组人员及资源配置等。用于识别风险的信息可以包括历史数据、理论分析、成型的意见以及影响决策的一些利害关系等。

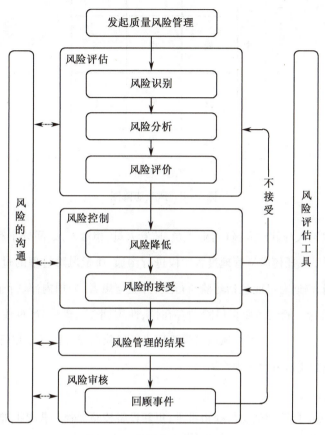

图 10-7　质量风险管理模式图

（2）风险分析：进行风险分析时，将要评估风险发生和重现的可能性。也可以考虑测定风险发生或重现的能力。针对不同的风险项目需选择应用不同的分析工具。过程为：①选择风险评估的工具；②确定风险的因素：如发生的可能性，危害的严重性，可测量性界定风险因素的范围；③界定风险的类型或确定风险的矩阵；④确定采取的行动。

（3）风险评价：利用风险评估的工具进行风险评价，风险评价可以确定风险的严重性，将已识别和分析的风险与预先确定的可接受标准比较。可以应用定性和定量的过程确定风险的严重性。风险评估的结果可以表示为总体的风险值，例如：定量的表示为具体的数字，如 0 ~ 100（百分比），或定性的表示为风险的范围，如高、中、低。风险矩阵见图 10-8。

（4）风险降低：风险降低的方法。当风险超过可接受的水平时，风险降低将致力于减少或避免风险。包括采取行动降低风险的严重性或风险发生的可能性。应用一些方法和程序提高鉴别风险的能力。需要注意的是，风险降低的一些方法可能会使系统引入新的风险或显著提高其他已存在的风险，因此风险评估必须重复进行以确定和评估风险的可能的变化。

（5）风险接受：确定可接受的风险的最低限度。设计理想的质量风险管理 QRM 策略来降低风险至可接受的水平。这个可接受水平由许多参数决定并应该具体情况分别对待。

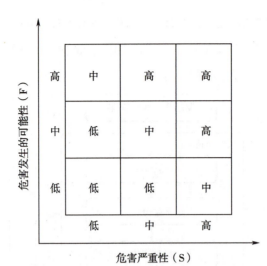

图 10-8 风险矩阵图

（6）风险沟通：决策人与其他人员（行业人员、监管人员、相对人）之间分享有关风险和风险管理的信息。各方之间可以在任何风险管理过程阶段进行沟通，质量风险管理的过程的输出/结果应进行适当的沟通和存档，沟通有可能包括药监与行业、行业与患者、公司内部、行业内部或药监系统内部等方面。沟通的信息一般包括质量风险的存在性、性质、形式、概率、严重性、可接受性、控制、处理、可检测及其他有关方面，并非每个风险接受都要进行风险沟通。在行业和药监系统之间，通过现有的规章或指南来进行质量风险管理沟通。

（7）风险回顾

文件和批准：相关的风险评估文件获得批准；更新设备校验规程并获得批准。

沟通：完成文件发放、培训。

新周期的风险审核：设备校验过程及使用过程中监控任何的偏差，如果出现偏差或增加设备校验的新条件或要求需要重新评估。

点滴积累 〉

1. 质量风险管理是在整个产品生命周期中采用前瞻或回顾的方式，对质量风险进行评估、控制、沟通和回顾的系统化过程。

2. 质量风险管理流程大致分为风险评估（包括风险识别、风险分析和风险评价），风险控制（把风险降低到可以接受的限度内），以及风险审核。

第八节 自检

▶▶ 课堂活动

请同学们比较一下药品生产企业自检和产品质量回顾的异同？

质量管理部门应定期对企业进行自检,以监控 GMP 的实施情况,评估企业是否符合 GMP 要求,并提出必要的整改措施。

自检应按预定的计划,对人员、厂房、设备、文件、生产、质量控制、药品发放、投诉、药品召回等项目定期进行检查,以确认其符合质量保证的要求。

应由企业指定的主管人员独立、细致地进行自检,也可请外部人员或专家进行独立的质量审计。

自检应有记录。自检完成后应有自检报告,内容应包括自检过程中观察到的所有情况、评价的结论以及提出整改措施的建议。此外,后续的整改措施也应有相应的记录。

一、自检的主要内容

自检(质量内部审计)是企业自我发现缺陷并主动采取措施进行改进的一系列活动。企业通过组织自检,可以及时发现缺陷和隐患,主动防范质量风险的发生,确保产品质量稳定可靠,并避免违规事件的发生和发展。一个有效的自检系统,包括自检程序、自检计划、自检人员的资格确认、检查记录、自检报告、CAPA 等。

质量管理部门应定期组织对企业进行自检,以监控 GMP 的实施情况,评估企业是否符合 GMP 要求,并提出必要的纠正和预防措施。

自检范围:自检应有计划,对机构与人员、厂房与设施、设备、物料与产品、确认与验证、文件管理、生产管理、质量控制与质量保证、委托生产与委托检验、产品发运与召回等项目定期进行检查,以确认其符合 GMP 的要求。

频率:企业应根据风险管理的原则,考虑实际情况,设定自检的频率。GMP 相关的部门和区域,至少每年进行 1 次自检。

另外,必要时,可进行特定的自检,特别是出现下列情况时:

(1)质量投诉后,如有必要;

(2)质量管理相关事故或事件证实质量管理体系出现重大偏离;

(3)重大法规环境变化(例如 GMP 实施);

(4)重大生产质量条件变化(例如新项目、新车间投入使用);

(5)重大经营环境变化(例如企业所有权转移)等。

自检小组:对于自检人员的确定应由企业指定人员独立、细致地进行自检,也可请外部人员或专家进行独立的质量审计。

二、自检的实施与整改

1. 自检年度计划的制订　应在每年底(或其他规定的时限内)会同其他部门,建立年度自检计划,规划第 2 年进行自检的次数、内容、方式和时间表。

2. 检查明细的制订　在每次自检活动之前,需要建立检查明细,为自检提供检查依据。检查明细的制订可以参考 GMP 检查细则或其他的法律法规,也可以依据本公司标准操作规程。

3. 自检的实施　自检人员及分工,确认自检方案,展开现场检查和文件检查,收集检查证据,记录必要的信息来确认缺陷项目。

4. 缺陷的评估　所有在自检过程中发现的缺陷与实际情况,进行初步评估缺陷的分级。

5. 纠正和预防措施的制订和执行　根据缺陷的严重程度制订相应的纠正和预防措施,指定责任人、计划完成时限等。建立一个有效的追踪程序,追踪纠正和预防措施的执行情况。

6. 自检报告　完成后应有自检报告,内容应包括自检过程中观察到的所有情况、评价的结论以及提出纠正和预防措施的建议。此外,纠正和预防措施的执行也应有相应的记录。

自检基本流程见图10-9。

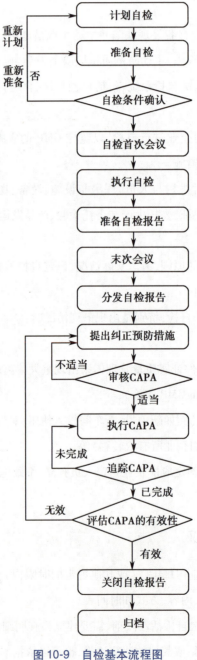

图 10-9　自检基本流程图

点滴积累 ∨

1. 自检是企业自我发现缺陷并主动采取措施进行改进的一系列活动，企业通过组织自检，可以及时发现缺陷和隐患，主动防范质量风险的发生，确保产品质量稳定可靠，并避免违规事件的发生和发展。

2. 一个有效的自检系统，包括：自检程序、自检计划、自检人员的资格确认、检查记录、自检报告、CAPA 等。

3. 药品生产企业应定期组织对企业进行自检，以监控 GMP（2010 版）的实施情况，评估企业是否符合 GMP（2010 版）要求，并提出必要的纠正和预防措施。

复习导图

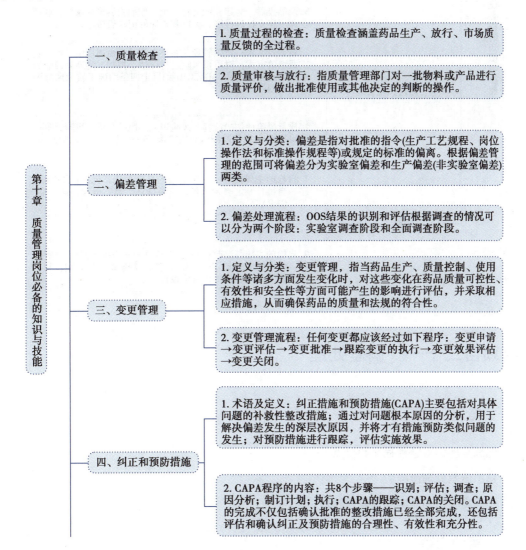

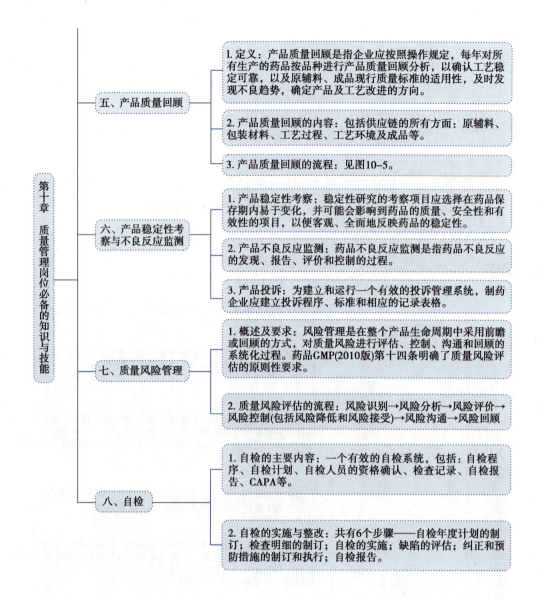

五、产品质量回顾

1. 定义：产品质量回顾是指企业应按照操作规定，每年对所有生产的药品按品种进行产品质量回顾分析，以确认工艺稳定可靠，以及原辅料、成品现行质量标准的适用性，及时发现不良趋势，确定产品及工艺改进的方向。

2. 产品质量回顾的内容：包括供应链的所有方面：原辅料、包装材料、工艺过程、工艺环境及成品等。

3. 产品质量回顾的流程：见图10-5。

六、产品稳定性考察与不良反应监测

1. 产品稳定性考察：稳定性研究的考察项目应选择在药品保存期内易于变化，并可能会影响到药品的质量、安全性和有效性的项目，以便客观、全面地反映药品的稳定性。

2. 产品不良反应监测：药品不良反应监测是指药品不良反应的发现、报告、评价和控制的过程。

3. 产品投诉：为建立和运行一个有效的投诉管理系统，制药企业应建立投诉程序、标准和相应的记录表格。

七、质量风险管理

1. 概述及要求：风险管理是在整个产品生命周期中采用前瞻或回顾的方式，对质量风险进行评估、控制、沟通和回顾的系统化过程。药品GMP(2010版)第十四条明确了质量风险评估的原则性要求。

2. 质量风险评估的流程：风险识别→风险分析→风险评价→风险控制(包括风险降低和风险接受)→风险沟通→风险回顾

八、自检

1. 自检的主要内容：一个有效的自检系统，包括：自检程序、自检计划、自检人员的资格确认、检查记录、自检报告、CAPA等。

2. 自检的实施与整改：共有6个步骤——自检年度计划的制订；检查明细的制订；自检的实施；缺陷的评估；纠正和预防措施的制订和执行；自检报告。

第十章　质量管理岗位必备的知识与技能

实训项目二十一　偏差处理

一、实训目的

1. 熟练掌握偏差管理程序和要点。

2. 熟悉偏差处理流程。

3. 学会实验性和非实验性偏差管理。

二、实训内容

设定实验性和非实验性偏差数据。

学生利用网络或其他工具方法,收集偏差管理资料。

由学生分组,分别对实验性和非实验性偏差数据进行调查、分析和CAPA处理。

具体步骤为：

1. 课前学生按照教师要求，收集偏差管理相关资料。

2. 学生分成两组，一组对实验性偏差数据进行调查、分析和 CAPA 处理，另一组对非实验性偏差数据进行调查、分析和 CAPA 处理。

3. 两组交换，进行偏差数据进行调查、分析和 CAPA 处理。

4. 教师评判和总结。

三、实训注意

对偏差管理相关资料的事前准备，是实训顺利进行的重要条件，教师在取样操作前务必对偏差的处理程序如偏差报告、调查并处理及制订有效的预防措施等环节进行重点强调，并对偏差的处理程序要点和技巧进行提醒和总结。

四、实训检测

1. 偏差管理的流程是什么？画出简单的流程图。

2. 如何判断偏差的等级？

五、实训报告

1. 提供偏差处理报告。

2. 提供偏差管理的流程图。

六、实训评价

从以下几方面对实训进行评价：

1. 实训前资料搜集情况。

2. 独立操作及动手能力。

3. 实训操作的正确性。

4. 实训的纪律性。

5. 实训报告。

实训项目二十二　按 QA 岗位职能设计 SMP、SOP 及记录表格

一、实训目的

1. 熟练掌握药品质量标准以及实验室检验操作的基本内容。

2. 熟悉 QA 岗位职能。

3. 学会质量管理文件的编写与特点。

二、实训内容

由学生分组,根据所学知识和实训参观 GMP 质量部门的情况,设计 SMP、SOP 及记录表格。

学生利用网络或其他工具方法,收集质量管理 QA 岗位资料。

具体步骤为:

1. 课前学生按照教师要求,收集质量管理相关资料。

2. 学生分成两组,一组对实验性检验操作进行调查、分析,另一组对一批物料或产品进行质量评价,掌握相关质量标准。

3. 两组交换,进行 SMP、SOP 及记录表格的设计。

4. 教师评判和总结。

三、实训注意

对药品质量标准以及实验室检验操作相关资料的事前准备,是实训顺利进行的重要条件。教师需在实训参观 GMP 质量部门等环节进行提醒和总结。

四、实训检测

1. QA 岗位的主要职能是什么?

2. 如何对一个产品进行质量评价(举例说明)?

五、实训报告

1. 提供针对实验室检验操作设计的 SMP、SOP 及记录表格。

2. 提供对一批物料或产品进行质量评价所需的质量标准文件。

六、实训评价

从以下几方面对实训进行评价:

1. 实训前资料搜集情况。

2. 独立操作及动手能力。

3. 实训操作的正确性。

4. 实训的纪律性。

5. 实训报告。

目标检测

一、选择题

(一)单项选择题

1. 审核成品发放前批生产记录,决定成品发放,是( )的职责

A. 物料部门　　　　　　　B. 生产部门　　　　　　　C. 销售部门

D. 人事部门　　　　　　　E. 质量部门

2. 企业应当建立变更控制系统,对所有影响产品质量的变更进行评估和管理。需要经药品监督管理部门批准的变更应当在得到(　　　)批准后方可实施

A. 质量管理部　　　　　　B. 生产部　　　　　　　C. 药品监督管理部门

D. GMP 办公室　　　　　　E. 技术部

3. 关于成品放行的说法哪个是正确的(　　　)

A. 只有经产品放行责任人审核、符合注册批准或规定的要求和质量标准的成品方可放行

B. 特殊情况需要经公司副总以上人员讨论批准方可放行

C. GMP 中规定的关键人员具有放行资格

D. 只要符合经批准的产品质量标准就可经产品放行人审批放行

E. 企业负责批准

4. 每批药品均应当由(　　　)签名批准放行

A. 仓库负责人　　　　　　B. 财务负责人　　　　　　C. 企业负责人

D. 质量授权人　　　　　　E. 生产负责人

5. (　　　)应当定期组织对企业进行自检,监控 GMP 的实施情况,评估企业是否符合本规范要求,并提出必要的纠正和预防措施

A. 生产负责人　　　　　　B. 生产管理部门　　　　　　C. 质量负责人

D. 质量管理部门　　　　　　E. 公司办公室

6. 企业必须建立质量保证系统,同时建立完整的(　　　),以保证系统有效运行

A. 文件体系　　　　　　　B. 组织机构　　　　　　　C. 质量控制系统

D. 质量管理体系　　　　　　E. 生产运行体系

7. 质量保证系统应确保:生产管理和(　　　)活动符合本规范的要求

A. 质量管理　　　　　　　B. 质量控制　　　　　　　C. 产品质量

D. 产品实现　　　　　　　E. 技术管理

8. 质量控制基本要求之一:由(　　　)人员按照规定的方法对原辅料、包装材料、中间产品、待包装产品和成品取样

A. 库房管理员　　　　　　B. QC 检验员　　　　　　C. 质量保证员

D. 经授权的人员　　　　　　E. 生产人员

9. 质量管理部门人员(　　　)

A. 可以将职责委托给其他部门的人员　　　B. 不得将职责委托给本部门的人员

C. 不得将职责委托给其他部门的人员　　　D. 可以将职责委托给他人

E. 以上都不对

10. 生产管理负责人应当至少具有(　　　)从事药品生产和质量管理的实践经验,其中至少有一年的药品生产管理经验

A. 2年 B. 3年 C. 4年

D. 5年 E. 6年

（二）多项选择题

1. 企业建立的药品质量管理体系涵盖（   ），包括确保药品质量符合预定用途的有组织、有计划的全部活动

A. 人员 B. 厂房 C. 验证

D. 自检 E. 设备

2. 下列对于 GMP 及 QA、QC 描述正确的是（   ）

A. GMP 是质量保证的一部分 B. 质量控制是 GMP 的一部分

C. 质量控制是 QA 的一部分 D. 质量保证是 GMP 的一部分

E. 质量控制是 QC 的一部分

3. 为实现质量目标提供必要的条件，企业应当配备足够的、符合要求（   ）

A. 人员 B. 厂房 C. 设施

D. 设备 E. 原料

4. 当影响产品质量的（   ）等主要因素变更时，均应当进行确认或验证，必要时，还应当经药品监督管理部门批准

A. 原辅料、与药品直接接触的包装材料 B. 生产设备、生产环境（或厂房）

C. 检验方法 D. 人员

E. 生产工艺

5. 下列哪些职责属于质量管理负责人（   ）

A. 确保在产品放行前完成对批记录的审核

B. 确保完成自检

C. 评估和批准物料供应商

D. 确保完成产品质量回顾分析

E. 确保完成所有必要的检验

二、简答题

1. 纠正与纠正措施的概念是什么？

2. 物料的放行应当至少符合哪些要求？

3. 为什么要进行偏差管理？

4. 产品质量回顾分析的目的是什么？

三、实例分析

某药品公司《车间生产环境管理规定》中规定："车间温度应保持在 20～30℃，相对湿度40%～65%。但是审核员在检查4月份的环境记录时发现：4月10～13日的湿度均为70%。"审核员问车间主任："对于相对湿度70%符合规定要求吗？"主任回答："我们已经更改了规定，把相对湿度改为

70%。"审核员要求出示文件更改记录,车间主任说只是口头通知更改的。审核员注意到,车间没有加湿或除湿的设备,便问车间主任:"有什么手段可以根据需要加湿或除湿?"车间主任说:"没有。"审核员在翻阅有关产品的行业标准时看到,车间环境湿度要求规定最高为65%。这符合要求吗?

请用 GMP 标准进行分析。

(顾耀亮)

第十一章

物料与产品管理岗位必备的知识与技能

导学情景 ∨

情景描述：

2006 年 4 月下旬以来，广东省发生因使用了齐齐哈尔第二制药有限公司（简称"齐二药"）生产的"亮菌甲素注射液"导致多名患者肾功能衰竭的事件。经查是"齐二药"违反物料供应商审计与物料的采购等相关规定，采购物料前没有对供货方进行实地考察，也未要求供货方提供原料、辅料样品进行检验，购进假冒"丙二醇"的"二甘醇"所致。

学前导语：

物料供应商审计、物料的采购及物料的储存与放行是药品生产的第一关，是药品生产前最重要的控制环节。本章我们将带领同学们学习有关供应商审计、物料的采购及物料的储存与放行的基本知识和基本操作，把好药品生产的第一关。

GMP 中明确了物料与产品的概念，其中物料包括药品生产用原料、辅料、包装材料和其他辅助生产物料。就药品制剂而言，原料指原料药与中药饮片，它们是生产高质量产品的一个关键、先决条件。产品包括中间产品、待包装产品和成品。中间产品指完成部分加工步骤的产品，尚需进一步加工方可成为待包装产品。成品指已完成所有生产操作步骤和最终包装的产品。

物料管理涵盖了药品生产所需物料的购入、储存和发放，以及不合格物料处理等环节。药品生产是物料流转的过程，是将物料加工转换成产品的一系列实践活动。没有质量合格的物料就不可能生产出符合质量标准的产品，而物料管理的不规范则会引起物料混淆、差错、污染与交叉污染。所以物料是药品生产的物质基础，物料的良好管理确保了物料质量能够持续稳定地满足药品生产要求，是产品质量保障的重要基础。产品质量基于物料质量，形成于药品生产的全过程。药品生产的全过程是指从物料供应商的选择、采购，到物料的验收、储存、发放、使用（生产）、销售，直到用户使用的过程。因此，只有建立规范的物料管理系统，才能使物料流向清晰并具有可追溯性，同时应制订物料管理制度，使物料的采购、接收、取样、检验、储存、发放与使用有章可循，以保障物料质量。药品生产全过程见图 11-1。

产品管理指中间产品和待包装产品的转运、储存和放行，成品的接收入库、储存、发运和退回，以及不合格产品处理等环节。对产品的良好管理，目的在于使产品在生产过程中形成的质量特性得到

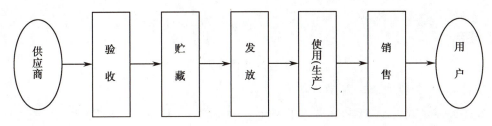

图 11-1 药品生产全过程示意图

可靠的维护,使药品能够在整个有效期内满足预订用途。

GMP 对物料与产品管理的基本要求是:

(1)应确保药品生产所用的原辅料、与药品直接接触的包装材料符合相应的药品注册的质量标准,并不得对药品质量有不利影响。

(2)应建立明确的物料和产品的操作规程,确保物料和产品的正确接收、贮存、发放、使用和发运,应采取措施防止污染、交叉污染、混淆和差错。

(3)所有物料和产品的处理,如接收、请验、取样、放行/拒收、储存、发放及发运等均应按照操作规程或工艺规程执行,并有记录。

第一节 供应商的审计

物料购买是物流供应链上的源头,是药品生产企业对物流管理的一个非常重要的环节。采购物料的基本任务是:保证正常供应,支持生产经营活动,建立供应商审核、认可、评估体系,控制、减少所有与采购相关的成本。建立可靠、安全、优良的供应配套体系,采购尽量集中、降低费用,避免独家供应带来的垄断风险和局限等。

一、供应商的批准和撤销

企业应当按照法规要求建立物料供应商的评估、批准、撤销等方面的操作规程,明确供应商的资质、分级标准、各级别供应商的选择原则、质量评估方式、评估标准、批准及撤销程序。如质量评估需采用现场质量审计方式的,还应当明确审计内容、周期、审计人员的组成及资质。需采用样品小批量试生产的,还应当明确生产批量、生产工艺、管理产品质量标准、稳定性考察方案。

二、供应商的选择与审计

(一)供应商的选择

选择、认可物料供应商时,重点对直接影响产品质量的主要物料供应商进行审查。由采购部门选择合法的供应商,由质量管理部门指定专人负责物料供应商质量评估和现场质量审计,分发经批准的合格供应商名单,作为物料购进、验收依据。

知识链接

供应商选择原则

1. 已获得各种官方要求的相关许可证照。
2. 药品原料药供应商应具备"药品生产/经营企业许可证""GMP 证书"及"原料药生产批文"。
3. 药品内包材供应商必须具备"药品包装用材料和容器注册证"及"营业执照"。
4. 行业知名度、信誉、服务、价格等。
5. 资料评估确认。

（二）供应商的审计

审计活动的主要目的是为了确定供应商与相关质量要求的符合性,以确保供应商根据必要的质量标准持续提供服务,对于供应商的审计(包括现场审计和书面审计)是评估供应商本身的质量保证能力的方式。企业应建立相关的供应商审计活动的流程,包括对审计人员的要求和任命,对审计原因、频次的规定,对审计内容和流程的规定。供应商的审计应注意并不是需要对每一种物料的供应商都进行现场审计,一般是要求关键的对产品质量有影响的或主要的(包括关键的和用量较大的)供应商需要考虑进行现场的审计,如有特殊原因不能执行现场审计,可以通过书面审计的形式来代替现场的审计。

▶▶ **课堂活动**

如何对供应商进行审计?

根据以上审核、认可情况,建立完整的可实时更新的供应商档案。变更主要物料供应商等对产品影响较大的情况时,要进行必要的工艺验证,并经质量管理部门认可(报药品注册部门批准)。

对于现场审计所发现的问题,应要求供应商限期整改并提供书面的整改报告,在确认整改报告符合要求后,才可结束此次审计。每年根据供应商的常规审计频次,相关部门的审计需求以及供应商的表现来制订下一年的供应商审计计划,并定期回顾审计计划的执行情况。

案例分析

案例 2015 年 5 月,国家食品药品监督管理总局在对银杏叶制剂原料药也就是银杏叶提取物生产企业的飞行检查中,发现个别银杏叶提取物生产企业存在严重违法行为。"银杏叶提取物"事件,涉案购买不合格原料进行制剂生产的企业达 43 家,连累了众多知名药品制剂生产企业,在行业内引起的巨大连锁反应和震动。

分析 个别银杏叶提取物生产企业擅自改变银杏叶提取生产工艺,非法添加相关物资、从不具备资质企业购进银杏叶提取物销售给下游银杏制剂生产企业,而制剂企业对上游供应商的现场考察流于形式是众多制剂企业受害的主要原因。

三、供应商的批准流程

企业为保证所用物料的质量稳定,实行定点采购。定点采购的对象及范围应依据质量管理部门批准建立的合格供应商目录,并对采购计划进行评估,根据采购计划与供应商签订采购合同并确认采购计划是否可达成,实施采购并将采购合同归档备查。对于新增物料及供应商须经评估批准后才能实行购进和验收。采购合同内容包括:物料名称、物料代码、规格/标准、数量、价格、付款方式、交货期、交货地点、质量标准和质量协议、包装运输要求(危险品运输、避光、冷藏等)及违约责任等。原料药供应商的批准流程见图11-2。

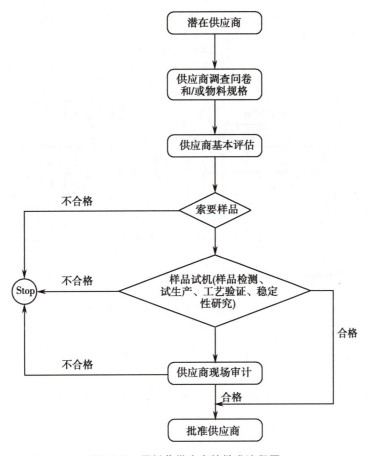

图 11-2 原料药供应商的批准流程图

点滴积累 ∨

应从经审计合格供应商目录中选择物料采购供应商,签订合同实施采购,并做好合格供应商档案和采购合同的管理归档工作。

第二节 GMP 对物料仓储区厂房、设施设备的要求

仓储区应根据需要设立不同的区域或仓库,通常依据产品类型分别设置制剂产品库或原料药产

品库,同时应根据物料和产品接收、贮存、发运的不同阶段划分接收区(库)、贮存区(库)、发运区(库)等。此外,不合格品、退货/召回的物料和产品一般设专库保存、隔离。

仓储区应根据原辅料和产品的不同性质设置固体库、液体库,或冷库、阴凉库、常温库,或危险品库、特殊药品库,或净料库、贵细药材库等,对于挥发性物料和污染性物料或产品应设专库贮存,生产用种子批和细胞库,应设专库贮存。

一、按 GMP 要求分类的仓库

可分为仓储区域和辅助区域。仓储区域通常分一般储存区、不合格品区、退货区、特殊储存区,辅助区域通常分接收区、发货区、取样区、办公/休息区。按 GMP 要求分类的仓库见图 11-3。

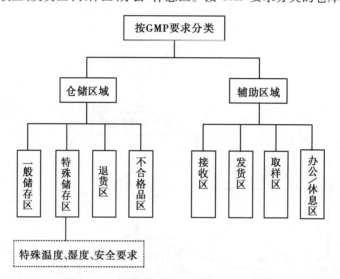

图 11-3 按 GMP 要求分类的仓库示意图

二、按贮存条件分类的仓库

可分为一般库、常温库、阴凉库、冷库、有特殊贮存条件的其他库,以及化学危险品库和特殊药品库等。仓库按贮存条件分类见图 11-4。

1. 一般库 指没有温度、湿度要求的仓库。通常用于储存没有温度、湿度要求或贮存条件低的物料或产品。一般库通常保持清洁、干燥和基础安全等基本条件和要求即可,无须设置温度监测装置进行温度监测和记录。

2. 常温库 指温度要求在 0~30℃,相对湿度一般为 35%~75% 的仓库。常温库应有温度记录,可采用手工记录或自动温度监测仪记录。常温库可能需要采取相应措施确保仓库温度在要求范围内,例如使用空调或空调机组调控。

3. 阴凉库 指温度要求在 20℃ 以下的仓库。阴凉库应有温度监控设施或系统确保库内温度控制在 20℃ 以下,并对温度进行监测和调控,该温度监控设施或系统应经过适当的确认。

4. 冷库 指温度要求在 2~10℃ 的仓库。冷库应有温度监控设施或系统,能够确保库内温度控制在要求的范围内,并对温度进行实时监测和调控,该温度监控设施或系统应经过适当的确认。

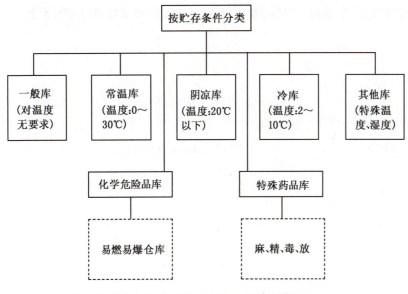

图 11-4　仓库按贮存条件分类示意图

5. 化学危险品库　指用于储存爆炸物、易燃气体、易燃气溶胶、氧化性气体、压力下气体、易燃液体、易燃固体、自反应物质或混合物、自燃液体、自燃固体、自热物质和混合物等化学危险品的一类库的总称。

6. 特殊药品库　是指用于储存"麻、精、毒、放"类特殊管理药品的仓库。毒性药品应做到划定仓间或仓位，专柜加锁并由专人保管。

7. 其他库　此处所述"其他库"指用于储存有特殊的温度、湿度或避光要求的物料或产品，库房的功能名称由企业根据实际情况自行命名。该库应配置与贮存条件要求相适应的温湿度监控、避光设施或设备。例如，对于避光要求的物料和产品，通常库房的窗户需要有效的遮光。

点滴积累　∨ ⋯⋯⋯⋯⋯⋯⋯⋯⋯⋯⋯⋯⋯⋯⋯⋯⋯⋯⋯⋯⋯⋯⋯⋯⋯⋯

　　仓库按贮存条件可分为：一般库、常温库、阴凉库、冷库、化学危险品库和特殊药品库等。

第三节　物料的管理

物料的管理环节涉及购入、储存、发放及使用的通用管理，内容涉及供应商评估、物料购进、验收、取样检验、物料储存、物料代码与批号等，归纳起来可以要求为：规范购入、合理储存与养护、控制放行与发放接收、可追溯。

一、物料信息标识和状态标识

（一）物料信息标识

药品生产是物料加工转换成成品的过程，药品的质量基于物料，形成于生产全过程。要保障和追溯药品质量就必须使整个物料管理系统有效追溯，必须制订物料名称和企业内部的物料代码。

物料信息标识的 3 个基本组成部分为名称、代码和批号。物料、中间产品、成品均要建立系统唯一的编码，能区别于其他所有种类和批次。企业的物料编码系统包括物料名称、物料代码和编码系统的使用能有效防止混淆、差错,并使可追溯,因此,企业必须建立物料的编码系统。

> **知识链接**
>
> **物料名称与物料代码**
>
> 1. 物料名称　对于在国家药典中收载的物料和产品,通常使用国家药典规定的中文名称,如果一个物料有不同的物理形式,可考虑在原中文名称的前部或后部添加附加名称以达到区分名称的目的。
>
> 2. 物料代码　企业对每一种物料编制唯一的代码,即使用同一物料,规格不同其代码也不同,物料代码是物料在企业内部的"身份证",在企业内部统一使用。通过物料代码能有效识别物料的种类、具体名称、规格及其标准,根据物料代码领取物料,能有效防止混淆和差错。

(二)物料状态标识

GMP 对物料的质量状态提出了明确要求,其根本目的在于防止处于待验、不合格等状态的未经放行的物料和未经放行的产品被误用和误发,对产品质量问题以及对生命健康造成不良影响和危害。

1. 物料状态标识分类　通常应根据 GMP 要求将物料的质量状态标识分为:①待验标识;②不合格标识;③合格标识;④其他状态标识(如已取样,限制性放行标识)。

2. 物料状态标识的表示方式、使用和控制

(1)待验标识:通常为黄色标识,该标识表明所指示的物料和产品处于待验状态,不可用于正式产品的生产或发运销售。

(2)合格标识:通常以绿色标识,该标识表明所指示的物料和产品为合格的物料或产品,可用于正式产品的生产使用或发运销售。

(3)不合格标识:通常为红色标识,该标识表明所指示的物料和产品为不合格品,不得用于正式产品的生产或发运销售;需要进行销毁或返工、再加工。

二、物料的验收

ER-11-1

中药物料管理通则

(一)来料检查

企业来料包括原料、辅料、包装材料及非生产物料等,通过来料检查尽可能的防止伪劣物料进入企业物料流转链。物料管理员在接收时对物料的外包装进行目测可以有效地把好防止污染物料进入企业的第一关。

对于到货物料的检查,大致分以下几个方面:①包装容器的外观检查,主要包括包装容器的完整性、密闭性;②包装容器的标示信息核对,核对主要内容包括批号、物料名称和数量;③相关文件检查和核对。

(二)物料接收

物料在满足接收条件后,物料管理员将物料信息填写在物料收货台账或其他形式的文件上,物料台账内容包括:物料名称、物料编码、企业内部编号、规格、厂家批号、数量、件数、生产厂家、收货人、存放位置等。

接收的物料在放入存储区指定的位置时,要求按品种、批号码放整齐,由仓库管理员填写货位卡,内容包括:物料名称、物料编码、货位号、企业内部编号、规格、供应商、入库数量和入库时间、发出数量、结存数量、收货人和日期等。

三、物料的储存与养护

物料的合理储存需要按其性质提供规定的储存条件,并在规定使用期限内使用。归纳为 4 个方面:分类储存码放、规定条件下储存、规定期限内使用、定期养护。

1. 分类储存 物料须按其类别、性质、储存条件分类储存,避免相互影响和交叉污染。通常分类原则:常温、阴凉、冷藏应分开;固体、液体原料分开储存;挥发性及易串味原料避免污染其他物料;原料药与净药材应严格分开;特殊管理物料按照相应规定储存和管理并有明显标识。

物料码放基本原则:仓库管理员合理安排仓库货位,按物料的品种、规格、批号分区码放。一个货位上,只能存放同一品种、同一规格、同一批号、同一状态的物料。物料码放要安全、整齐、牢固。

▶ **课堂活动**

仓库内物料码放通常有哪些规定?

平面库的物料储存一般遵循以下原则:物料应离地离墙存放,要整齐、稳固地码放在托盘上,托盘须保持清洁,底部要通风、防潮、易清洁。

同一仓库内的不同物料应有明显标识,除了要求的距离外,最好还应有物理的隔离,以防止误用。

2. 规定条件下储存 物料储存必须确保与其相适宜的储存条件,来维持物料已形成的质量,此条件下物料相对稳定。

GMP 规定的储存条件:

(1)温度:冷藏:2~10℃;阴凉:20℃以下;常温:0~30℃。

(2)相对湿度:一般为 35%~75%,特殊要求按规定储存,如空心胶囊。

(3)储存要求:遮光、干燥、密闭、密封、通风等。

不正确储存会导致物料变质分解和有效期缩短,甚至造成报废。

3. 规定期限内使用 物料的使用期限:物料经过考察,在规定储存条件下一定时间内质量能保持相对稳定,当接近或超过这个期限时物料趋于不稳定,甚至变质。这个期限为物料的使用期限。

4. 定期养护 物料的储存要避免影响物料原有质量,同时还要避免污染和交叉污染。对仓储设施环境进行维护和清洁,目的是保证物料的储存条件不对物料产生不良影响。

仓储区应有与生产规模相适应的面积和空间,用以存放物料、中间产品、待检品和成品,应最大限度地减少差错和交叉污染。

仓库"五防"设施:防蝇、防虫、防鼠、防霉、防潮;"五距":垛距、墙距、行距、顶距、灯距(热源)。

根据物料性质定期检查养护,采取必要的措施预防或延缓其受潮、变质、分解等,对已发生变化的物料要及时处理避免污染其他物料。

> **知识链接**
>
> **特殊物料的养护与管理**
>
> 　特殊物料的在库养护应做到：易燃、易爆、腐蚀性强的危险品隔离专库存放，并有明显标识；易吸潮、串味药品远离正常品，防止化学污染；对麻醉药品、精神药品、毒性药品、放射性药品，专人、专库、专账、双锁严格管理，防止出现意外事故。

四、物料的放行与发放

　　前面提到的物料管理的主要目的是防止不合格物料投入使用。因此企业需要对物料是否可以发放和使用进行控制。并使用指令控制发放接收的物料种类和数量，降低混淆、差错的可能。

　　通常物料发放按照"先进先出（FIFO）/近效期先出（FEFO）"的原则。不论是生产物料和非生产物料，其发放遵循基本原则是相同的。至于具体是执行 FIFO 还是 FEFO，由企业自行决定。但为了防止执行过程中，由于发放原则制订不明确而导致物料发放混乱，采用其中一种原则即可。如果两种原则同时采用，应在企业制定的物料发放管理程序中明确定义两种原则并行使用的方法。此外，物料发放的实际操作过程中还在遵循 FIFO 或 FEFO 原则基础上采用"零头先发、整包发放"原则。

　　一般来说，每批生产物料在经过取样，检验合格和放行使用后才能被使用。经检验合格的生产物料，由质量部门发放检验合格报告书、合格标签和物料放行单。指定人员将物料状态由待检变为合格。对检验不合格的生产物料，按品种、批号移入不合格区内，物料状态由待检变为不合格，按不合格品处理规程进行处理。

　　GMP（2010 版）第一百三十一条规定：不合格的物料，中间产品，待包装产品和成品的每个包装容器上均应当有清晰醒目的标识，并在隔离区内妥善保存。

　　1. 物料状态与控制　物料的质量状态有 3 种，分别为待验、合格、不合格，分别使用黄、绿、红 3 种不同的颜色来明显区分，避免物料在贮存发放和使用时发生混淆和差错。

　　待验——黄色，标识处于搁置，等待状态；

　　合格——绿色，标识被允许使用或被批准放行；

　　不合格——红色，标识不能使用或不准放行。

　　2. 物料的发放和使用　质量管理部门依据物料的购进情况及检验结果确定物料是否被放行。物料的发放应凭批生产指令或批包装指令限额领用并记录。物料的发放和使用过程中必须复核品名、规格、批号、数量、合格状态、包装完整等，复核无误后方可发放和使用。

　　3. 账、卡、物相符　账是物料账、卡是货位卡、物是实物。

　　（1）物料账：是指同一物料的相关信息登记，包括来源去向及结存数量。用于统一物料的使用情况。

　　（2）货位卡：用于表示一种货位的单批物料的产品品名、规格、型号、数量和来源去向的卡，识别货垛的依据，并能记载和追溯该货位的来源和去向。

账、卡、物和相应信息必须保持一致,物料发放的同时应在卡上进行记录。卡建立了账与实物之间的联系,通过账、卡、物核对,能及时有效地发现混淆和差错。卡不仅是货物的标识,还是追溯的重要凭证,物料去向的记载须注明将用于生产的产品名称和批号。

五、需特殊管理的物料

1.“麻、精、毒、放”类药品　GMP(2010版)第一百三十条规定:麻醉药品、精神药品、医疗用毒性药品(包括药材)、放射性药品、药品类易制毒化学品及易燃、易爆和其他危险品的采购、验收、储存、保管、发放、使用、销毁按《麻醉药品和精神药品管理条例》《医疗用毒性药品管理办法》执行。强调安全意识,杜绝非法生产、经营活动。

2. 印刷包装材料　GMP(2010版)将说明书,标签等概念纳入印刷包装材料中,所谓印刷包装材料是指具有规定样式和印刷内容的包装材料,如印字铝箔、标签、说明书、纸盒等。

GMP(2010版)第五十九条规定:高活性的物料或产品以及印刷包装材料应当贮存于安全的区域。

第一百二十条规定:与药品直接接触的包装材料和印刷包装材料的管理与控制要求与原辅料相同。

第一百二十四条规定:印刷包装材料应当设置专门区域妥善存放,未经批准人员不得进入。

根据GMP要求需要注意:

(1)是否设专柜(库)按品种、规格存放标签、说明书等印刷包装材料;

(2)是否设专人管理,负责保管、发放;

(3)印刷包装材料的发放、使用、销毁应有记录。

印刷包装材料的管理应主要注意以下几方面工作:①根据药监部门有关规定和批件,建立标签、说明书、印字包材等标准,式样、实样等存档备查(包括文字内容、颜色装饰性内容、纸质、规格、核对用编码或计算机条码);②管理文件中应规定印刷版本的管理和对印刷厂商的特殊要求,防止或尽可能减少印刷中发生的混淆和差错;③起草、校对、复核、批准等手续齐全;④入库后抽样检验;⑤标签、说明书专人保管,领用(质量部、库管、外包车间)防止流入非法渠道;⑥分品种、规格专柜(库)存放;⑦凭批包装指令发放,按实际需要量领取,记数发放,退库要记录;⑧印有批号的残损或剩余标签专人销毁,记录。

点滴积累　∨

1. 物料的管理应按照物料分类原则和库房、库区分类原则,合理分类分库分区贮存物料和产品,做到规范购入、合理储存与养护、控制放行与发放接收、可追溯。

2. 物料、中间产品、成品均要建立系统唯一的编码,能区别于其他所有种类和批次。

3. 物料状态标识可分为:①待验标识(黄色);②不合格标识(红色);③合格标识(绿色);④其他状态标识(如已取样,限制性放行标识)。

4. 通常物料发放的基本原则:先进先出(FIFO)/近效期先出(FEFO)原则。

第四节　产品的管理

GMP(2010 版)中对于产品的概念包括中间产品、待包装产品和成品。产品管理的概念和程序与物料管理基本相同,对产品的管理主要集中在 4 个方面:中间产品质量保证、产品合理储存、控制放行、可追溯。

GMP(2010 版)第一百一十八条规定:中间产品和待包装产品应当在适当的条件下贮存。

一、中间产品和成品的管理

质量管理部门应根据工序生产过程及结果评价中间产品是否正常,是否符合企业内控标准,并决定是否流转和使用。

(一) 中间产品的质量控制

中间产品的质量取决于生产过程的质量控制,包括产品是否按批准的生产工艺生产、人员培训是否到位、机器设备有无对中间产品产生影响,厂房环境尘粒微生物是否达标等,企业质量管理人员应在生产过程中采取合理措施确保中间产品符合企业内控标准。

(二) 信息传递

信息传递过程中出现偏差可能是记录或标识不清或错误,给人错误的信息;也可能是在接收时未认真复核,产生记录、标识、实物不相符。所以操作人员应依法操作,标识清楚,发放、接收认真复核与记录(中间产品台账)(实物与记录复核)。

(三) 运输过程

中间产品在运输过程中有可能受到污染,其原因主要是中间产品在运输转运的过程中受到尘粒或微生物的污染。因此,质量管理人员应依据中间产品的特性确保包装容器的清洁度和密封性,保证中间产品在运输途中不受污染。

(四) 产品合理储存与控制放行

1. 产品合理储存　药品 GMP 规定仓储区要有足够的空间保证中间产品、待包装产品和成品的存放,标注醒目的标识,避免污染与混淆。

产品的合理储存同物料储存基本相同,主要包含 4 个方面:分类储存码放、规定条件下储存、规定期限内销售、定期养护。具体内容详见"物料的储存与养护"。

2. 产品控制放行　物料和产品的放行是在以上基础上进行实质的质量评价后所进行的放行与否的管理,是关乎物料和产品质量最为关键的一环,因此,对物料和产品放行人员的素质能力要求极高。GMP 增加了质量授权人的概念,规定了质量授权人的资质及主要职责,其主要目的就是保证产品的质量能最终保证患者的用药安全与有效。

产品的控制放行有固定的工作流程,具体详见"物料放行与发放"一节,本节不再详述。

3. 可追溯　产品同物料一样,应具有可追溯性,对于产品来说,批号在药品的可追溯性中发挥着重要作用。用于识别一个特定批的具有唯一性的数字和(或)字母的组合即为批号。

在生产过程中,药品批号主要起标识作用,它在药品生产计划阶段产生,并可随着生产流程的推进而增加详细的内容,同时形成与之相应的生产记录。根据生产批号和相应的生产记录,可追溯该产品的原料来源(如原料批号、制造者等)、药品形成过程的历史(如片剂的制粒、压片、分装等);在药品形成成品后,根据销售记录,可追溯药品的市场去向、药品进入市场后的质量状况,在需要的时候可以控制或回收该批药品。

二、退货的管理

企业在生产经营活动过程中,可能会产生退货行为,退货管理程序的制订和实施对企业而言是相当重要的,退货应严格管理,以避免在退货处理过程中可能产生的差错、混淆;同时为降低退货过程中带来的质量风险和假药风险提供必要的保障。

企业应根据中国 GMP 的相关规定和要求建立退货管理的书面操作规程,内容包括退货申请、接收、储存、调查和评估、处理(返工、重新加工、降级使用、重新包装、重新销售等),并有相关记录。

三、不合格品与废品的管理

不合格品管理的目的是为了对不合格品做出及时的处置,如销毁、退回供应商等,但作为生产企业也需要及时了解生产过程中产生不合格品的系统因素,对症下药,使生产过程持续保持受控状态。因此,不合格品管理工作建议做到 3 个"不放过",即没找到责任和原因"不放过"、没找到防患措施"不放过"、责任人或责任方没受到教育"不放过"。只有坚持这种思想和理念,药品生产企业才能持续、稳定的生产出合格的产品。

1.**不合格物料、产品的处理流程**　无论是不合格物料还是不合格产品,其处理的流程通常见图11-5。

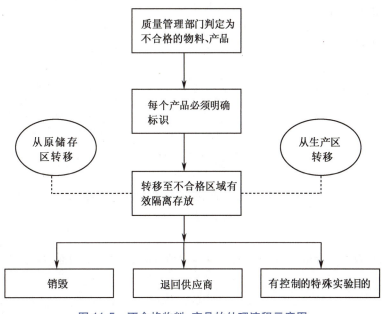

图 11-5　不合格物料、产品的处理流程示意图

不合格品必须存放在有明确标识的隔离区域,且人员进出需受控,不合格物料的出库应严格遵循相应的流程规范操作。一般企业均设有固定专用的不合格品区域。

▶▶ 课堂活动

不合格品怎样做标识存放?

2. **不合格品的处置**　企业内所有任何不合格物料、产品的处理应经质量管理负责人的批准,方可进行不合格品的处理。产生不合格物料、产品的原因众多,因此处理方式也存在着差别。对于由供应商/生产商原因引起的不合格物料(包括原辅料、包装材料),在质量部做出不合格的判定和拒收处理后,一般通过投诉流程,投诉相应的供应商或生产商,要求生产商/供应商进行根本原因的调查,并采取适当的整改和预防措施避免物料不合格情况的再次发生。对于本企业产生的不合格产品,多数是因为生产过程中偏差所致。因此不合格产品的处置方式,是依据偏差的根本原因调查及风险评估而确定的。

3. **不合格品、废品的销毁程序**　不合格品、废品的销毁程序见图11-6。

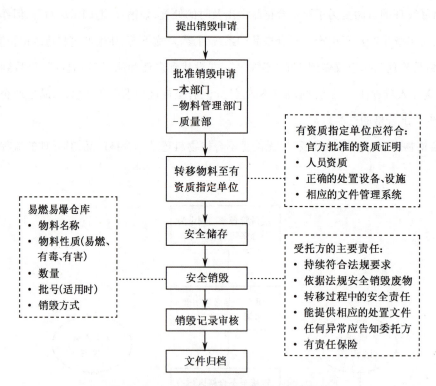

图 11-6　不合格品、废品的销毁程序示意图

对于任何需销毁的不合格品和废品,首先需提起销毁申请,销毁申请通常可由以下部门批准:物料管理部门、质量部或其余相关部门。

对于不合格品、废品的处理,企业一般会选择有资质的销毁公司进行专业的销毁。不合格品、废品销毁时,需确保安全、有效的销毁,企业一般会采取现场监督的方式,对不合格品、废品处理的销毁过程进行监督和管理,并需有合适的人员对相关的销毁记录进行审核。

点滴积累　∨

对需特殊管理的物料、中间产品、成品、退货以及不合格品与废品的管理应按照药品管理法和相关法规的要求,严格入库验收、贮存养护、发放使用各环节,特别是要按照规定程序做好特殊管理物料的发放、退库产品的调查、评估和处理及不合格品的处置和销毁工作。

第五节　物料和产品的发放与运输

一、物料和产品的发放

物料和产品的放行是在以上基础上进行实质的质量评价后进行的放行与否的管理,是物料和产品质量最为关键的一环,因此 GMP(2010 版)增加了质量授权人的概念,规定了质量授权人的资质及主要职责,目的就是要保证产品的质量能最终保证患者的用药安全有效。

物料的发放应凭物料放行单和生产指令或包装指令限额领用并记录。物料的发放和使用过程中必须复核品名、规格、批号、数量、合格状态、包装完整性等,无误后方可发放和使用。

产品的发放,只有在接到交货单时,才能发放。交货单的接收和货物的发放必须应有文件记录,仓库管理人员应根据交货单认真核对出库成品的物料名称、批号、数量后才能发货。发放的成品必须有已由质量部下达的成品放行的通知单,外包装必须完好无损。

二、物料和产品的运输

物料和产品的运输应控制于指定的温度或湿度条件下,确保运输条件满足物料和产品的储存。当运输温度高于或低于规定的温度时,应立即采取措施,确保物料和产品的储存和运输。

用于发放物料和产品的设备和运输工具应适合其使用,应确保其包装的完整性和稳定性,防止任何形式的污染。

点滴积累　∨

企业应该有适当的程序对物料和产品的发放进行控制,保证只有符合要求的物料和产品才能发放或发运;物料和成品的运输应当满足其保证质量的要求。

复习导图

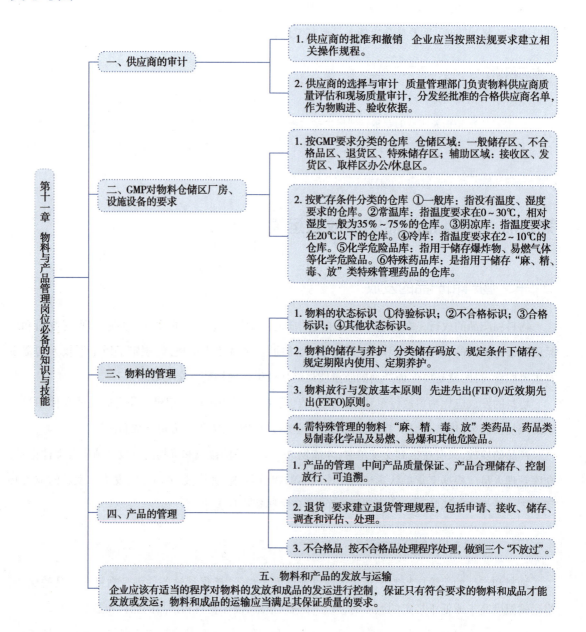

实训项目二十三　物料供应商审计

一、实训目的

1. 熟练掌握对物料供应商审计内容和要点。

2. 熟悉物料供应商的审计流程。

3. 学会如何管理供应商档案。

二、实训内容

学生利用网络或其他工具方法,收集供应商信息资料。

由学生分组,分别扮演物料供应商、药品生产企业质量部门和采购部门等相关部门角色,模拟对物料供应商及其资料进行评估和审计的整个流程。

具体步骤为:

1. 课前学生按照教师要求,搜集供应至少一家商医药原料、辅料和包装材料生产供应商信息资料。

2. 学生分成三组分别扮演供应商、药品生产企业质量部门和采购部门角色,进行供应商的资料的提供、审计和现场审计问答。

3. 三组两两交换角色,重新进行供应商的资料的提供、审计和现场审计问答。

4. 教师评判和总结。

三、实训注意

对物料供应商信息资料、审核流程和审核要点的事前准备,是实训顺利进行的重要条件,教师务必在进行角色分配时重点强调,并对供应商信息资料中的审计要点和技巧进行提醒和总结。

四、实训检测

1. 对哪些物料供应商必须进行实地现场审计?

2. 物料供应商在进行资料审计实地现场审计后,还要进行哪方面的审计?

五、实训报告

1. 提供物流供应商审计目录资料。

2. 熟悉审核环节和要点并正确完成审计流程。

六、实训评价

从以下几方面对实训进行评价:

1. 实训前资料搜集情况。

2. 独立操作及动手及编写能力。

3. 实训操作的正确性。

4. 实训的纪律性。

5. 实训报告。

目标检测

一、选择题

（一）单项选择题

1. 阴凉库是指温度要求在(　　)的仓库

A. 20℃以下　　　　　　　　B. 2~30℃　　　　　　　　C. -10℃

D. 2~8℃　　　　　　　　　E. 32℃

2. 下列(　　)不是仓储区"五距"中的内容

A. 垛距　　　　　　　　　　B. 墙距　　　　　　　　　C. 行距

D. 窗距　　　　　　　　　　E. 灯距

3. 退货品或不合格品应该是(　　)颜色标识

A. 黄色　　　　　　　　　　B. 白色　　　　　　　　　C. 红色

D. 绿色　　　　　　　　　　E. 蓝色

4. 物料的定义中不包括(　　)

A. 原料　　　　　　　　　　B. 辅料　　　　　　　　　C. 包装材料

D. 中药饮片　　　　　　　　E. 中间产品

5. 成品胶囊的储存条件应当符合(　　)

A. 药品注册批准的要求　　　B. 20℃以下　　　　　　　C. 0℃以下

D. 2~30℃　　　　　　　　　E. 2~8℃

6. 过期或废弃的印刷包装材料应当予以(　　)并记录

A. 保存　　　　　　　　　　　　　B. 另外区域存放

C. 销毁　　　　　　　　　　　　　D. 计数

E. 质量部门监督销毁

7. 使用计算机化仓储管理的,应当有相应的操作规程,防止因系统故障、停机等特殊情况而造成物料和产品的(　　)

A. 混淆　　　　　　　　　　B. 混淆和差错　　　　　　C. 混乱

D. 差错　　　　　　　　　　E. 污染

8. 与药品直接接触的包装材料和印刷包装材料的管理和控制要求与(　　)相同

A. 成品　　　　　　　　　　B. 一般包装材料　　　　　C. 中间体

D. 原辅料　　　　　　　　　E. 特殊管理的物料

9. 不合格的物料、中间产品、待包装产品和成品的处理应当经(　　)批准,并有记录

A. 质量授权人　　　　　　　B. 生产管理负责人　　　　C. 质量管理负责人

D. 企业负责人　　　　　　　E. QC主管

10. 不合格的物料、中间产品、待包装产品和成品的每个包装容器上均应当有清晰醒目的标志,

并在(　　　)内妥善保存

 A. 隔离区   B. 待验区   C. 库房

 D. 取样区   E. 合格区

（二）多项选择题

1. 中间产品和待包装产品应当有明确的标识,并至少标明哪些内容(　　　)

 A. 产品名称和企业内部的产品代码 B. 产品批号

 C. 产品数量或重量   D. 生产工序

 E. 产品质量状态

2. 通常应根据 GMP 要求将物料的质量状态标识分为(　　　)

 A. 待验标识   B. 不合格标识   C. 合格标识

 D. 已取样   E. 限制性放行标识

3. 采购合同内容包括(　　　)

 A. 物料名称   B. 包装运输要求

 C. 质量标准和质量协议   D. 付款方式

 E. 交货期

4. 物料供应商质量档案内容包括(　　　)

 A. 供应商的资质证明文件 B. 质量协议   C. 质量标准

 D. 供应商的检验报告   E. 现场质量审计报告

5. 合格的物料供应商名单应至少包括(　　　)

 A. 物料名称   B. 规格   C. 质量标准

 D. 生产商名称和地址 E. 经销商(如有)名称

二、简答题

1. 质量管理部门对物料供应商的评估应至少包括哪些内容?

2. 企业应当如何建立物料供应商质量档案,档案内容包括哪些?

3. 物料的在库养护的主要内容是什么?

4. 如何处置退货和不合格品?

三、实例分析

2007 年,广东佰易药业有限公司的静脉注射用人免疫球蛋白产品在采购、生产过程中存在严重的违规行为,在临床应用中导致用药者出现丙肝抗体阳性,产生严重后果,造成了社会上轰动一时的"佰易事件"。

事件发生后,国家卫生计生委、国家食品药品监督管理总局联合派出专项调查组赶赴广东对此事件的原因进行调查,结果表明:该公司从非法渠道购进被污染的血浆原料从事血液制品生产,没有按照规程进行血液原料和成品的检验和生产过程中的灭活工艺操作,是造成其血液制品携带丙肝抗体的直接原因。

请运用所学过的物料管理方面的知识对案件进行分析。

（李　洪）

附录

附录一 《药品生产质量管理规范》(2010 年修订)

附录二 《药品生产质量规范认证管理办法》

ER-附录

参考文献

1. 国家食品药品监督管理总局.药品生产质量管理规范(2010年修订),2011

2. 国家食品药品监督管理总局.药品生产质量管理规范认证管理办法,2011

3. 国家药典委员会.中华人民共和国药典(2015年版).北京:中国医药科技出版社,2015

4. 国家食品药品监督管理总局药品认证管理中心.药品GMP指南.北京:中国医药科技出版社,2011

5. 徐文强,杨文沛.药品生产过程验证.北京:中国医药科技出版社,2008

6. 白慧良,李武臣.药品生产验证指南.北京:化学工业出版社,2003

7. 李均.实用药品GMP认证技术.北京:化学工业出版社,2003

8. 李洪.药品生产质量管理.2版.北京:人民卫生出版社,2013

9. 罗文华,翟铁伟.GMP实施与管理.南京:江苏教育出版社,2012

10. 梁毅.新版GMP教程.北京:中国医药科技出版社,2011

11. 李均,李志宁.制药质量体系及GMP的实施.北京:化学工业出版社,2012

12. 编委会.《药品生产质量管理规范(2010年修订)》解读.北京:中国医药科技出版社,2011

13. 中国药品生物制品鉴定所,中国药品检定总所.中国药品检验标准操作规范.北京:中国医药科技出版社,2010

14. 何思煌,罗文华.GMP实务教程.3版.北京:中国医药科技出版社,2017

目标检测参考答案

第一章　药品生产企业概述

一、选择题

（一）单项选择题

1. D　　2. B　　3. C　　4. A　　5. B　　6. D　　7. A　　8. A　　9. B　　10. E

（二）多项选择题

1. AB　2. BCDE　3. ABCDE　4. ABCDE　5. ABCDE

二、简答题

1. 答：①具有依法经过资格认定的药学技术人员、工程技术人员及相应的技术工人；②具有与其药品生产相适应的厂房、设备和卫生环境；③具有能对所生产药品进行质量管理和质量检验的机构、人员以及必要的仪器设备；④具有保证药品质量的规章制度。

2. 写出培训流程：培训需求调查与分析→培训计划的制订→培训计划的组织实施→培训效果评估与考核→培训记录归档与管理→年度培训总结。

培训的主要内容：GMP 培训、专业培训、EHS 的培训。

3. 答：（1）必须保证每批已放行产品的生产、检验均符合相关法规、药品注册批准或规定的要求和质量标准。

（2）在任何情况下，质量授权人必须在产品放行前对上述第（1）款的要求做出书面承诺，并纳入批记录。

（3）应制定操作规程确保质量授权人的独立性，企业负责人和其他人员不得干扰质量授权人独立履行职责。

三、实例分析

略

第二章　药品质量管理与质量管理体系

一、选择题

（一）单项选择题

1. C　　2. A　　3. B　　4. C　　5. E　　6. D　　7. D　　8. C　　9. C　　10. B

（二）多项选择题

1. ABC　2. BCE　3. BD　4. ABCDE　5. ABCD　6. CDE　7. DE　8. ABD　9. ABD

二、简答题

1. 答：质量保证就是提供满足规定质量要求的信用，质量控制就是提供作业技术和活动实现规定质量要求。

2. 答：机构、程序、过程、总结。

3. 答：性质、管理层次、编制原则及指导原则、编制过程、编制依据。

4. 答：（略）

5. 答：（略）

三、实例分析

1. 答：该事件药品属于假药。质量管理意识极度缺失、质量管理体系崩溃，国家监督管理机构应加强对生产企业质量管理的检查。

2. 答：务必体现全面、落实全面、执行全面。

第三章　GMP 概述

一、选择题

（一）单项选择题

1. C　　2. A　　3. A　　4. A　　5. C　　6. B　　7. D　　8. D　　9. D　　10. D

（二）多项选择题

1. ABC　2. ABCDE　3. ABCD　4. ABCDE　5. ABCD

二、简答题

1. 答：(1)训练有素的人员（包括生产操作人员、质量检验人员、管理人员）；

(2)合适的厂房、设施和设备；

(3)合格的物料（包括：原料、辅料、包装材料等）；

(4)经过验证的生产方法；

(5)可靠的检验、监控手段；

(6)完善的售后服务。

2. 答：简单地说是全面管理和法制化管理的原则，具体地讲是一切影响产品质量的因素均应得到控制（有章可循）；一切与生产相关活动均应有文件程序为指令（照章办事）；一切生产活动均应记录下来（有案可查）。这样的话可以使药品生产企业的生产活动、质量管理活动处于持续受控的状态。

3. 答：GMP 的指导思想是：任何药品质量形成是设计和生产出来的而不是检验出来的。

三、实例分析

1. 答：美国 FDA 官员在审查此药时，发现该药缺乏美国药品监督管理法律法规所要求的足够的临床试验资料,如长期毒性试验报告,所以不批准其进口。对药品生产企业提出了3项要求:①要求药品生产企业对出厂的药品提供两种证明材料:不仅要证明药品是有效的,还要证明药品是安全的;②要求药品生产企业要向FDA报告药品的不良反应;③要求药品生产企业实施药品生产质量管理规范(GMP)。

2. 答:检查符合规范,检查人员为药品行政执法人员、依法取得检查资格的人员或取得本次检查的其他人员。

第四章 卫生管理

一、选择题

(一) 单项选择题

1. E 2. D 3. B 4. C 5. A 6. C 7. E 8. D 9. C 10. B

(二) 多项选择题

1. ABCD 2. BCDE 3. ABCD 4. ABD 5. BCD

二、简答题

1. 答:(1)生产车间必须符合卫生要求。相关负责人按照SOP清洁生产操作间以及走道,以保证清洁、干燥、整齐,及时填写清洁记录。

(2)人员、物料要在规定的通道出入,人流、物流分开,有明显的标记,不得穿行。

(3)洁净室应有清洁消毒规程,并严格执行,记录完整。

(4)生产区域不得存放与药品无关的物品或杂物,生产中的废弃物应及时处理。

(5)凡与药品直接接触的设备表面须光洁、平整、易清洁或消毒、耐腐蚀,不与所生产的药品发生化学变化或吸附所生产的药品。

(6)易于产生粉尘的生产操作,其生产设备应有捕尘及排除异物的装置,并能有效防止粉尘飞扬或交叉污染。

2. 答:见图4-2

3. 答:见图4-3、图4-4

三、实例分析

1. 答:人是药品生产制造者和质量的控制者,也是生产中最大的污染源和污染最主要的传播媒介。在本案中大青叶原药材菌检合格,生产设备与环境菌检合格。说明是人员操作不当、人员卫生习惯不良、操作人员身体不健康等因素所导致细菌总数超标。在药品生产过程中加强人员卫生培训和管理,限制人员进出洁净区,生产区人员养成良好的卫生习惯,正确更衣、规范操作,严格遵守GMP的要求,对保证药品质量起到非常重要的作用。

2. 答:洗衣机根据洁净级别不同分区专用;清洗工作服和洁具的洗衣机应专属使用,清洁工具分区、分类专用,不得混用。不同空气洁净度级别使用的工作服、清洁用抹布应分别清洗、整理,必要时消毒或灭菌,工作服洗涤、灭菌时不应带入附加的颗粒物质,应确保其不携带有污染物,避免污染洁净区。本案件中,将洁净服与白大褂一起放入洗衣机进行清洗,将不同生产区的清洁抹布放入一起清洗,严重污染了环境。

第五章　药品生产环境与厂房设施、设备

一、选择题

（一）单项选择题

1. D　　2. D　　3. B　　4. A　　5. B　　6. C　　7. D　　8. A　　9. B　　10. C

11. E

（二）多项选择题

1. ABCDE　2. ABDE　3. ABCE　4. ABCD　5. ABCDE　6. BCD　7. ABCD

二、简答题

略

三、实例分析

1. 答:设备的清洁是预防、减少与消除污染的重要措施。药品生产企业应该建立详尽的生产设备清洗文件或程序,规定设备清洗的目的、适用范围,职责权限划分以及清洁后的验证方法,尤其是对于更换药品的生产设备。在本案中,生产线更换了药品后,没有严格按照清洁规程来进行彻底清洁,并且也没有进行规范地验证,导致在生产的甲氨蝶呤中混入了微量的长春新碱,很多患者因此受到了严重伤害。

2. 答:违反了第八十四条、第五十八条、第六十一条等,应严格逐条按照规范要求整改。

第六章　文件管理

一、选择题

（一）单项选择题

1. E　　2. D　　3. E　　4. C　　5. B

（二）多项选择题

1. ABD　2. BCDE　3. ADE　4. ABCDE　5. ABCDE　6. ABDE　7. AC　8. ABC　9. ABC

10. ABDE

二、简答题

1. 答:包括批生产记录、批包装记录、批检验记录和药品放行审核记录等与本批产品有关的记录。

2. 答:批记录应当由质量管理部门负责管理,至少保存至药品有效期后一年。

3. 答:质量标准、工艺规程、操作规程、稳定性考察、确认、验证、变更等其他重要文件应当长期保存。

4. 答:记录应当保持清洁,不得撕毁和任意涂改。记录填写的任何更改都应当签注姓名和日期,并使原有信息仍清晰可辨,必要时应当说明更改的理由。记录如需重新誊写,则原有记录不得销毁,应当作为重新誊写记录的附件保存。

三、实例分析

答:生产人员生产过程中未严格地进行生产前查证,未真实地填写查证记录和生产设备运行的真实参数,记录作假。

第七章 验证与确认

一、选择题

(一)单项选择题

1. C   2. A   3. B   4. C   5. A   6. C   7. E   8. C   9. B   10. B

(二)多项选择题

1. ABD   2. ABCD   3. ABCDE   4. ABCD   5. ABCDE

二、简答题

略

三、实例分析

答:(1)灭菌柜在正式使用前没有经过验证。

(2)不能通过抽检产品的质量代表整批产品的质量。

第八章 生产管理岗位必备的知识与技能

一、选择题

(一)单项选择题

1. D   2. C   3. B   4. C   5. B   6. C   7. A   8. C   9. C   10. E

(二)多项选择题

1. ABCD   2. ABCDE   3. ABDE   4. ABD   5. ABCDE

二、简答题

1. 答:①工序衔接合理;②生产区域专一;③生产前检查 ;④状态标志明确;⑤及时清洗设施;⑥严格控制洁净室人员;⑦建立洁净室监测制度。

2. 答:无菌制剂批次划分原则:①大(小)容量注射剂以同一配液罐最终一次配制的药液所生产的均质产品为一批,同一批产品如用不同的灭菌设备或同一灭菌设备分次灭菌的,应当可以追溯;②粉针剂以一批无菌原料药在同一连续生产周期内生产的均质产品为一批;③冻干产品以同一批配制的药液使用同一台冻干设备在同一生产周期内生产的均质产品为一批;④眼用制剂、软膏剂、乳剂和混悬剂等以同一配制罐最终一次配制所生产的均质产品为一批。

3. 答:(略)

三、实例分析

1. 答:生产前应对设备、阀门、仪表等设施进行检查,确认在校验有效期内且处于正常状态;配制是关键工序,配制加液过程一定要准确计量,并且要经第二人复核,确认准确无误。如果按照GMP对设备管理、生产管理的要求去做,做好设备检修,投料配液时由专人复核,就会避免此类事故的发生。

2. 答:这是一起设备管理、验证管理不到位引起的生产质量事故。首先设备没有按安装图进行安装。其次,没有进行设备安装验证,致使设备没有达到规定的设备灭菌参数,最终导致灭菌不彻底,大批产品报废的质量事故。如果按照GMP对设备管理和验证管理的要求进行设备安装和验证,就完全可以避免此类事故的发生。

第九章 质量控制岗位必备的知识与技能

一、选择题

（一）单项选择题

1. E　2. B　3. A　4. A　5. B　6. B　7. D　8. E　9. D　10. E

（二）多项选择题

1. ABCDE　2. ABCDE　3. ABCDE　4. ABCDE　5. ABCDE

二、简答题

1. 答:分析天平、澄明度检测仪、溶出度检测仪等。

2. 答:性状、鉴别、检查、浸出物、含量测定。

3. 答:取样,样品接收,测试准备,样品测试,分析后样品处置,数据审核、评估和报告。

三、实例分析

答:检验项目的设立有漏洞。

第十章 质量管理岗位必备的知识与技能

一、选择题

（一）单项选择题

1. E　2. C　3. A　4. D　5. D　6. A　7. A　8. D　9. C　10. B

（二）多项选择题

1. ABCDE　2. AB　3. ABCD　4. ABCE　5. ABCDE

二、简答题

1. 答:纠正是"为消除已发现的缺陷所采取的措施",是针对某一缺陷事件进行的处置,其目的是将缺陷事件改变为合格事件。

纠正措施是"为消除已发现的缺陷或其他不期望情况的原因所采取的措施"。是针对产生的原因,其目的是消除缺陷项目的原因,防止类似不合格再次发生,具有持续改进的作用。

纠正是一次性完成;纠正措施要跟踪确认其有效性,是否可以预防缺陷项目(不合格事件)的发生(已发生的防止再次发生)。

2. 答:(1)物料的质量评价内容应当至少包括生产商的检验报告、物料包装完整性和密封性的检查情况和检验结果;

(2)物料的质量评价应当有明确的结论,如批准放行、不合格或其他决定;

(3)物料应当由指定人员签名批准放行。

3. 答:(1)药品质量对病人的风险;

(2)报废或返工,影响企业利益;

(3)客户满意度下降;

(4)法律风险;

(5)防止问题的重复发生;

(6)推动工艺技术改进和产品质量的提高。

4. 答:(1)确认现行生产工艺及控制方法的有效性;

(2)寻找改进产品或降低成本的途径;

(3)评估变更控制和偏差管理系统的有效性等。

三、实例分析

答:不符合 GMP 要求。由于生产条件达不到规定的要求,就随意降低要求,这是不正确的。违反了 GMP 的规定。而且更改《车间生产环境管理规定》的方法也不对,不能仅是口头通知,应履行必要的手续。违反了标准"文件控制"的"必要时对文件进行评审与更新,并再次批准"。车间没有加湿或除湿的设备,因此即使做出规定也形同虚设。说明基础设施配置不足。违反了 GMP 标准的"组织应确定、提供并维护为达到产品符合要求所需的基础设施"的规定。

第十一章　物料与产品管理岗位必备的知识与技能

一、选择题

(一) 单项选择题

1. A　　2. D　　3. C　　4. E　　5. A　　6. E　　7. B　　8. D　　9. C　　10. A

(二) 多项选择题

1. ABCE　2. ABCDE　3. ABCDE　4. ABCDE　5. ABCDE

二、简答题

1. 答:①已获得各种官方要求的相关许可证照;②药品原料药供应商应具备"药品生产/经营企业许可证""GMP 证书"及"原料药生产批文";③药品内包材供应商必须具备"药品包装用材料和容器注册证"及"营业执照";④行业知名度、信誉、服务、价格等。

2. 答:企业应当对每家供应商建立质量档案,档案内容应当包括供应商的资质证明文件、质量协议、质量标准、样品检验数据和报告、供应商的检验报告、现场质量审计报告、产品稳定性考察报告、定期质量回顾分析报告等。

3. 答:物料、药品养护的各项工作内容都应围绕保证物料、药品储存质量为目标。其主要工作内容有:检查控制在库物料、药品的储存条件,对物料、药品进行定期质量检查,对发现的问题及时采取有效的处理措施。

4. 答:所有任何不合格物料、不合格产品的处理应经质量管理负责人的批准,方可进行不合格品的处理。

需要退货的物料首先移至退货区,按照退货程序填写退货申请单经质量部批准后,由采供部门进行退货处理。

不合格产品首先移至不合格区,按照不合格品处理程序填写不合格品处理单经质量部批准后,按程序交相关部门做销毁处理,需 QA 在场监督,并做好销毁记录。

三、实例分析

答:"佰易事件"的原因之一是:该公司未从经审计合格的供应商采购血浆原料,而是从非法渠道购进被污染的血浆原料从事血液制品生产。

药品生产质量管理课程标准

（供药物制剂技术、化学制药技术、中药制药技术、生物制药技术类专业用）

ER-课程标准